Devocional de la Familia para el *Diario Vivir*

Devocional de la Familia para el *Diario Vivir*

LEN WOODS

CARIBE

Un Sello de Editorial Caribe

Nashville, TN / Miami, FL
E-mail: caribe@editorialcaribe.com
www.editorialcaribe.com

Título del original en inglés:
Life Application Family Devotions

Publicado por *Tyndale House Publishers, Inc.*

Traductor: *Federico Henze*

ISBN: 0-89922-424-5

Impreso en EE.UU.
Printed in U.S.A.

1ª impresión

A mamá, papá. Jack, Jan, y Ellen,
amados miembros de mi familia,
que me enseñaron y fueron ejemplos
de las verdades contenidas en este libro.

Contenido

INTRODUCCIÓN

La mayoría de los padres cristianos desean tener devocionales familiares. Ellos se imaginan un tiempo íntimo leyendo la Biblia y orando juntos con sus hijos. Desafortunadamente, a la mayoría de los niños esto no les interesa. ¿Cómo pueden lograr los padres que sus hijos se interesen y se involucren?

Este libro puede ser de ayuda.

El *Devocional de la familia para el diario vivir* contiene 150 artículos que les ayudarán a lograr que sus hijos se involucren en los devocionales familiares y sientan curiosidad respecto a lo que la Biblia dice. Cada devocional comienza con una sugestiva ilustración de la vida real, con la intención de estimular la conversación sobre los importantes valores de la vida. Lea en voz alta esta parte a sus hijos, o haga que la lea un niño mayor. Luego formule las preguntas de la sección «Convérselo». Siéntase en libertad de hacer preguntas a continuación para lograr que el debate se profundice. Posteriormente lea el pasaje bíblico que se encuentra en la sección «Compruébelo», y lea la nota que se encuentra en «Aplíquelo». Conceda un tiempo para el debate posterior de ese pasaje. Cada devocional incluye también la sección «Secretos para padres», con consejos para discutir el tema.

El debate puede ser un desafío cuando se tienen juntos a niños de distintas edades. Recomendamos comenzar por los más jóvenes y pasar a los mayores. Asegúrese de permitir el tiempo suficiente para que cada niño conteste. No permita que los mayores critiquen las respuestas de los menores. Recuerde que aportar una sugerencia puede llevar a un tema que su familia necesita discutir.

Elija un tiempo normal para que su familia disfrute de estos devocionales. Nosotros recomendamos después de la cena, pero usted también puede debatirlo durante el desayuno o en las últimas horas de la tarde. Elija el momento que sea más propicio para una conversación familiar.

Nota del autor: Las ilustraciones de este libro están basadas en dilemas actuales de personas reales. No obstante, los nombres utilizados en cada escena no tienen la intención de atribuir ciertas conductas a individuos o familias de la vida real. Todo parecido entre un personaje de este libro y una persona de la vida real es pura coincidencia.

El alcohol

Juana está pasando la noche con su amiga Raquel. Luego que los padres de Raquel se fueron a dormir, las muchachas bajaron las escaleras a hurtadillas.

—¿A dónde vamos? —susurró Juana.

—¡Solo sígueme! —contestó Raquel.

Cuando las muchachas terminaron de bajar las escaleras, Raquel entró a la despensa y silenciosamente tomó una botella de Borbón.

—¿Qué es eso? —preguntó Juana con los ojos agrandados por la sorpresa.

—Un tipo de whisky o algo parecido. Las personas que hacen negocios con mi papá se lo envían cada año para las Navidades. Tenemos cuatro botellas de esto.

—Yo no sabía que tus padres bebían.

—No lo hacen. Pero vi a mi mamá usar esta cosa en pasteles de fruta y otras recetas. Por eso tomé esta botella en particular. Ya está abierta.

—¿Y ahora?

—Ahora podemos probarla.

Juana súbitamente nerviosa contestó:

—No sé, Raquel. ¿Qué pasa si tus padres nos sorprenden?

—¡Mis padres pueden dormir aunque ocurra un choque de trenes!

—Sí, pero ¿y si tu madre se da cuenta que algo de esto se usó?

—¡Ah, como si pudiese hacerlo! Además, no nos vamos a tomar toda la botella. Tomemos un sorbo solamente para saber qué gusto tiene.

Juana estaba muerta del miedo, pero quería aparentar indiferencia.

—Bueno, está bien —asintió—, ¿cómo lo hacemos?

—Tu imaginación es tan buena como la mía. Yo sugiero tomarnos solamente unos sorbos.

Juana fue la primera. En cuanto el whisky tocó su lengua lo escupió dentro del fregadero de la cocina.

—¡Uf! —expresó con desagrado—, esto es terrible.

—Escuché que la gente lo mezcla con refrescos o jugo de naranja —sugirió Raquel.

—Cualquier cosa es mejor que tomarlo puro —dijo Juana moviendo la cabeza.

En el instante en que las muchachas abrían el refrigerador, oyen el ruido de una puerta escaleras arriba.

Convérselo

- ¿Porqué beben las personas?
- ¿Porqué cree usted que existe semejante énfasis en nuestra cultura respecto a la bebida?
- ¿Cuáles son algunos de los peligros de la bebida?
- ¿Es un pecado beber? ¿Estar borracho?
- ¿Qué haría usted si estuviese en una situación como en la que se encontró Juana?

Compruébelo

Lea Proverbios 23.29-35 y Proverbios 31.4-7 como un sensato recordatorio de los peligros de beber alcohol.

Aplíquelo

Israel era un país productor de vino. En el Antiguo Testamento, lagares rebosantes de vino nuevo estaban considerados como un signo de bendición (Proverbios 3.10). Incluso se dice que es sabio tener vino en la mesa (Proverbios 9.2,5). Pero los escritores del Antiguo Testamento estaban prevenidos acerca de los peligros del vino. Embota los sentidos, limita el claro razonamiento, disminuye la capacidad de control, destruye la eficiencia de una persona. El uso del vino o de otras bebidas alcohólicas como medio para producir placeres, o como una vía para escapar de las responsabilidades de la vida, es hacer mal uso de ellas e invita a las consecuencias que enfrenta el bebedor. El bienestar tranquilizador, el «éxtasis», y el sentimiento de aceptación que usted puede conseguir usando el alcohol, son solamente temporales. El verdadero bienestar, el verdadero «éxtasis» y la aceptación total provienen únicamente de una relación personal con Dios, el creador de la vida. No se pierda en el alcohol, encuéntrese en Dios.

Secretos para padres

Usted no puede permitirse ignorar el tema del alcohol. Definitivamente sus hijos enfrentarán esta tentación tarde o temprano (probablemente temprano). Piense cuáles son los valores sobre los que usted quiere hablar y entonces siéntese con sus hijos y hable del tema.

Los ángeles

Wilfredo y su papá habían recién terminado de ver un popular programa de televisión con ángeles que van de un sitio a otro ayudando a las personas con problemas. En sí es un programa positivo con argumentos sanos, personajes dulces la mayoría de las veces, que hace bastante comprensivo el concepto completo de la espiritualidad. Sin embargo, en algún momento, los autores del programa incluyen algunas ideas no bíblicas respecto a los ángeles.

Tomemos por ejemplo el episodio de anoche. Un muchacho muere durante el programa y recibe una invitación para transformarse en un ángel. Pero el fantasmal muchacho estaba poco dispuesto, casi escéptico respecto a un llamado de este tipo. El programa consistió en el espíritu del muchacho acompañando a un ángel más viejo en una misión de ayuda especial a una pareja de ancianos. En el final, el fallecido muchacho se da cuenta de cuán importantes son los ángeles, por lo que accede someterse a la transformación.

Fue una historia maravillosa. Realmente, al concluir, Wilfredo y su papá se enjugaron los ojos. Fue en ese momento cuando él se volvió a su padre y preguntó: «Eh, papá, ¿crees que Dios permita que *yo* sea un ángel algún día?»

Convérselo

- ¿Qué programas nuevos que traten de ángeles hay en la televisión, en el cine o en los libros? ¿Cuáles le gustan más? ¿Por qué?
- ¿Qué sabe usted *con seguridad* respecto a los ángeles?
- Busque ángeles en un diccionario bíblico. Lea el artículo y póngalo en discusión. ¿Qué le causa sorpresa? ¿Qué hechos contradicen lo que usted siempre creyó?
- ¿Por qué cree usted que los ángeles han sido tan populares en los últimos años?
- Frecuentemente los ángeles han sido presentados «igual que bebés» en las obras de artistas famosos. ¿Qué cree usted que hay de exacto o inexacto en semejante descripción?

Compruébelo

Para una perspectiva bíblica sobre ángeles, consulte Marcos 13.27,32; Salmo 148.2-5 y Colosenses 1.16.

Aplíquelo

Los ángeles son seres espirituales creados por Dios, que ayudan a realizar su obra en la tierra. Ellos alaban a Dios (Apocalipsis 5.11-12), portan mensajes (Lucas 1.26-28), protegen al pueblo de Dios (Daniel 6.22), ofrecen estímulo (Génesis 16.7-22), dan consejos (Éxodo 14.19), traen castigo (2 Samuel 24.16), patrullan la tierra (Ezequiel 1.9-14), y combaten las fuerzas del mal (2 Reyes 6.16-18; Apocalipsis 20.1). Hay ángeles buenos y ángeles malos (Apocalipsis 12.7), pero como los ángeles malos están aliados a Satanás, poseen considerablemente menos poder y autoridad que los ángeles buenos. Finalmente, la tarea principal de los ángeles buenos será ofrecer continua alabanza a Dios (Apocalipsis 19.1-3).

Secretos para padres

Si sus hijos hacen preguntas respecto a los ángeles, un buen recurso es *104 Questions Children Ask about Heaven and Angels* [104 asuntos que los niños preguntan sobre el cielo y los ángeles]. Este ingenioso y bien escrito libro es un recurso maravilloso concebido y escrito por experimentados padres.

La ira

Casi desde que nació, Tomás había poseído un temperamento muy explosivo.

De niño, gritaba con ira y lloraba cada vez que estaba hambriento.

Cuando aún gateaba, tenía la costumbre de tirar las cosas, juguetes, alimentos, ¡lo que fuera!, cada vez que no obtenía lo que quería.

En el preescolar, a veces empujaba o golpeaba a los niños.

Ahora, en el tercer grado, continúa con problemas con su autocontrol. Ayer mismo fue enviado a su habitación. Corriendo furiosamente a la parte trasera de la casa, Tyler abrió la puerta de un puntapié, entró y cerró la puerta de un portazo tan fuerte, que desprendió dos cuadros de la pared del pasillo. Ambos se hicieron pedazos.

Por ello los padres de Tomás están enojados, y frustrados. «¿Qué está supuesto que hagamos nosotros?», se pregunta la mamá de Tomás, «lo hemos zurrado y quitado sus privilegios. Hemos leído libros y escrito cartas a sus autores. Pero nada de lo que hemos intentado parece tener éxito. Cuando se enoja, Tomás pierde enseguida el control.

Convérselo

- ¿Qué tipo de cosas le hacen enojar más? ¿Por qué?
- ¿Cuál es su típica reacción cuando se siente realmente furioso?
- ¿Es pecado sentir ira? ¿Por qué o por qué no?
- ¿Cuáles son algunas de las maneras erróneas de expresar sentimientos de ira?
- ¿Qué consejo le daría usted a los padres de Tomás?
- ¿Qué le diría a Tomás si le pidiese algunas ideas de cómo controlar su temperamento?

Compruébelo

Dos grandes pasajes sobre la ira, y cómo manejarla, son Efesios 4.26-27 y Santiago 1.19-20.

Aplíquelo

Jesús se enojó por la dureza de las actitudes de los fariseos (Marcos 3.5). La ira en sí no es mala. Lo correcto o incorrecto de una respuesta iracunda depende de lo que produjo nuestra ira y qué hacemos con ella. Demasiadas veces expresamos nuestra ira de manera egoísta y perjudicial. Por lo contrario, Jesús expresó su ira resolviendo problemas, sanando la mano de un hombre (Mateo 12.9-14) o devolviendo al templo su propósito (Juan 2.13-16). Use su ira para hallar soluciones edificantes en vez de destruir a las personas.

Secretos para padres

A los niños hay que mostrarles cómo expresar su enojo en formas apropiadas. Destruir objetos y ser hiriente con otros o consigo mismo nunca son las aceptables. Algunos niños encuentran que son capaces de dejar escapar su vapor a través del ejercicio físico o trabajos manuales. Otros escriben en un diario o un periódico. Una chica se relajaba tocando muy fuerte el piano. Otra gritaba dentro de su almohada hasta que se sentía mejor. Ayude a sus hijos a encontrar formas de ventilar sus sentimientos que honren a Dios.

Los derechos de los animales

El programa de noticias de las seis está mostrando un reportaje en vivo de una gigantesca reunión sobre los derechos de los animales.

Los manifestantes están reunidos en un centro comercial de modas, alzando carteles con lemas como: los animales también son personas, justicia para todas las criaturas de Dios, no más vivisección, cosméticos libres de crueldad, y ¡paren con la investigación animal AHORA!

Algunos abogados de derechos del animal están sentados en el frente de las puertas de un negocio de cosméticos. El portavoz está denunciando que el maquillaje que allí se vende es fabricado por una compañía que es cruel con los animales.

La familia Hernández observa cuando la policía interviene para disolver la manifestación. En ese momento la cámara enfoca a una pareja caminado juntos por la vereda. La mujer tiene puesto un tapado de pieles. De pronto, un hombre barbudo corre y arroja una taza de algo que parece sangre sobre la mujer. La multitud aplaude frenéticamente y comienza una refriega.

«¿Por qué hacen ellos todo esto?» pregunta María, de once años, a su mamá.

Convérselo

- ¿Cuál es su animal favorito y por qué?
- ¿Cuáles son las ventajas y desventajas de tener un animal doméstico?
- ¿Por qué algunos individuos son tan apasionados respecto a los derechos de los animales?
- Muchos de los medicamentos y drogas tan útiles que usamos en la actualidad fueron primeramente ensayados en animales. ¿Qué opina usted respecto al uso de animales en legítimas investigaciones de laboratorio?
- ¿Cuáles derechos son más importantes, los humanos o los de los animales? ¿Por qué?

Compruébelo

Compare Génesis 1.28 y Proverbios 12.10.

Aplíquelo

En Mateo 10.29-31, Jesús describe el cuidado de Dios para sus criaturas. Sin embargo, Él también explica que las personas merecen más que cualquier otra criatura de Dios. A veces la gente valora un provecho financiero por encima de los animales y de las personas. De la misma manera, algunas personas valoran más una causa que a las personas que puedan estar en desacuerdo con esa causa. Cuando ocurren estas cosas, el resultado puede ser crueldad de varios tipos. Mientras las personas puedan estar en desacuerdo sobre el tema de los derechos de los animales, Dios nos estará recordando dos cosas: (1) Valore a los «gorriones», (Dios lo hace), pero (2) no les dé un valor por encima de las personas (Dios no lo hace). Dios es consciente de todo lo que ocurre, aún a los gorriones, no obstante usted es muchísimo más valioso para Él que ellos. Usted es tan valioso que Dios envió a su único hijo para morir por usted (Juan 3.16).

Secretos para padres

Existe una tremenda diferencia entre tratar a los animales con benevolencia y poner a los animales en un nivel igual o superior que los seres humanos. Asegúrese de que sus hijos, en su natural afecto para las criaturas de Dios, no sean engañados por exigencias no bíblicas de manifestantes extremistas.

La ansiedad

Las pruebas para el equipo de baloncesto del séptimo grado son mañana.

Daniel está tan nervioso que no puede comer ni dormir. En el colegio estuvo soñando despierto toda la semana. Fantaseaba con saltar alto y bloquear el tiro del mejor jugador del colegio. Luego llevaba la pelota a lo largo de la cancha y la hundía de espaldas. En su sueño, el entrenador paraba el juego para decir a los otros jugadores del equipo: «Muchachos, ¿vieron lo que acaba de hacer Alejandro aquí? Espero que lo hayan visto, porque en diez años, cuando esté jugando en la liga americana de baloncest, podrán decir: "¡Este tipo estuvo en el equipo de mi colegio!" ¡Así debe jugarse este deporte!»

Fantasías aparte, Daniel está preparado como nunca. Su papáy él han estado practicando en el parqueo de los automóviles por semanas. Su tiro de *foul* ha mejorado espectacularmente. Es un buen jugador y un pasador apropiado.

Pero aún está el tema de su estatura. Daniel es más bajo que la mayoría de los muchachos. Es rápido pero no muy fuerte.

—¿Cuántos muchachos dijiste que van a ir a las pruebas? —inquirió la mamá de Daniel en la cena.

—No estoy seguro. Cerca de treinta —respondió.

—¿Y cuántos serán elegidos? —continuó ella.

—Solamente quince.

—¡Quince! Bueno, entonces no deberías tener problemas. Eso es uno de cada dos. Aparte —agregó con voz alegre—, eres el mejor *dribleador* que he conocido!

Daniel sonrió débilmente y movió la cabeza en el mismo momento que pensaba: *Mamá, no tienes idea. Cualquier otro muchacho, excepto Matt Weaver, es más alto que yo.*

Esa noche Daniel dio vueltas y vueltas hasta casi las dos de la madrugada.

Convérselo

- ¿Por qué Daniel está tan nervioso?
- ¿Por qué situación está usted preocupado o ansioso en este momento?
- ¿Cuál es la diferencia entre ansiedad y temor?
- ¿Tiene usted un amigo que está pasando por una situación como esta?
- ¿Qué le puede decir usted a su amigo o amiga para ayudarle?

Compruébelo

Lea las palabras de estímulo que Dios le dio a Josué así como las palabras de estímulo que Josué dio a sus hombres: Deuteronomio 31.8; Josué 1.6-9; 8.1; y 10.25.

Aplíquelo

Planificar para el mañana es un tiempo bien empleado; preocuparse por el mañana es tiempo perdido. A veces es difícil distinguir la diferencia. Una planificación cuidadosa es pensar hacia adelante respecto a las metas, pasos, y programas, confiando en la guía y protección de Dios. Cuando está bien hecho, la planificación puede aliviar las preocupaciones. Por el contrario, los que se preocupan están consumidos por el temor y encuentran difícil confiar en Dios. Ellos permiten que sus planes interfieran en su relación con Dios. No permita que las preocupaciones del mañana afecten su relación con Dios hoy. Convierta en oración sus temores, ansiedades y preocupaciones. Luego déjeselas a Dios, confiando a Él su resultado.

Secretos para padres.

Recuerde que situaciones que no son un «grave problema» para usted pueden ser graves problemas para sus hijos. Haga un esfuerzo extra y sea comprensivo y consolador.

La apatía

Los compañeros de aula están excitados por la fiesta del viernes. Pero Laura no.

La gente está pensando en las próximas vacaciones. Pero Laura no.

Los miembros de la iglesia están ansiosos de efectuar el paseo de Navidad. Pero Laura no.

Los integrantes de la familia están excitados por el paseo de la próxima semana para visitar a la abuela. Pero Laura no.

—¿Qué te pasa, Laura?

—No lo sé. Únicamente, que nada me llama la atención. Estoy sin ganas de hacer nada. No siento excitación. No tengo ninguna energía. Solamente deseo estar acostada en algún lado y no hacer nada por las próximas dos semanas.

—¿Pero qué va a pasar con las próximas actividades?

—Quizás el próximo año.

Convérselo

- Busque en un diccionario las palabras *contento* y *apatía*. Discuta sus significados.
- ¿Qué causa que las personas estén contentas?
- ¿Cuáles son algunas de las partes de su vida en las que usted encuentra dificultad en motivarse o permanecer motivado?
- Si una persona admite con franqueza: «realmente no me interesa...» ¿qué puede hacer él o ella para cambiar?
- ¿Qué papel juega el egoísmo en la causa de la apatía?
- ¿Cómo está relacionada la pereza con la apatía?
- ¿Qué consejo le daría a Laura?

Compruébelo

Lea respecto a cómo se sintió Dios cuando los israelitas se volvieron indolentes respecto a su fe e indiferentes respecto a todo lo que no fuese ellos mismos (Isaías 32.9-11 y Amós 6.1-8).

Aplíquelo

En Lucas 12.42-48, Jesús nos dice cómo vivir hasta que Él llegue: debemos esperar por Él, trabajar diligentemente y obedecer sus órdenes. Estas actitudes son especialmente necesarias para personas que poseen dones y habilidades valiosas. Cuanto más recursos, talentos y entendimiento poseemos, más responsables somos de utilizarlos con efectividad. Dios no nos hará responsables por dones que no nos otorgó, pero todos nosotros poseemos suficientes dones y tareas como para mantenernos ocupados hasta que Jesús venga. Es mejor contribuir con *algo* que no contribuir con nada.

Secretos para padres

Tenemos la necesidad de enseñar a nuestros hijos el rol apropiado de los sentimientos en la vida. Las Escrituras nos enseñan a vivir por fe (Habacuc 2.4), ¡no por sentimientos! Al mismo tiempo, los miembros de la familia necesitan aprender a comunicar cuáles son sus sentimientos. Esto es decisivo si queremos ser comprensivos y sensibles el uno para el otro. Resumiendo, hable de los sentimientos y sea consciente y sensible a ellos, pero no les permita que manejen sus actividades familiares.

La apariencia

He aquí un día típico en la vida de la familia Martínez:

6:57 AM. David Martínez, de treinta y nueve años, se pone rápidamente el saco de su traje nuevo, se ajusta su corbata nueva y contempla fijamente su imagen en el espejo. Gira de costado y encoge su estómago. Está pensando en la entrevista de esta tarde con el Sr. García y en el viejo dicho: «se tiene una sola oportunidad de causar una primera impresión».

7:11 AM. Clara Martínez, de quince años, se está mirando al espejo y está al borde de las lágrimas. *¿Podría ser más fea?*, se pregunta. *¡No solo tengo que usar este estúpido corrector dental, sino que mi cutis parece el mapa de la luna!*

12:31 PM. Lisa Martínez, de treinta y ocho años, echó nuevamente un vistazo a la hermosa y juvenil mujer sentada en la mesa frente a ella. «¿Puedes creerlo?» susurró Lisa a su compañera de cena. «¡Ella es perfecta!»

«¡Ya lo sé! ¡Ya lo sé! ¡La *odio*!, es la sarcástica respuesta.

4:19 PM. Marcos Martínez, de trece años, se encuentra en el salón de pesaje con el resto del equipo de fútbol de los estudiantes de primer grado. Cuando se da cuenta que está parado cerca de Patricio Jiménez, el chico más musculoso del equipo, Marcos se siente turbado y se escabulle al otro lado del salón.

Convérselo

- ¿Cuáles son algunos de los ejemplos de la obsesión de nuestra cultura respecto a la apariencia?
- ¿Por qué pone nuestra sociedad tanto énfasis en la apariencia?
- ¿Estaría mal preocuparse en algún momento por su apariencia? ¿Cuándo?
- Si usted pudiese agitar una vara mágica y cambiar su apariencia, ¿qué cambiaría específicamente?
- ¿Por qué cree usted que Dios otorga a algunas personas una apariencia excepcional?
- ¿Puede usted pensar en algunas circunstancias en las cuales ser bello o hermoso pudiera ser una cosa *adversa*?
- ¿Hasta qué extremos debiesen ir los cristianos para mejorar o cambiar su apariencia? En otras palabras, ¿debería un cristiano o cristiana cambiar el color de su cabello? ¿Hacerse cirugía plástica? ¿Blanquear sus dientes?

Compruébelo

Es importante recordar que Dios nos creó cuidadosamente a cada uno (Salmo 139), y que cuando mira hacia nosotros está más interesado en cuál es nuestra apariencia interior (1 Samuel 16.7).

Aplíquelo

Usted no puede hacer mucho con el cuerpo con el cual nació; puede asearlo y maquillarlo, pero no obstante se parecerá mucho al original. Pero puede hacer mucho con lo que está en su interior. Puede ser tan atractivo interiormente como lo desee. Por ejemplo, usted puede tener bondad en la cantidad que elija. Usted puede no ser capaz de controlar su apariencia, pero puede controlar la atracción de su carácter.

Secretos para padres

¿Felicita usted más a sus hijos por su apariencia o por su manera de actuar? Necesitamos alentar y sostener a nuestros hijos en cada oportunidad que tengamos, especialmente cuando se trata del comportamiento y de la conducta. Al alabar los actos cristianos, emitimos un mensaje poderoso e importante, ¡lo que uno es en su interior es mucho más importante que la apariencia externa!

La discusión

Es el instante previo a la hora de comer y todos están alterados.

El bebé está inquieto.

Mamá está tratando frenéticamente de poner la comida sobre la mesa.

Papá se está quejando por la cuenta de la electricidad que llegó con el correo.

Y los mellizos están discutiendo por cualquier cosa. Se estuvieron gritando el uno al otro desde que regresaron del colegio a casa.

En este momento terminó la pelea respecto a quién recibe el mantelito de Winnie el osito.

—Yo me lo saqué.

—¡Y qué! La abuela me lo dio a *mi*.

—No, no te lo dio.

—Sí me lo dio.

—No te lo dio.

—Bueno, entonces me quedo con la pajita absorbente de rayas rojas.

—¡Esa es la mía! ¡Tú rompiste *tu* pajita!

—¡MAMÁ!

Convérselo

- ¿Es automáticamente errado entrar en una discusión? ¿O es posible estar en desacuerdo y sin embargo hacerlo de una forma que honre a Dios?
- ¿Qué provoca que los miembros de la familia discutan sobre pequeños temas triviales?
- ¿Cuál fue la última discusión que tuvo? ¿Cuál fue el motivo? ¿Qué sucedió finalmente?
- ¿Cuáles son algunas de las mejores maneras de resolver los conflictos en vez de simplemente gritarse el uno al otro?
- ¿Cómo se siente cuando se encuentra en medio de una discusión?
- ¿Cómo se siente cuando ve que otras personas discuten? ¿Por qué?
- ¿Usted cree que Jesús discutió con sus hermanos y hermanas? ¿Por qué o por qué no?

Compruébelo

Lea lo que bien se nos recuerda en Filipenses 2.13 y Proverbios 15.1-2.

Aplíquelo

¿Alguna vez trató de discutir susurrando? Es bastante difícil; nuestra inclinación natural es levantar la voz cuando discutimos. También causa un gran esfuerzo discutir con alguien que continúa contestando calmadamente y con bondad. Una respuesta bondadosa tiende a calmarnos (Proverbios 15.1). Una voz alta y palabras ásperas casi siempre provocan una respuesta iracunda. Trate de terminar con una discusión e invocar paz usando palabras suaves cada vez que una discusión esté por estallar.

Secretos para padres

Muchos recién casados (y «casados maduros») sufren debido a que ellos nunca aprendieron realmente la habilidad de resolver conflictos. Ellos simplemente hacen lo que vieron hacer a sus padres, alzar las voces, salir corriendo de la habitación, callarse la boca, cambiar de tema, etc. No siga con ese círculo. Permita que su hogar sea un laboratorio en donde sus hijos puedan aprender cómo estar en desacuerdo de una manera que honre a Dios.

La astrología

Silvia no puede entender a sus amigos. Es tan tonta la manera en que corren de un lado para el otro preguntando: «¿Cuál es tu signo?» y «Yo soy de Tauro, ¿qué eres tú?»

Todos los días ellos leen su horóscopo en el diario. Y hoy Marta tiene un libro lleno de predicciones «basadas en los astros».

—Bueno, Silvia, escucha esto. Tu horóscopo de Capricornio para este día dice: «Tenga cuidado en un conflicto. Si usted reacciona exageradamente tendrá problemas, pero si usted contiene sus emociones, experimentará gran bendición». Bueno, ¿qué piensas?

—¡Pienso que ustedes son unos estúpidos! ¿Porqué no van a comprar un montón de galletitas de la buena suerte? Al final se las pueden comer.

—¡Tú eres tan negativa! Y no veo por qué. ¡Esta cosa funciona realmente! ¡Es totalmente exacta!

—No, no lo es. Es totalmente *vaga*. Puedes interpretar *todo* lo que te sucede para que concuerde con estas declaraciones ambiguas.

—Bueno, puedes ser escéptica si lo deseas. Todo lo que sé es que esto me ayuda verdaderamente en mi trato con la vida.

Convérselo

- ¿Qué piensa usted de las personas que consultan a los astrólogos y leen los horóscopos?
- ¿Cuál es la diferencia entre la astronomía y la astrología?
- ¿Conoce a alguien que frecuente a los psíquicos o a los quirománticos? ¿Cuál es su explicación del por qué estas personas lo hacen?
- ¿Por qué cree usted que las personas están tan ansiosas de consultar a los astros y tan poco dispuestas a consultar (mediante la oración) a Aquel que hizo los astros?
- ¿Qué opina sobre la consulta de los horóscopos «solo por diversión»? ¿Deben hacerlo los cristianos? ¿Por qué o por qué no?

Compruébelo

Lea las advertencias en Deuteronomio 4.19; 17.2,3; e Isaías 47.13,14.

Aplíquelo

Muchos desearían poder adivinar el futuro. Las decisiones serían más fáciles, se podrían evitar ciertos fracasos y algunos éxitos quedarían asegurados. En la época de Jeremías, la tribu de Judá también deseaba adivinar el futuro, y lo intentaba a través de la interpretación de los signos del cielo. Jeremías explicó cuán errado era esto (Jeremías 10.2,3). Dios hizo los cielos y la tierra, incluyendo a los astros que la gente consulta y venera (10.12). Nadie va a descubrir el futuro en los mapas de los astros de Dios. Pero Dios, que prometió guiarlo, conoce el futuro y estará con usted todo el tiempo. Puede que no le revele su futuro, pero estará con usted hasta que el futuro se revele. No confíe en los astros; confíe en Aquel que los hizo.

Secretos para padres

Frecuentemente los padres dejan que se escabullan «momentos adecuados para la enseñanza». Por ejemplo, aparece en la televisión un comercial de una línea psíquica, y mamá se apresura a cambiar el canal para que la pequeña Susana no lo vea. Trate este método la próxima vez que vea un anuncio de este tipo. Pregunte a sus hijos: «¿Qué opinan de esto? ¿Ustedes creen que con solo mirar los astros puede alguien decirnos nuestro futuro?» Comience un debate. Escuche. Después enseñe. Podemos proteger solamente hasta cierto punto. Debemos enseñar a nuestros hijos a pensar y a discernir.

La autoridad

Cuando Nicolás vuelve del colegio, trae en la mano un papel doblado.

—¿Qué es eso? —pregunta la señora Nodarse, con un gesto de intriga en su rostro.

—Hummm, es un, hummm... bueno, es un... mira, lo que pasó es que... bueno, no toda la culpa fue *mía*. La señora Barrios estaba justamente de mal humor, y por eso fue que yo, hummm...

Nicolás está visiblemente incómodo, cambiando su posición de un pié al otro, evitando mirarle a los ojos.

—¿Por qué no lo leo yo directamente? —interrumpe finalmente la señora Nodarse, tomando la nota.

Es del director del colegio de Nicolás. Aparentemente, el muchacho se pasó de listo con una maestra responsable del servicio en el salón comedor. Cuando se le requirió que se cambiara a otra mesa, Nicolás respondió algo así como: «Usted no es mi mamá. Usted no puede decirme lo que yo debo hacer».

La señora Nodarse tomó suavemente la cara de Nicolás y lo forzó a que la mirase a los ojos.

—¿Pasó esto? ¿Le dijiste eso a la maestra?

—Bueno, *ella* dijo que yo estaba causando problemas. Que yo había arrojado un pan a otro chico. ¡Pero no lo hice! ¡Mamá, te doy mi palabra! Y por eso no consideré justo que yo fuese el que se tenía que ir.

—Bueno, bueno, te creo. ¿Pero *dijiste* eso?

Nicolás miró para abajo, pateó la alfombra con el pie y asintió inquieto con la cabeza.

—Nicolás, tú sabes que eso no es así. Cuando estás en el colegio, debes hacer lo que dice la maestra.

—¡Pero la señora Barrios es mala! ¡Nadie la quiere en todo el colegio!

—Eso no importa. Ella está a cargo. Te guste o no te guste, *tienes* que hacer lo que ella te diga.

Convérselo

- ¿Qué es una «autoridad»? Dé algunos ejemplos de su vida.
- Hable acerca de una forma de autoridad a la que usted no esté dispuesto obedecer y de una a la que usted odia obedecer. ¿Qué causa la diferencia?
- ¿De qué forma es una buena cosa la autoridad? ¿Qué sucedería si todos dejasen de hacer caso a sus padres, maestros, jefes, y hasta al gobierno?
- ¿Qué cree que le pasó a Nicolás?
- ¿Cuál es el secreto para someterse (u obedecer) a las formas de autoridad?

Compruébelo

¿Cómo nos pide la Biblia que respondamos a las autoridades? ¿Al gobierno (Romanos 13.1-6), a los líderes de la iglesia (Hebreos 13.17), a los patrones (Efesios 6.5-9), y a los padres (Efesios 6.1-4)?

Aplíquelo

Durante la época de los jueces, el pueblo de Israel experimentó muchos años de gran tribulación debido a que todos se convirtieron en su propia autoridad y actuaban de acuerdo a sus propios conceptos sobre lo bueno y lo malo (Jueces 21.25). Todo lo que tenían que hacer era someterse a Dios. Pero ellos tenían el hábito de rebelarse contra la autoridad, por lo cual sufrieron grandemente. Como de costumbre, les llevó un gran tiempo ver el error de su rebelión y someterse nuevamente a Dios. Deberíamos prestar atención. Cuando los individuos, los grupos y las sociedades se convierten en su propia autoridad final sin referencia a Dios, cuando las personas satisfacen con egoísmo sus deseos personales a toda costa, todos pagan el precio. Nadie puede darse ese lujo.

Secretos para padres

Como en tantos aspectos de la vida, las actitudes de nuestros hijos respecto a la autoridad serán influenciadas por el hecho de cómo nos ven a nosotros responder a aquellos a los que estamos subordinados. Podemos hablar acerca de someterse humildemente a los que están por encima de nosotros, pero si no lo hacemos, nuestras palabras serán vacías. Tenga cuidado con lo que dice respecto a los funcionarios del gobierno, a los defensores de la ley y a su patrón.

La Biblia

El libro inspirado de Dios

Tomás tiene un amigo que lee la Biblia todos los días. Este amigo incluso concurre a un estudio bíblico semanal con otros jóvenes. En la iglesia de su amigo (Tomás la visitó algunas veces), el pastor predica la Biblia cada semana. Estas personas actúan, fundamentalmente, como si la Biblia fuese el libro más importante del mundo.

Pero Tomás tiene montones de preguntas: «¿Por qué los maestros de mi colegio jamás mencionan la Biblia? ¿Por qué la librería local posee miles de libros pero un solo estante de Biblias (y en el fondo del negocio)? ¿Por qué el ministro de mi iglesia apenas menciona la Biblia, y en vez de eso solo relata historias inspiradoras?»

Tomás resume su dilema de esta manera: «Creo que estoy tratando de comprender qué hay de especial en la Biblia. ¿Por qué algunas personas están tan excitadas al respecto, mientras que otras se comportan como si fuese solamente un libro más?»

Convérselo

- ¿Qué *es* lo grandioso de la Biblia?
- Algunos libros son inspiradores, la Biblia asegura ser inspirada (2 Timoteo 3.16,17). ¿Cual es la diferencia?
- Algunas personas dicen: «La Biblia es la revelación de Dios para el mundo». ¿Qué significa eso?
- Los miembros de su familia, ¿tratan a la Biblia como la Palabra de Dios? ¿Por qué o por qué no?
- ¿Qué le diría a Tomás si fuese su amigo?

Compruébelo

Como un exacto recordatorio de la verdadera naturaleza de las Escrituras, lea Isaías 40.8; 1 Tesalonicenses 2.13; y 2 Timoteo 3.16,17.

Aplíquelo

La Biblia no es una colección de historias, fábulas, mitos, o meramente ideas humanas acerca de Dios. No es un libro humano. A través del Espíritu Santo, Dios reveló su persona y su plan a ciertos creyentes, los cuales escribieron su mensaje para su pueblo (2 Pedro 1.20,21). Este proceso se conoce como *inspiración* (2 Timoteo 3.16). Los escritores escribieron acerca de sus propias vidas y experiencia. Si bien ellos usaron sus propias mentes, talentos, lenguajes, y estilos, escribieron lo que Dios les pidió que escribiesen. Las Escrituras son completamente fidedignas debido a que Dios estaba en control de su escritura. Sus palabras son totalmente autoritarias para nuestra fe y vidas. La Biblia es la Palabra inspirada de Dios. Léala y utilice sus enseñanzas para guiar su conducta.

Secretos para padres

Muchos chicos se quejan que la Biblia es demasiado difícil de entender, irrelevante o aburrida. Esto puede ser porque ellos están leyendo una versión destinada a los adultos. Investigue en su librería cristiana el material de niños que hay disponible en castellano.

La Biblia

Guia diaria

¿Puede realmente la Biblia realizar una diferencia en la vida de una persona? Simplemente pregunte a los miembros de la familia Watson.

Carlos ha estado memorizando las Escrituras con otros hombres de la iglesia. «Me he dado cuenta que cuando me encuentro en situaciones de tentación, soy capaz de traer a mi mente ciertos versículos que me dan la perspectiva correcta. Me siento con más fuerzas para resistir el pecado».

Juana está en un estudio bíblico de mujeres y dice: «siento que mi fe se profundiza. Verdaderamente confío más en Dios que hace un par de meses atrás. Cuanto más leo y estudio, más creo verdaderamente que Dios puede y hará grandes cosas. Oro más y lo veo actuando».

Cristina, la hija, sostiene: «Estoy enfrentando algunas decisiones importantes y siento como que la Palabra de Dios me ha ayudado guiándome. No dice específicamente: ¡Vé a esa universidad o a esa otra!, pero he reunido algunos principios verdaderamente buenos que me ayudaron a ver cuál era mi mejor opción».

Otra hija, Carolina, ha aprendido cómo compartir su fe estudiando cómo Jesús habló al pueblo. «Yo nunca sabía cómo testificar hasta que hicimos el estudio bíblico. Ahora no me siento tan desorientada cuando mis amigos me hacen preguntas acerca de Dios».

Convérselo

- ¿Cuál es su libro, versículo y personaje favorito de la Biblia? ¿Por qué?
- Si alguna vez memorizó las Escrituras, cite un versículo para el resto de su familia.
- ¿Cómo ayudó la Biblia al crecimiento de su fe? Dé un ejemplo.
- ¿Cómo le ayudó la Biblia a tomar una decisión? Explique.
- Hable acerca de la manera en que la Biblia lo ha dotado para ser un mejor cristiano
- Si la gente lo espiase por un mes (poniendo una cámara oculta en su habitación, siguiéndolo por todos lados, etc.), ¿cuáles serían sus conclusiones acerca de sus creencias respecto a la Biblia?

Compruébelo

Lea estos versículos sobre cómo puede hacer la Biblia una diferencia en su vida: Salmo 119.11,105; 1 Pedro 2.2; y Hebreos 4.12.

Aplíquelo

El salmista dijo que era un «peregrino aquí en la tierra» y que necesitaba una guía (Salmo 119.19). Casi todo viaje largo necesita un mapa o guía. Mientras viajemos por la vida, la Biblia debería ser nuestro mapa de carreteras, indicando rutas seguras, los obstáculos a evitar, y el destino final. Debemos vernos como peregrinos, viajeros en la tierra que necesitan estudiar el mapa de Dios para aprender el camino. Si ignoramos el mapa, vagaremos a la deriva a través de la vida y correremos el riesgo de perder nuestro verdadero destino.

Secretos para padres

Cuanto más nos vean nuestros hijos leyendo la Biblia, valorándola, buscando en ella la sabiduría y relacionándola con la vida, más confiarán en ella como el precioso recurso que es. No sea como las familias que tratan a las Escrituras como a un antiguo artefacto exhibido en un museo. Sáquela del estante diariamente (¡en momentos distintos a los de los devocionales!), y haga que toda su familia se involucre en ella. A propósito, ¿se está congregando en una buena iglesia donde se predica la Biblia? John Stott dijo una vez que los predicadores deberían predicar con la Biblia en una mano y el periódico en la otra. Esta idea también debe aplicarse a los padres. Deje que sus hijos vean que la Biblia tiene realmente relación con la vida diaria.

La amargura

A Susana, Silvia y Lidia siempre les había gustado estar sentadas juntas en la escuela dominical, susurrando y pasándose notas. Cuando la anciana señora Guzmán fue su maestra, podían hacerlo fácilmente y ella nunca se daba cuenta. Ahora sin embargo, la señora Pérez es la nueva maestra de las chicas del sexto grado. La señora Pérez es bastante estricta. No permite que se hable y no tolera que se pasen notas.

Hace tres semanas, luego de advertir a las chicas dos veces, les anunció repentinamente: «Muy bien, Silvia, ¡ya basta! Dame la nota. No voy a permitir que desorganicen toda la clase. Siéntate allí. Y quizás mientras estés allí puedas pensar lo que le vas a decir a tus padres después de que les informe sobre tu comportamiento».

Bueno,no hace falta decirlo, Silvia se encontró con un gran problema en casa. Desde entonces se mantuvo quieta en la escuela dominical. No obstante, Silvia se niega a mirar o hablarle a la señora Pérez. ¿Sus razones?: «¡No la soporto! Me creó un problema. ¡Nunca olvidaré o perdonaré lo que ella hizo!»

Convérselo

- ¿Recuerda usted algún momento de su vida en el que alguien hizo algo que verdaderamente lo puso furioso? ¿Qué pasó?
- ¿Por qué cree usted que Silvia se enfureció tanto con la señora Pérez? ¿Hizo la señora Pérez algo incorrecto? Si fue así, ¿qué hizo? ¿Estaba Silvia haciendo algo incorrecto?
- ¿Cómo describiría la amargura? ¿Es lo mismo que no querer perdonar?
- ¿Qué motiva que algunas personas se amarguen tanto mientras que otras no guardan rencor?
- ¿Qué debería hacer Silvia? ¿Qué piensa usted que podría sucederle si continúa negándose a perdonar a la señora Pérez?

Compruébelo

Observe lo que Dios nos dice respecto a los sentimientos de amargura en Efesios 4.31

Aplíquelo

Jesús enseñó que cualquiera que odie a otra persona es un asesino del alma (Mateo 5.21,22). El apóstol Juan se hizo eco de esa idea años después (1 Juan 3.15). El cristianismo es la religión del alma, la sumisión externa solamente no alcanza. La amargura contra alguien que le ha hecho un mal es un cáncer maligno en su interior que con el tiempo lo destruirá. No permita que la «raíz de amargura» (Hebreos 12.15) crezca en usted o en su iglesia.

Secretos para padres

Ayude a sus hijos a comprender que guardar un rencor lastima solamente al que no perdona. Alguien ha dicho que la amargura es como sostener un carbón ardiendo. Cuanto más apretado y más tiempo lo sostenga, más lo va a marcar. La mejor manera de aprender esta lección es asegurarse que no está adoptando una actitud de amargura hacia alguien o hacia cualquier situación.

La culpa

Melania Linares está preparando una ensalada de tacos para el almuerzo. Luis, su esposo, se ofrece para rallar el queso. Marcos, de diez años, se ofrece para buscar las papas fritas y la salsa picante de la despensa. La pequeña Juana, de seis años, decide incorporarse a las tareas, por lo que corre a la heladera y toma el paquete nuevo de queso para su papá.

Luis coloca la fuente y el rallador en el borde de una angosta parte del mostrador de la cocina.

Melania adivina que habrá problemas.

—Luis, hummm, yo no sé si tendrás lugar aquí para trabajar.

—Meli, solamente voy a rallar un poco de queso, hay bastante lugar aquí.

Luego, volviéndose hacia Juana, le dice:

—Bueno, abre el paquete.

Melania frunció el entrecejo.

—Luis, acabo de barrer y de limpiar el piso.

—¿Y qué? Crees que yo no sé nada respecto a cocinar y a las cosas de la cocina.

Luis está irritado.

—¡Juana! —le dice bruscamente—. ¡No desenvuelvas tanto el queso! Puedes dejarlo dentro del paquete. Dámelo.

Luis le arrebató el queso a la pequeña Juana con toda la gracia de la mejor maestra de cocina. Está listo para demostrar lo que es capaz de hacer. Toma el rallador y después de rallar medio paquete, mira a su esposa con una sonrisa satisfecha. En ese instante su muñeca golpea la fuente llena de queso y la envía al suelo con estrépito.

—¡Luis! —Melania habla irritada—. ¡Te dije que esto iba a suceder!

Luis está turbado y humillado.

—Bueno —fanfarronea—, ¡no habría pasado si Juana no hubiese desenvuelto tanto el queso!

Convérselo

- En esta historia, ¿a quién hay que culpar por el queso que se tiró? ¿Por qué?
- ¿Cómo cree usted que se siente Juana?
- ¿Cómo cree usted que se siente su papá?
- ¿Por qué culpamos generalmente a los demás por los errores que cometemos nosotros?
- Si alguien desea terminar con la costumbre de culpar a otros, ¿qué formas prácticas hay para hacerlo?

Compruébelo

Vea en Génesis 3.1-13 el primer ejemplo de una persona culpando a otra.

Aplíquelo

Cuando Dios preguntó a Adán acerca de su pecado, Adán culpó a la mujer. Cuando Dios se volvió a Eva, ella culpó a la serpiente. ¡Qué fácil es justificar nuestros pecados culpando a otra persona o a las circunstancias! Frecuentemente la gente trata de evitar sentimientos de culpabilidad trasladando la culpa. Las justificaciones incluyen: (1) la culpa es de la otra persona; (2) no pude remediarlo; (3) todos lo hacen; (4) fue solamente una equivocación; (5) nadie es perfecto; (6) el diablo hizo que yo lo hiciera; (7) me empujaron hacia esto; (8) yo no sabía que era incorrecto; (9) Dios me está tentando. La persona que se justifica está tratando de trasladar la culpa hacia otra persona u otra circunstancia. Pero esto no resolverá el problema. Aparte de esto, Dios conoce la verdad y Él nos hace responsables de nuestros actos. Un cristiano no debería tratar de escaparse de una acción incorrecta culpando a otro. Reconozca sus actitudes y acciones incorrectas, discúlpese ante Dios (y ante cualquiera que usted haya inculpado), acepte su responsabilidad y pídale perdón a Dios.

Secretos para padres

Analice la semana pasada. Si usted ha sido culpable de censurar injustamente a su hijo, pídale perdón. Usted se asombrará cómo un humilde reconocimiento de un error de su parte puede fortalecer su relación.

El aburrimiento

El sábado en la mañana los Ortega fueron despertados por los terribles sonidos de los truenos y la lluvia.

—¡Estupendo! —chilló Jonatán—, está lloviendo torrencialmente. ¡No va a poder funcionar la feria con un tiempo así!

—¡Lluvia no! —gimió Katty, su hermana mayor, al salir de su dormitorio—. ¡Seguramente van a cancelar nuestra excursión en bicicleta!

—¡A quién le importa un estúpido paseo en bicicleta! —exclamó bruscamente Jonatán.

—¡A mí! —ripostó Katty.

—¡Tú puedes ir en bicicleta en cualquier momento!

—¡Entonces tú puedes ir a la feria en cualquier momento!

—¡Niños! —La señora Ortega piensa que no va a ser un día divertido—. Aún no son las nueve de la mañana, y ustedes ya están fuera de sí. ¡Cálmense!

—Bueno, ¿qué voy a hacer ahora que la feria del colegio está cancelada? —pregunta Jonatán.

—Puedes limpiar tu habitación.

—Mamá, ¡estoy hablando en serio!

—Yo también —le contesta finalmente la madre.

Katty ensaya otro método:

—Mamá, ¿me llevas luego al centro de compras?

—¿Para qué tienes que ir al centro de compras? Fuiste el jueves por la noche.

—No sé... estoy segura que no voy a poder quedarme sentada por aquí

—¿Por qué no?

—No lo sé. Aquí se está muy aburrido. No hay absolutamente nada que hacer.

—¿No tienes deberes?

—Los hice todos en el salón de estudio ayer a la tarde.

—Bueno, quizás podamos hacer algo juntas. Vamos a ver —sugiere la madre—, ¡tratemos de pensar en alguien al cual podamos ayudar, ya que parece que tenemos un día entero a nuestra disposición!

—¿Hummm? —fue la respuesta casi al unísono de Jonatán y Katty.

Convérselo.

- ¿Cuándo está usted más aburrido y por qué?
- ¿Qué hace usted generalmente cuando está aburrido, se queja? ¿Limpia su habitación? ¿Ve la televisión? ¿Llama a un amigo? ¿Alguna otra cosa?
- ¿Qué haría usted si pudiese planificar un día ideal?
- ¿Qué piensa usted acerca de la sugerencia de la señora Ortega de hacer algo por alguien?
- ¿Cuáles serían algunas ideas de cosas que usted podría hacer, individualmente o como familia, la próxima vez que enfrente un día «aburrido»?

Compruébelo

Lea Gálatas 6.9-10 y aplíquelo a la queja común de: «¡aquí no hay nada que hacer!»

Aplíquelo

El Espíritu Santo otorga un gran poder a los cristianos a fin de vivir para Dios. Algunos cristianos quieren más que eso. Quieren vivir en un estado de excitación permanente. Pero están gran cantidad de días llenos de actividades normales, a veces hasta aburridas. Cuando usted enfrente un día de estos, pida al Espíritu de Dios que lo estimule. Cada día ofrece un desafío para vivir para Cristo.

Secretos para padres

Considere trazar entre todos un «Plan para días de lluvia», para que no lo puedan tomar desprevenido la próxima vez que el clima altere sus planes.

Tomar prestado

—¡Mamá!

La señora Campos puede deducir por el tono de la voz (sin mencionar el volumen) de su hijo de catorce años que está extremadamente irritado.

—¿Qué pasa, Roberto?

—¡Lo hizo otra vez!

—¿Quién hizo qué?

—Guillermo se llevó mi gorra del equipo de los Dolphins sin preguntarme. No está aquí. Él no está. Ahora no tengo nada que ponerme.

—¿Por qué no usas la gorra de Notre Dame?

—Está toda torcida y en mal estado.

—Bueno, ¿qué pasa con tu gorra de los Bravos?

Roberto está horrorizado.

—Mamá, ¡no estamos en época de béisbol!

—¿Qué pasa si usas una de las gorras de Guillermo?

—¡Ah, sí! ¡Es igual que si me pusiera una gorra de Buffalo Bill! ¡O una gorra del Pato Maravilla! ¡Nadie usa esas gorras! Mamá, el asunto es que él usa mis cosas todo el tiempo sin permiso. Quiero que deje de hacerlo.

—Bueno, hablaré con él cuando vuelva a casa. Pero antes que te vayas demasiado enojado, déjame hacerte una pregunta: ¿De quién es esa camiseta que tienes puesta?

Roberto tragó en seco. La camiseta de los Chicago Bulls que estaba usando pertenecía a Guillermo.

—Me dijo Guillermo que no le importaba si lo usaba.

—¿Entonces por qué te enojas tanto si toma prestada tu gorra?

Convérselo

- ¿Cómo se siente respecto a permitir que su hermano o hermana (o cualquier otro) tome prestado cosas que le pertenecen a usted?
- ¿Qué le es más fácil prestar usted a alguien, su ropa, sus juguetes o juegos favoritos o dinero?
- ¿Cuáles son las cosas fáciles de compartir y cuáles las difíciles? ¿Qué reglas existen en su familia acerca de prestar y compartir?
- ¿Cuáles deberían ser las consecuencias para un miembro de la familia que toma prestado algo sin pedir permiso?

Compruébelo

¿Qué actitud adopta Mateo 7.12 respecto a esta discusión?

Aplíquelo

Las palabras de Mateo 7.12 son comúnmente conocidas como la Regla de Oro. En muchas religiones está expuesta negativamente: «No hagas a los demás lo que no quieres que te hagan a ti». Al exponerlo positivamente, Jesús lo hace más significativo. Deberíamos refrenarnos de dañar a otros; también deberíamos al mismo tiempo tomar la iniciativa para hacer algo bueno por ellos. La Regla de Oro tal como la formuló Jesús es el fundamento de una bondad activa y de misericordia, la clase de amor que Dios nos demuestra cada día. Los creyentes en Cristo deberían mostrar este tipo de amor en sus tratos con otros. Considere la forma de amor la próxima vez que tome una acción en particular. Pregúntese: «¿Es esto amor? ¿Es esto bondadoso? ¿Quisiera yo que alguien me lo hiciese a mí?»

Secretos para padres

Enseñe (y sea un ejemplo) a sus hijos la importante verdad bíblica que todo lo que poseemos pertenece a Dios. Él es el dueño de todo y nosotros debemos administrarlo sabiamente. Este método impide que nos volvamos tacaños y egoístas.

La carrera

Un gran grupo de chicos está discutiendo una vieja pregunta: «¿Qué vas a ser cuando seas grande?»

Ernesto dice que quiere ser piloto de una aerolínea.

Caleb habla de ser un constructor como su papá.

Juan quiere jugar baloncesto profesional.

Luisa María dice que será una bailarina.

Patricio quiere trabajar en computadoras igual que su papá.

Beatriz dice que quiere ser una mamá.

Zacarías sueña con ser un astronauta... o quizás un policía.

En este momento es divertido pensar en hacer grandes cosas. No hay una gran presión en tomar una decisión. Cada niño o niña cambiará probablemente su idea un centenar de veces. Pero cuando sean mayores, deberán pensar seriamente en esta importante pregunta. Lo que ellos decidan hacer en la vida determinará qué cursos deberán tomar en el colegio secundario, si irán a la universidad y a cuál, y a qué clases asistirán una vez allí. ¡No es de extrañarse que tanta gente se preocupe acerca de esta pregunta!

Conviérselo

- (Para los niños) ¿Qué crees tú que serás cuando seas grande?
- (Para los padres) Cuando usted era chico, ¿qué quería ser?
- ¿Cuáles son algunos de los trabajos que usted nunca quisiera hacer? ¿Por qué?
- ¿Qué es una carrera?
- ¿Cuáles son algunas de las formas que podemos probar para imaginarnos cuál es la carrera más adecuada para nosotros?
- ¿Debería la gente elegir la carrera solamente por la cantidad de dinero que se gana? ¿Por qué o por qué no?

Compruébelo

La Biblia no especifica qué carreras deberíamos seguir, pero nos da pautas. Lea los pasajes y fije el principio contenido en cada uno: 1 Corintios 10.31; Mateo 6.33; Hechos 1.8 y 1 Pedro 4.10,11.

Aplíquelo

Como joven aprendiz en el tabernáculo, Samuel «se convirtió en asistente del Señor, ayudando al sacerdote Elí» (1 Samuel 2.11). En ese rol, sus responsabilidades incluían abrir las puertas del tabernáculo cada día (1 Samuel 3.15), limpiar los utensilios y barrer el piso. Cuando se hizo mayor, asistió a Elí ofreciendo sacrificios. Se vestía con un efod de lino (vestimenta usada solamente por los sacerdotes), como un sacerdote en entrenamiento (1 Samuel 2.18). Como ayudante de Elí, Samuel era ayudante de Dios también. Cuando sirve a otros, aún efectuando tareas rutinarias, está sirviendo a Dios. Ya que finalmente servimos a Dios, cualquier trabajo es digno.

Secretos paras padres

Cuanto más crecen nuestros chicos, más nos preocupamos acerca de los grados, colegios y de su futuro. ¿Por qué? Porque queremos ver a nuestros hijos en carreras que honren a Dios y traigan satisfacción (¡sin mencionar que pongan comida sobre la mesa!). ¿Qué podemos hacer? Podemos y deberíamos orar para recibir la dirección de Dios. Deberíamos tratar de encontrar oportunidades para que nuestros hijos prueben diferentes tipos de trabajo. Y deberíamos esforzarnos en poner en ellos la voluntad de trabajar duramente. Imaginarse *dónde* trabajar es más fácil cuando se posee experiencia y se sabe *cómo* trabajar.

El engaño

Mañana es la exposición de historia y el proyecto de Gregorio Hernández sin dudas merece un premio. Es un modelo a escala de El Álamo, con tantos detalles que parece pertenecer a un museo. El único problema del proyecto de Gregorio es que él no lo hizo. Lo hizo su papá. La situación comenzó cuando Gregorio estaba haciendo la obra y el señor Hernández le ofreció consejo. Pero cada noche, el papá de Gregorio se involucraba más y más. Las últimas noches, Gregorio apenas estaba ayudando algo. Su papá se había encargado prácticamente de todo, dejandole sentado a la mesa aparentando estar involucrado mientras miraba el canal de los deportes con el rabillo del ojo. Gregorio sabe que el modelo luce bien, quizás demasiado bien. Pero se siente culpable por no haber hecho la obra. Se pregunta si su maestro le dirá algo. Él necesitaba la ayuda de su papá, la necesitaba realmente. Pero nunca hubiese pensado que su papá se encargaría de todo. Esa noche le preguntó a su amigo Tomás por teléfono qué debería hacer. «Desearía que mí papá me hubiese ayudado. Hombre, deberías estar contento de tener un proyecto decente. ¡Hasta deberías ganar en la exposición! Espera a ver el mío. Es un pedazo de basura. Lo armé en dos noches. ¡Deja de preocuparte!»

Convérselo

- ¿Qué derecho tenía el papá de Gregorio de hacer su proyecto?
- ¿Qué le podría haber dicho Gregorio a su papá?
- ¿Deberían ayudar los padres a sus hijos con proyectos escolares?
- ¿Cuál es la diferencia entre ayuda aceptable y tanta ayuda que signifique un engaño?
- ¿Vale la pena el engaño? ¿Por qué o por qué no?

Compruébelo

Lea Proverbios 10.2; 16.8, y 20.23. Demuestre cómo pueden corresponder a situaciones en las que uno está tentado al engaño.

Aplíquelo

Proverbios 20.23 relata cómo el Señor «desprecia» las balanzas alteradas que un comerciante puede usar para estafar a sus clientes. En otras palabras, Dios odia todo tipo de deshonestidad. Es un pecado difícil de evitar. Es fácil engañar si creemos que nadie nos observa. Pero la deshonestidad afecta el verdadero interior de una persona. Lo hace indigno de confianza y traicionero. Hace que finalmente sea incapaz de conocerse a sí mismo o relacionarse con los demás. No tome la deshonestidad a la ligera. Hasta el más pequeño acto de deshonestidad contiene la cantidad de engaño suficiente como para matar su vida espiritual. Si hay algo de deshonestidad en su vida, hable con Dios acerca de ello y pídale ayuda para deshacerse de ella.

Secretos para padres

Es importante que los padres se involucren en las tareas escolares de sus hijos y estén disponibles para ayudarlos en caso de necesidad. Pero los padres deben estar prevenidos contra el deseo de hacerse cargo en la forma en que lo hizo el papá de Gregorio en esta historia. Hable con sus hijos respecto a niveles de ayuda apropiados y aceptables para sus tareas escolares y cómo pueden ellos comunicarse con usted acerca de la cantidad de ayuda que necesitan o desean.

Las tareas domésticas

En la casa de los Blanco se acerca la hora de irse a la cama. Los platos están en el lavaplatos. La cocina está limpia.

Ya todos se bañaron. Y ahora, antes del correspondiente ritual de leer y contar cuentos, el resto de la casa necesita ser puesta en orden.

—Claudia, esta noche la sala de ver televisión está realmente desordenada. Ve allí y ordénala mientras Tomás y yo ordenamos la sala de estar.

—¡Pero mamá!

—Claudia, no quiero escuchar ninguna queja. Solo haz lo que te pedí.

—Pero mamá, Tomás es el que hizo la mayor parte de este desorden. ¿Por qué debo ser yo la que lo ordene?

—Porque somos una familia y nos ayudamos unos a otros. Yo no ensucié tus platos esta noche, pero los lavé. Yo no ensucio todos los días tu ropa, pero la lavo.

—Bueno, no es justo.

—Bueno, lo lamento. Lo harás de todas formas, o no leeremos ningún libro esta noche.

Convérselo

- ¿Qué tareas hogareñas tiene usted que hacer? ¿Cuáles le gustan y cuáles no? ¿Por qué?
- ¿Cómo es en su casa a la hora de los quehaceres domésticos?
- ¿Alguna vez se sintió como la Claudia de la historia anterior?
- ¿Es injusta la mamá de Claudia? ¿Por qué o por qué no?
- ¿Cuáles son los desórdenes que arma usted que los demás terminan por arreglar o hacerse cargo?
- ¿Cómo puede ser *divertido* ordenar y limpiar? ¿Es posible?

Compruébelo

Cuando Israel se puso a reconstruir las murallas de la ciudad, todos se involucraron (Nehemías 3.6-12). Ninguno dijo: (excepto los vagos tecoítas, véase el versículo 5) «¡La construcción de murallas no es mi especialidad!» Por el contrario, todos se pusieron a trabajar con afán, ¡y la monumental tarea se completó en menos de dos meses!

Aplíquelo

El cruce del Mar Rojo fue solo el comienzo. Años después, luego de vagar cuarenta años por el desierto, los Israelitas tenían una Tierra Prometida que conquistar. Y eso incluía tierra a ambas márgenes del río Jordán. Las doce tribus tenían que dividir esta una vez conquistada. Sin embargo, toda la dura tarea había sido hecha por las doce tribus juntas. La tribus de Rubén y de Gad y la media tribu de Manasés no pararon al liberar su tierra; prometieron trabajar con los demás hasta que fuese conquistada la tierra de cada uno (Números 32.16-19). Después que otros lo hayan ayudado, no busque excusas para escaparse de ayudarlos a ellos. Termine toda la tarea, aún aquellas partes que puedan no beneficiarlo a usted directamente.

Secretos para padres

Pareciera que cada generación es más vaga que la anterior. La generación constructora (personas que vivieron los duros tiempos de la Segunda Guerra Mundial), es conocida por su dedicación a las tareas pesadas. Pero sus hijos, la generación de la postguerra, deleitándose en los buenos tiempos del auge económico de esa época, fracasaron en adoptar plenamente esta actitud. Actualmente, las generaciones posteriores han perdido profundamente todo sentido del trabajo duro y del ahorro y el sacrificio. Necesitamos restaurar en nuestro país el espíritu de dedicación al trabajo duro. Y esto solo puede comenzarse en cada uno de nuestros hogares.

La Navidad

Braulio y Julia Vargas estaban sorprendidos de encontrar que las decoraciones navideñas estaban comenzando a llenar el centro de compras local a principios de octubre. Latas de dulces. Carteles de Santa Claus. Hasta los casi imperceptibles sonidos de los villancicos saliendo de algunos de los negocios.

Todo esto trajo una pregunta sobre la cual los Vargas estaban meditando hacía algún tiempo: ¿Cómo celebrarían ellos estas fiestas? Específicamente: ¿Cómo pueden unificar la versión «secular» de las Navidades con la versión bíblica del niño Jesús?

Braulio analiza la situación con su típica y lógica forma de pensar.

—Bueno, como yo lo veo, tenemos realmente dos opciones: podemos evitar totalmente cualquier mención de Santa Claus. Una cantidad de nuestros amigos de la iglesia lo hacen así. Ellos hablan únicamente acerca del nacimiento de Jesús.

—¡Y yo lo entiendo, créeme! —Julia mueve la cabeza—. Cada año todo se hace más y más secular y más y más materialista. De ninguna manera quiero yo que nuestros hijos crezcan pensando que la Navidad es solamente un hombre vestido con un traje rojo que le da a uno todo lo que le pide. Pero al mismo tiempo debemos ser realistas. Lo queramos o no, ellos serán bombardeados con imágenes e historias acerca de Santa Claus. Eso es inevitable.

—Lo sé. Lo sé. Entonces la otra opción para nosotros sería el poner énfasis en la historia bíblica de la Navidad, pero también decirles la verdad acerca de San Nicolás, quién fue, y que de acuerdo a la tradición fue un cristiano que ayudó a otros y les obsequiaba regalos.

—¿Funcionará eso realmente?

Braulio se encogió de hombros y sonriendo dijo:

—Yo no sé. Dímelo tú.

Conviérselo

- ¿Qué es lo que más le gusta de la Navidad y lo menos que le gusta?
- ¿Cual es el verdadero significado de la Navidad?
- ¿Cómo pueden las familias evitar exagerar acerca de Santa Claus?
- ¿Es equivocado hablar acerca de Santa Claus en el tiempo de la Navidad? ¿Qué pasa si solo juega un pequeño rol en la celebración familiar de la Navidad?
- ¿Qué necesita su familia para poder preservar el verdadero significado de la Navidad?

Compruébelo

Lea Lucas 2.1-20 para una importante advertencia sobre lo que sucedió en la primera Navidad.

Aplíquelo

En la época de Navidad pensamos frecuentemente en Jesús como un bebé en un pesebre (Lucas 2.7), pero esa escena solo es parte de la historia. El niño Cristo en el pesebre, el diminuto y desamparado bebé de las tarjetas de Navidad y de los pesebres decorativos creció. Vivió una vida perfecta, murió por nosotros, subió a los cielos, y regresará a la tierra como Rey de reyes. Él gobernará el mundo y juzgará a todos de acuerdo a sus decisiones respecto a Él. ¿Usted sigue pensando en Jesús como un bebé en un pesebre, o es Él su Señor? Asegúrese de no subestimar a Jesús. Haga del tiempo de la Navidad una época de celebración de su reinado tanto como de su llegada.

Secretos para padres

Una familia encontró una solución para este «dilema de las fiestas» contándole a sus hijos la verdadera historia de San Nicolás y diciéndoles luego: «Con el paso de los años, la gente cambió su nombre por el de Santa Claus y a ellos les gusta fingir que él sigue trayendo regalos, pero la *verdad* respecto a la Navidad y lo que *realmente* significa es que Dios le dio al mundo el mejor regalo de todos, a un Salvador llamado Jesús». Hable con amigos cristianos que usted respete y admire. Descubra lo que ellos hacen (si usted no lo sabe ya) y por qué eligieron celebrar en esta forma. Por último, tendrá usted que desarrollar sus propias convicciones en este tema, sobre el cual los cristianos poseen tantas creencias diferentes.

La unidad de la iglesia

Los teléfonos de los miembros de la Iglesia del Valle estuvieron las últimas tres semanas especialmente activos. ¿Por qué? Debido a que la iglesia está en el medio de un gran conflicto por su pastor. Un grupo de la congregación ama al reverendo Nelson. El otro grupo está listo para mandarlo de paseo. Durante una reunión de consejo la última semana, las cosas se calentaron muchísimo. Se pronunciaron feas palabras. Se formularon acusaciones. Los temperamentos estallaron. ¡Ahora parece como si la iglesia quisiera dividirse! Por lo menos treinta familias están amenazando con irse.

—Si el reverendo Nelson se queda —manifestó un líder del grupo opositor durante la última reunión—, ¡entonces nos vamos!

Durante el almuerzo dominical, los hijos de la familia Santos están llenos de preguntas.

—Yo no entiendo todo esto —dice Justino—, pensaba que los cristianos se amaban unos a otros. ¿Dónde está la unidad? ¿Dónde esta el perdón?

—Yo no sé —dijo Laura con voz aguda—. Hoy nuestra clase dominical estaba muy extraña. Algunos de los chicos no querían hablarse. Estaban sentados mirándose fijamente los unos a los otros. Y estoy hablando de dos chicas que hasta la semana pasada eran *amigas íntimas*.

Tomasa miró a Sandra y las dos se dieron la mano solamente. Tomasa recordaba una dolorosa división de una iglesia que le tocó vivir cuando era adolescente. Fue verdaderamente feo. Casi veinte años después, ella *aún* no puede creer algunas de las cosas que la gente de su iglesia hizo y se dijo el uno al otro.

Finalmente, Sandra habló:

—Chicos, todo lo que sé es que hay que orar muy fuerte para que la gente haga bien las cosas. Y aún si las personas actúan de manera fea y dicen cosas malas, necesitamos estar seguros de que actuamos como Jesús.

—Yo sé que eso es lo que se supone que debemos hacer —admite Justino—, pero es difícil amar a las personas que dicen cosas malas del reverendo Nelson.

Convérselo

- ¿Qué piensa usted acerca de la situación de la Iglesia del Valle?
- ¿Qué hace que a veces los cristianos se enojen tanto entre sí?
- ¿En qué circunstancia honra Dios el hecho que una familia abandone la iglesia? ¿Por qué?
- ¿Cómo cree que reaccionaría usted si estuviese en una situación como la que la familia Santos está enfrentando?
- ¿Qué puede hacer usted esta semana para expresar su amor y apoyo a su pastor?

Compruébelo.

Lea Colosenses 3.12-17 y Efesios 4.1-6 para un ejemplo de cómo quiere Cristo que se comporte la iglesia.

Aplíquelo

«Somos todos un mismo cuerpo», escribió el apóstol Pablo (Efesios 4.4). La unidad no sucede simplemente, debemos trabajar para conseguirla. Con frecuencia, las diferencias entre las personas pueden llevar a una división, pero esto no debería ser en la iglesia. En lugar de concentrarnos en lo que nos divide, deberíamos recordar lo que nos une: ¡*un* cuerpo, *un* Espíritu, *una* esperanza, *un* Señor, *un* bautismo, *un* Dios! ¿Aprendió a apreciar a las personas que son diferentes a usted? ¿ Se da cuenta cómo pueden ayudar a la iglesia sus dones y puntos de vista diferentes si hacen la obra de Dios? Aprenda a gozar la manera en que los miembros del cuerpo de Cristo nos complementamos el uno con el otro. (Vea Corintios 12.12,13 para más ideas sobre esta forma de pensar.)

Secretos para padres.

Asegúrese que sus hijos le oigan hablar positivamente de su iglesia y su liderazgo. Si usted es negativo y crítico, entonces ellos también aprenderán a ser desconfiados. Si bien ningún pastor de iglesia es perfecto, estamos llamados a honrar a aquellos que nos guían espiritualmente. Permita que sus hijos vean esta costumbre obrando en su casa.

La ropa

Antes del comienzo de las clases, la familia Díaz efectúa su paseo anual de compra de ropas. Hasta ahora, la señora Díaz siempre había dispuesto qué ropa podían comprar Marcela y Mariela. Este año no.

Por primera vez la señora Díaz le está dando a cada muchacha una suma de dinero para gastarla de la manera que ellas quieran.

—Es tiempo, chicas —les dice—, que aprendan cómo ir de compras y encontrar las mejores oportunidades para ustedes. Yo las voy a acompañar, y me sentiré contenta de darles mis consejos, pero este año son ustedes las que harán las decisiones.

En el primer negocio, Mariela encontró un par de finos pantalones de mezclilla que le encantan. Inmediatamente anunció:

—¡Me llevo estos!

—¿Pero, no quieres dar una vuelta y echar un vistazo? —pregunta Marcela.

—¿Para qué seguir mirando si ya encontré algo perfecto?

—Bueno —señala Marcela—, lo puedes encontrar más barato en otro lado. O hasta podrías encontrar una buena liquidación de otra marca y terminar comprando dos pares al precio que pagaste aquí por uno.

—No quiero alguna marca barata. Quiero *estos*. Todas mis amigas los usan.

Convérselo

- ¿Quién es en su familia el que se viste con el mejor gusto? ¿Quién es el que sabe comprar mejor?
- ¿Usted prefiere estar bien vestido, informal o descuidado? ¿Por qué?
- ¿Por qué algunas personas están tan preocupadas respecto a vestirse con las «correctas» marcas de ropa?
- ¿Cuánto énfasis pone *usted* en la ropa y en lo que se pone? ¿Por qué cree usted que lo hace?
- ¿Qué puede decir usted respecto a una persona observando la ropa que viste él o ella?

Compruébelo.

Lea Mateo 6.28-33 para recordar cuán importante es la vestimenta en el esquema eterno de las cosas.

Aplíquelo

No deberíamos estar obsesionados con la moda y la belleza externa. No hace falta decir que debemos cuidarnos y prestar la debida atención a la higiene, a la pulcritud y al aseo. Pero aún más importante es la actitud y el espíritu interior de una persona (1 Pedro 3.3,4). El desarrollo de esto toma tiempo y energía. Si nos volvemos obsesionados por la belleza externa, perderemos la perspectiva y la capacidad de tomar sabias decisiones. Recuerde: la verdadera belleza comienza en el interior.

Secretos para padres

Muchos padres fijan límites para lo que pueden gastar en cierto tipo de ropa. Por ejemplo, mamá dice: «te daré cuarenta dólares para un nuevo par de zapatos tenis». El hijo sabe entonces que si quiere un par de *Nike* de cien dólares, tendrá que aportar los sesenta dólares él mismo. No solamente enseña este sistema a los hijos el valor del dinero, sino que puede motivarlos a trabajar fuertemente para ahorrar y conseguir lo que ellos quieren.

El compromiso

Solo han pasado dos semanas desde el comienzo de la época de softbol, pero ya Bruno quiere abandonar al equipo.

—No es divertido. Solo estamos parados bajo el fuerte sol. Y además, nuestro equipo es malo. Yo me voy.

—Bruno —dice su padre con firmeza—, tú *no* te vas.

—¿Por qué no? Ya no me gusta el sóftbol.

—Bueno, puede que sea así, pero tomaste el compromiso de jugar.

—¿Entonces? —dice Bruno.

—Entonces significa que tendrás que aguantar. Tu equipo cuenta contigo. Y tú necesitas aprender que cuando estás de acuerdo en hacer algo, no puedes darte vuelta y cambiar de opinión. Tienes que cumplir con tus obligaciones.

—¡Pero papá, lo odio! Además, Marcela dijo que ella también se va.

—Mira, lo siento. No puedo controlar lo que hace Marcela. Creo que es un gran error si sus padres permiten que ella abandone al equipo ahora.

—Pero ¿por qué?

—Bruno, escucha. Puede ser que tú no lo comprendas ahora, pero la vida está llena de situaciones duras y desagradables. Y no siempre puedes alejarte de estas situaciones solo porque has decidido que no te gustan más. La gente que adopta esta actitud termina alejándose de las iglesias y divorciándose. ¿Por qué? Porque no están dispuestos a mantener sus compromisos.

—¡Caramba, papá! ¿Quién habla de divorcio? Yo solamente quiero salirme de este bendito equipo de softbol.

Convérselo

- ¿Qué es un compromiso? ¿Cómo definiría esa palabra?
- ¿Cúales son algunas de las situaciones en la vida en las que usted tiene que hacer cosas que no desea hacer?
- ¿De qué forma debe comprometerse el cristiano?
- ¿Cómo sería el mundo si nadie se comprometiese a nada?
- ¿Cómo puede usted profundizar su compromiso con Jesús hoy?

Compruébelo

Lea en Juan 6.60-69 cómo los discípulos estaban comprometidos con Cristo aún cuando una cantidad de sus seguidores se apartaron.

Aplíquelo

Cada uno desea ser un héroe y recibir elogios, honras y riquezas. Pero como pudo comprobar el reino de Persia en carne propia, pocos estaban dispuestos a pagar el precio (véase el libro de Ester). Mardoqueo sirvió al gobierno fielmente por años, soportando el odio y la opresión de Amán, y arriesgando su vida por su pueblo. Amán no tenía tiempo para tal humildad. El precio que tienen que pagar los héroes de Dios es un compromiso a largo plazo, sin reclamar premios. ¿Está usted preparado y dispuesto a pagar el precio?

Secretos para padres

En un mundo de personas inconstantes, que viven solamente para sus sentimientos, cambiadores de esposas, de trabajos y de iglesias, debemos inculcar en nuestros hijos un sólido sentimiento de compromiso. Sin una clara comprensión de los términos como *dedicación* y *devoción*, ¿cómo podrán saber ellos que el matrimonio es para toda la vida y que las deudas deben ser pagadas (no anuladas a través de manejos legales) y que las promesas deben cumplirse, aunque duela? Enseñe y sea un ejemplo de esto, ¡y le hará al mundo un gran favor.

Las comparaciones

No es fácil ser el hermano menor de Carolina Hernández.

Carolina es muy inteligente. Nunca en su vida tuvo una B o un «suficiente» como nota. Sus maestros la adoran y siempre se lo recuerdan a Carlos. (Él estaría emocionado si todas sus notas fuesen «suficiente».)

Carolina posee múltiples talentos. Ella toca el piano y canta realmente bien. También es buena actriz y buena cocinera. Por el otro lado, Carlos posee ante todo talento para los juegos de video.

Carolina es sociable y popular. Siempre es elegida «la favorita de la clase» o «secretaria de la clase», y pertenece a varios clubes.

No así Carlos, él es dolorosamente tímido y tiene solamente dos o tres amigos. Los padres tratan de no compararlo con su hermana, pero a veces necesitan un esfuerzo para contenerse. Ellos solamente quisieran que él se interesase por *algo.*

Convérselo

- ¿Por qué comparamos a las personas?
- ¿Cuáles son los peligros de ser comparados? ¿De compararnos con otros?
- ¿Cómo se siente usted cuando es comparado con alguien que es más talentoso, más inteligente, más atractivo, etc.?
- ¿*Siempre* son malas las comparaciones? ¿Por qué o por qué no?
- ¿Hace Dios comparaciones? ¿Cómo lo sabe usted? En su familia, ¿son algo común las comparaciones? Hable de cómo se siente usted al respecto.

Compruébelo

Lea la historia familiar que se encuentra en 1 Samuel 17.32-40. Note especialmente que David no sintió la obligación de tratar de ser como Saúl.

Aplíquelo

Cuando usted hace lo mejor que puede, se siente bien respecto a los resultados. No hay necesidad de compararse con los demás. La gente hace comparaciones por varias razones. Algunos destacan los defectos de los demás para sentirse mejor respecto a sí mismos. Otros simplemente necesitan que se les asegure que están obrando bien. Cuando usted es tentado a comparar, mire a Jesucristo. Pregúntese únicamente si se está esforzando en lograr sus metas (Gálatas 6.4). Fije su mira en ese ejemplo. Esto lo inspirará a dar lo mejor de sí, y su amorosa acogida lo confortará aún cuando no alcance sus expectativas.

Secretos para padres

Cada chico es diferente, y esto no es una gran novedad.

Cada uno es una obra maestra única. Nuestra meta como padres es ayudar a nuestros hijos a ser las personas que Dios quiso hacer, no las personas que creemos *nosotros* que debiesen ser. Para efectuar esto exitosamente, debemos convertirnos en estudiantes de nuestros hijos. Debemos comprender sus personalidades individuales, fuerzas y flaquezas. No ponga a sus hijos en moldes, cuando Dios está claramente empeñado en romper con los moldes.

La competencia

A Timoteo Díaz solamente le gusta todo lo relacionado con el béisbol. Le encantan sus nuevos guantes de bateador. Le gusta ponchar a un jugador contrincante. Le gusta estar parado en el «plato» de bateo y pegarle a una pelota rápida y baja. Se goza estar sentado en el *dugout* [refugio de los jugadores] durante los encuentros y bromear con sus compañeros de equipo.

Los únicos aspectos no tan gozosos para Timoteo del béisbol de verano es la manera en que actúa su papá cuando él entrena a su equipo y la forma en que actúa su mamá cuando observa sus juegos desde las gradas.

El papá de Timoteo toma demasiado en serio el estilo del juego. Parece pensar que su equipo debería estar en condiciones de duplicar la composición de un equipo de las grandes ligas. Él reta a los jugadores cuando cometen un error , y cuando *Timoteo* da un mal golpe o lanza hacia una base equivocada, el señor Decker lo lleva a un lado y se lo hace notar en voz baja pero severa.

Su mamá es igualmente competitiva, pero aún más voceadora. Anima a los jugadores con voz alta y aguda y frecuentemente protesta las decisiones del árbitro. Desde el campo central se le puede escuchar por encima del resto de los aficionados.

Esto es embarazoso para Timoteo. «Yo quiero ganar igual que cualquier otro», insiste, «pero por sobre todas las cosas , es solo un juego. Y sería mucho más divertido si mis padres fuesen menos fanáticos. Ninguno de los otros muchachos tienen padres que exageran tanto respecto al béisbol.

Convérselo

- ¿Es usted una persona competitiva o no?
- ¿Qué hace que algunas personas sean mucho más competitivas que otras?
- ¿Cuando es buena la competencia y cuándo va demasiado lejos?
- ¿Por qué algunos padres impulsan tan fuertemente a sus hijos a que triunfen en el deporte, en sus estudios, en la música o en cualquier otra cosa?
- ¿De qué manera podría Timoteo pedir a sus padres que disminuyan su fanatismo?

Compruébelo

¿Cómo habla Gálatas 6.4 respecto a todo el tema de la competición?

Aplíquelo

Los juegos son diversión, y siempre son más divertidos cuando los jugamos para ganar, de manera amistosa. Pero no siempre podemos ganar. Ni tampoco es necesario. Ya la excitación del juego y la emoción de esforzarnos hasta nuestros límites debería ser suficiente para tener diversión.

Secretos para padres

De vez en cuando practique juegos sin apuntar los tantos. No siempre tenemos que terminar como «ganadores y perdedores» para haber pasado un buen momento. Juegue solamente por el placer de jugar. Sus hijos apreciarán el cambio de ritmo.

La complacencia

Un predicador visitante habló el domingo pasado en la Primera Iglesia acerca del retorno de Cristo. Aporreó el púlpito, caminó con grandes pasos hacia adelante y hacia atrás en la plataforma, alzó la voz, y hacia el final de su mensaje, hasta se le quebró la voz y lloró. Fue un mensaje muy bueno, pero su falla fue que no convenció a algunos de los miembros del grupo de jóvenes. Aquí hay un trocito de su conversación después del servicio:

—Bueno, ¿qué me dicen todos del predicador visitante? —preguntó Mineli, de dieciséis años. (Para ella fue grandioso.)

Su amiga Andrea comentó:

—Creo que tocó algunos puntos buenos. Yo no presto atención a lo teatral, pero pienso que el mensaje estuvo bastante bien.

José no fue tan magnánimo, sin embargo:

—Yo no entiendo por qué tantos predicadores repiten constantemente lo mismo. Hace siglos que vienen prediciendo el fin del mundo. Hasta están en la Biblia todas esas advertencias acerca de «estén listos, el fin está cerca». Pero miren, estamos a casi dos mil años de esto y la vida sigue su cauce normal. Si me preguntan, creo que un montón de predicadores utilizan mensajes como este para tratar de asustar a las personas.

Mineli está bastante sorprendida.

—Suena como que no crees que Jesús está por regresar.

—Yo nunca dije eso —objeta José—, solamente dije que quisiera que algunos predicadores no repitiesen eso constantemente.

—¿Pero no piensas que necesitamos pensar con más frecuencia en ello? ¿De qué otra forma estaremos preparados si el Señor *regresara*?

—Eso es cierto, Mineli, pero también tienes que progresar en la vida. Pareciera como que si no tienes la mente conectada con el cielo no sirves para la tierra.

Convérselo

- ¿Está de acuerdo con los comentarios de José?
- Si usted fuese Mineli, ¿qué le diría a José?
- ¿Cómo podría cambiar nuestro comportamiento si verdaderamente creyésemos que Jesús puede regresar en cualquier momento?
- ¿Usted se siente preparado para el cielo? ¿Por qué o por qué no?
- ¿Cómo podemos recordarnos mutuamente que Jesús regresará pronto?

Compruébelo

Lea Ezequiel 12.21-28 para un importante recordatorio de que pasará lo que Dios ha dicho.

Aplíquelo

Los dos breves mensajes de Ezequiel 12.21-28 son advertencias de que las palabras de Dios se harán realidad, ¡muy pronto! En menos de seis años después, Jerusalén sería destruida. Sin embargo la gente es escéptica. La incredulidad y la falsa seguridad los impulsaron a creer que eso nunca iba a suceder. El apóstol Pablo luchó con este problema en la iglesia (2 Pedro 3.9). Es peligroso decir que Cristo nunca regresará o considerar su venida tan lejana en el futuro como inaplicable hoy en día. Dios no es lento, solamente que su tiempo no es el nuestro (Salmo 90.4). Jesús está esperando que más pecadores se arrepientan y se vuelvan a Él. No debemos estar sentados esperando el regreso de Cristo, pero deberíamos vivir con la idea que el tiempo es corto y que tenemos obras importantes para hacer. Esté preparado para encontrarse con Cristo en cualquier momento, aún hoy, no obstante planifique el transcurso de su servicio como pensando que Él pueda no regresar por muchos años.

Secretos para padres

Pida a su pastor que le recomiende un buen libro, de agradable lectura, respecto los tiempos finales. Un buen tratamiento novelesco del tema es *Left Behind* [Dejados atrás], por Tim LaHaye y Jerry Jenkins. Este tema es interesante para chicos de todas las edades, y leer juntos un libro como este podría llegar a ser un buen proyecto familiar.

La queja

La noche pasada, las cosas no fueron muy agradables en casa de los Hernández.

El disgusto comenzó cuando la señora Hernández sirvió otra de sus recetas estira-comidas, esta llamada algo así como Sorpresa de Migajas de Atún.

—¡Má! —Protestó Jeremías, de diez años—. ¡Esta cosa es demasiado espesa!

—Sí —agrega Jonatán, de trece años—, la *sorpresa* es ver si puedes tragártelo o no.

La señora Hernández golpea con el tenedor.

—¡Bueno, esto es todo, ustedes dos pueden levantarse de la mesa!

Más tarde, Jonatán comenzó a refunfuñar acerca de no tener nada que ponerse para ir al colegio.

—*Nadie* se viste como yo. Parezco un vagabundo. Parezco como si consiguiera toda mi ropa en una tienda barata.

La señora Hernández lo apuñaleó con la mirada.

—Nosotros *conseguimos* la mayoría de tu ropa en una tienda barata. ¿Y qué? ¿Qué hay de malo en ello?

Jonatán puso los ojos en blanco, meneó la cabeza, se volvió y salió pisando fuerte por el pasillo hacia su dormitorio, en donde subió el volumen de su radio.

—Má —chilló Jeremías—, ¡dile que la baje! ¿Cómo creen que voy a hacer mis deberes?

Jonatán asomó su cabeza fuera del cuarto.

—Ah sí, ¡por supuesto! ¡Como si *alguna* vez hubieses hecho tus deberes en toda tu conmovedora vida!

—¡Muchachos! —gritó la señora Hernández.

Más tarde, cuando los muchachos se hubieron dormido, la señora Hernández llamó a su madre, la cual vive en el Oeste.

—¿Estás bien? ¿Anda mal algo? —preguntó su madre, preocupada.

—¡Ay, Mamá, todo está mal! —comenzó a decir—. ¡Estoy tan frustrada que podría reventar!

Y con esto comenzó una queja de quince minutos acerca de cuán miserable era su vida.

Convérselo

- ¿Qué cosas realmente alteran sus nervios? ¿De qué se queja usted con más frecuencia?
- ¿Por qué generalmente nos concentramos más en las cosas negativas de nuestras vidas que en las positivas?
- Los adultos y los chicos, ¿se quejan de las mismas cosas o de cosas diferentes? ¿Por qué?
- ¿Qué podrían hacer los Hernández para mejorar la situación en su casa?
- ¿Qué podría hacer usted para hacer que su hogar sea una «zona libre de quejas?»

Compruébelo.

Dios reprueba a aquellos que refunfuñan y se quejan. Véase Números 11.1-10.

Aplíquelo

Los Israelitas se quejaron y posteriormente se quejó Moisés, pero Dios respondió positivamente a Moisés y negativamente al resto de la gente (Números 11.1, 11-15). ¿Por qué? La gente se quejó *los unos a los otros*, y nada se resolvió. Moisés llevó sus quejas *a Dios,* el que puede resolver cualquier problema. Muchos de nosotros somos buenos para quejarnos unos a otros. Necesitamos aprender a llevar nuestros problemas a Aquel que puede hacer algo al respecto.

Secretos para padres.

La queja es, como la mayoría de los comportamientos, una formadora de hábitos. Esto es que, si lo hacemos con regularidad, se convierte casi en una segunda naturaleza. El antídoto es cultivar lo opuesto, o sea, el hábito del agradecimiento. Concentrándonos en lo bueno de nuestras vidas, nos sentimos menos perturbados por las molestias de la vida. Haga que sus oraciones antes de la comida sean menos rituales y más genuinas. Haga que cada miembro de la familia mencione una o dos cosas de las que está agradecido. Esto puede transformarse en una tradición familiar muy querida.

La confesión

Algo estaba mal la otra noche cuando el señor Álvarez encendió su computadora. No podía localizar varios documentos en los que había trabajado y que necesitaba terminar. *Es raro*, pensó, *yo sé que estaban exactamente en esta carpeta*.

Usando el comando *encontrar*, finalmente localizó a dos de ellos en un carpeta marcada «juegos». Los otros dos no se pudieron encontrar en ningún lado.

El señor Álvarez se levantó de su escritorio y fue a la sala.

—Josué, ¿has estado jugando con mi computadora?

El rostro de Josué mostró inmediatamente un aspecto de culpabilidad.

—No, señor —mintió con voz entrecortada.

—¿Estás seguro? Porque no puedo encontrar dos de mis documentos. Se han ido. Y otros dos terminaron de alguna forma en la carpeta de *juegos*.

—¡Hummm, no papá! —Josué volvió a mentir—. Yo no sé cómo pudo haber pasado eso. Quizás Javier hizo algo.

Josué se sintió mal toda la noche. No se podía dormir. Deseaba ir a decirle la verdad a su papá, pero temía las consecuencias si lo hacía.

Convérselo

- ¿Cómo se siente cuando hace algo que sabe que está mal?
- ¿Cuándo se sintió más culpable en su vida? ¿Qué pasó?
- ¿Qué significa confesar sus pecados? ¿Por qué es tan importante?
- ¿Cuándo es necesario para nosotros confesar nuestros pecados no solamente a Dios, sino también a otras personas?
- ¿Qué piensa usted que debería haber hecho Josué?
- ¿Qué sucederá si Josué confiesa? ¿Qué sucederá si no dice nada?

Compruébelo.

Lea en el Salmo 32.1-5 y en 1 Juan 1.9 acerca de la importancia de confesar sus pecados a Dios.

Aplíquelo

Necesitamos hacer un hábito de la confesión porque tendemos a hacer un hábito de hacer mal las cosas. Cuanto más dilatamos la confesión, más daño puede hacer nuestro pecado archivado (Salmo 66.18). Siempre que confiese, preste atención a Dios y exprese su deseo de no seguir haciendo lo que está mal. David confesó su pecado y oró: «Líbrame de los que me son ocultos. Preserva también a tu siervo de las soberbias» (Salmo 19.12-13). Cuando nos negamos a arrepentirnos o cuando abrigamos y acariciamos ciertos pecados, colocamos un muro entre nosotros y Dios. Puede que no seamos capaces de recordar *cada* pecado que alguna vez hayamos cometido, pero nuestra actitud debería ser de confesión y esfuerzo por cambiar.

Secretos para padres

Es difícil para nosotros tragarnos nuestro orgullo y admitir a nuestros hijos que nos hemos equivocado. No obstante, es esta una de las mejores lecciones y ejemplos que podemos dar a nuestros hijos. Si ellos crecen viéndonos humillarnos y admitir nuestras faltas, podría ser un poco más fácil para ellos hacer lo mismo. ¿Es la confesión una parte de su vida familiar?

La confianza

Falta alrededor de un minuto para que se levante el telón sobre la gran obra de Navidad. De pié una al lado de la otra, en el centro del escenario, están Emilia y Laura amigas íntimas y las dos figuras principales de la obra.

Emilia está tan nerviosa que está por descomponerse. Susurra frenéticamente:

—Laura, ¿qué pasa si me olvido de la letra? ¿Qué pasa si tropiezo? ¿Qué pasa si me olvido de algo que debo hacer?

Laura trata de calmarla.

—¡Shhh! Cálmate, Emilia. Tú te sabes tu letra. ¡Hemos practicado tanto esta cosa que podríamos hacerla en sueños! ¡Ahora olvídate de toda la genta afuera y disfrútalo! No exageres y diviértete.

—Ah Laura, no te entiendo. ¿Cómo puedes estar tan tranquila?

—No lo sé. Creo que siento que he hecho mi parte y ahora Dios está por hacer la suya.

Convérselo

- Hable de la vez que se sintió extremadamente asustado o nervioso. ¿Cuál fue el problema? ¿Qué sucedió finalmente?
- ¿Usted tiende a ser como Emilia o como Laura? ¿Por qué?
- ¿Qué piensa acerca del consejo de Laura y de su filosofía?
- ¿Cuál es la diferencia entre tener confianza en sí mismo y confianza en Dios?
- ¿Cuáles son algunas de las situaciones en su vida respecto a las que no tiene mucha confianza?
- ¿Cómo afecta la fidelidad de Dios a nuestra confianza?

Compruébelo

Lea en Números 13.25-31 y 14.5-9 acerca de la gran confianza de Caleb.

Aplíquelo

La autosuficiencia es un enemigo cuando causa en nosotros la creencia que podemos hacer siempre todo lo que sea necesario, sin el permiso de Dios. Para prevenir esa actitud entre los soldados de Gedeón, Dios redujo su cantidad de treinta y dos mil a trescientos (Jueces 7.2-8). Con un ejército tan reducido, no podía haber duda que la victoria era de Dios. Los hombres no podían acreditárselo. Igual que Gedeón, debemos reconocer el peligro de permanecer en la creencia que actuamos solos. Podemos tener confianza en la victoria únicamente si ponemos nuestra confianza en Dios y no en nosotros mismos.

Secretos para padres

Una buena cantidad de padres hacen cosas para aumentar la autoconfianza de sus hijos. Debemos hacer el esfuerzo para aumentar su confianza en Dios. Cada vez que usted recuerda a sus hijos el poder y la fidelidad de Dios, y cada vez que ellos lo ven a usted activa y genuinamente confiar en Dios, usted hace algo maravilloso para ellos, ¡les da un regalo con beneficios a largo plazo!

El conflicto

Jeremías vuelve a su casa el viernes y le manifiesta a su esposa que jugará en un torneo de golf el sábado.

Instantáneamente cambia la amena actitud de Angela. Se disipa la alegre conversación en la cocina. La atmósfera en el cuarto comienza a cargarse.

—Te diré —comienza Angela—, yo creo que es interesante la forma en que sin preámbulos me anuncias estas cosas. No te tomas la molestia en preguntar si es conveniente para mí. No piensas cómo podría concordar con mi programa. Solo tomas tu decisión y luego me la anuncias.

—¡Ah vamos, Angela! —protesta Jeremías—. Tú sabes que necesito relajarme los fines de semana. Trabajo como un perro durante el transcurso de la misma.

—¡Yo también! —dice Angela con irritación, ¡casi al punto de perder el control!

—¿Entonces? —dice Jeremías porque no se le ocurre otra cosa.

—Entonces, me saca de quicio que tú puedes simplemente planear tu vida y yo siempre tengo que inclinarme y doblarme para acomodarme a tu programa. Ahora es el golf. El mes que viene será la pesca. En el invierno será la caza. ¡Tú solo haces lo que tú quieres y yo tengo que arreglarme con ello!

Jeremías siente que comienza a enojarse.

—Entonces, ¿qué es lo que quieres?

—Yo quiero que pienses en mí cuando dispongas algo. Quiero que, por una vez sola, te detengas y digas: «Jeremías, antes que yo haga estos planes, déjame hablar con Angela para ver cómo se acomoda esto a sus necesidades y a su programa».

Jeremías no está seguro respecto a qué decir, pero Angela está entrando en calor.

—¿Cómo te sentirías si cada fin de semana, en el instante en que entras por la puerta, te anunciara simplemente: «Ah, cariño, a propósito, las chicas y yo iremos de compras todo el fin de semana»? ¿O si dijera: «Querido, me olvidé decirte, pero un grupo de nosotras iremos a tomar clases de cocina cada sábado todo el próximo mes»?

En este momento, la cara de Jeremías está roja. Los chicos, Hilda y Evelio, presienten una próxima explosión y salen silenciosamente de la sala.

Convérselo

- ¿Qué causa los conflictos?
- ¿Es pecado un conflicto?
- ¿Qué situaciones causan los mayores conflictos en su familia? ¿Por qué?
- ¿Qué reglas deberían crear las familias relativas a los conflictos?

Compruébelo.

¿En que forma se pronuncia 1 Tesalonicenses 5.13-15 sobre esta discusión acerca de resolver conflictos?

Aplíquelo

¿Alguna vez intentó discutir susurrando? ¡Es bastante difícil de hacer! Es igualmente difícil discutir con alguien que insiste en responder suavemente. Por otra parte, una voz alta y palabras ásperas casi siempre provocan una respuesta iracunda. Para alejar la cólera y buscar la paz, elija palabras suaves.

Secretos para padres

Es necesario que nuestros hijos comprendan que el conflicto es parte de la vida, aún entre cristianos comprometidos. Nuestra preocupación no debería ser si tendremos conflictos (si somos normales y sinceros, los tendremos), sino si los resolveremos de una manera que honre a Dios. Enseñe esta habilidad a sus hijos, y les habrá dado una inapreciable capacidad de relacionarse exitosamente.

Las consecuencias

Luego de pasar el picnic del 4 de Julio con sus vecinos, la familia Sarduy está sentada en su sala, pasando el cansancio y comentando la excursión.

—¿Puedes creer lo que hicieron esos chicos de los Ortiz?

—Si, ya sé. Creo que se puede decir con seguridad que hubiesen necesitado una zurra. Estaban fuera de control.

—Sí, pero le echo la culpa a los padres.

—Ah sí, ya sé. Ellos son descuidados. Son gente muy buena, pero simplemente son malos padres. No controlan a sus hijos. ¡Y cuando ven que *hacen* algo indebido, no dicen una palabra! Observé a Marcos cómo empujaba a la pequeña Carolina dentro de la caja de arena y le sacaba el balde. Y Daniel estaba sentado justamente allí y no lo regañó.

—Bueno —dijo Carmen de catorce años—, si me preguntan les diría que son un poco raros. Una familia que tenga nueve gatos y les permitan correr por toda la casa y esparcirse por todos los muebles, perdónenme, pero lo veo simplemente extraño.

De pronto los Sarduy oyen un golpecito en la puerta de malla metálica que lleva al patio trasero. ¡Es Daniel Ortiz! Está devolviendo algunos implementos para asar que había pedido prestado para el picnic.

Los turbados Sarduy se preguntan si habrá escuchado su charla. Es difícil decirlo mirándolo. No parece estar furioso, pero tampoco parece muy amistoso. Daniel se va, dejando que los Sarduy se sientan mal del estómago.

Convérselo

- ¿Alguna vez estuvo en una situación como la que hemos relatado? ¿Cuáles fueron las circunstancias y qué sucedió?
- ¿Cómo se hubiese sentido si hubiese sido uno de los Sarduy?
- ¿Cómo hubiesen podido evitar los Sarduy meterse en tan incómoda situación?
- ¿Cuál es la lección de este incidente?

Compruébelo.

Lea un mensaje importante acerca de las consecuencias del pecado en Números 32.23 y Gálatas 6.7.

Aplíquelo

Gálatas 6.7 dice que se cosechará lo que se siembra. En otras palabras, sería ciertamente una sorpresa sembrar maíz y que crezcan calabazas. Es una ley natural que de cada tipo de semilla que se siembre crecerá ese tipo de planta. Esta ley de la naturaleza tiene también aplicaciones en otros aspectos de la vida. Cada acción tiene un resultado. Si usted murmura sobre sus amigos, perderá su amistad. Si usted planta para satisfacer sus propios deseos, cosechará pesar y maldad. Si usted planta para agradar a Dios, cosechará gozo y vida eterna. ¿Qué clase de semillas está sembrando?

Secretos para padres

La próxima vez que vea un programa de televisión, hable respecto al argumento y si el mismo es realista. Pida a sus hijos que hablen acerca de las consecuencias potenciales de las acciones de los personajes de la obra.

La satisfacción

Sin envidia

La familia Reinaldo Duque está regresando de efectuar una visita a la familia Carlos Duque (Reinaldo es el hermano menor de Carlos). Debido a que Carlos es un destacado y próspero médico, su familia vive una vida muy privilegiada. Su casa es grande, magnífica, y está situada sobre una colina con vista al séptimo hoyo del club de golf y tenis Bentwood.

Los hijos de Carlos concurren a un prestigioso colegio privado. Tienen gran cantidad de juguetes caros (carritos, autos de cuatro ruedas, juegos para computadora, etc.). Cristina, la esposa de Carlos, es muy fina y conserva una magnífica figura (de sus partidas de tenis diarias en el club).

En el auto, Reinaldo y su familia están comparando su estilo de vida con el del tío Carlos y su familia.

Reinaldo piensa que su propia casa es un pequeño basurero de lata.

Patricia, la esposa de Reinaldo, se siente como una gorda pordiosera.

Los chicos están celosos de toda la ropa y cosas de las que gozan sus primos.

—Papá, ¿cuando vamos a tener un nuevo automóvil?

—No hay nada de malo en este automóvil. Tiene solamente cuatro años.

—Si, pero comparado con el de la tía Cristina...

—Miren, ¡no quiero seguir escuchando nada respecto al automóvil de tía Cristina! Es un hermoso automóvil. ¡Pero tiene que parecerse al dinero que pagaron por él!

Durante los cincuenta kilómetros siguientes, nadie pronunció una palabra más.

Convérselo

- ¿Por qué piensa usted que Reinaldo Duque y su familia se sintieron tan irritados e inquietos después de visitar a sus parientes?
- ¿Qué es lo que a usted no le satisface de su propia vida? ¿Cómo la cambiaría si pudiese?
- ¿Por qué tendemos a concentrarnos en lo que no poseemos en lugar de hacerlo en lo que sí poseemos?
- ¿Cuál es el secreto de la satisfacción? O, en otras palabras, ¿qué consejo le daría usted a Reinaldo, a Patricia y a su familia?

Compruébelo.

Lea la perspectiva de la satisfacción de Pablo en Filipenses 4:10-13.

Aplíquelo

¿Está usted satisfecho en toda circunstancia que le toca enfrentar? Pablo sabía cómo contentarse tanto si tenía en abundancia como cuando estaba en necesidad. El secreto radicaba en extraer el poder de Cristo para fortalecerse. ¿Está usted insatisfecho porque no posee lo que desea? Aprenda a apoyarse en las promesas de Dios y en el poder de Cristo para ayudarse a estar contento. Si usted siempre desea más, pídale a Dios que le quite este deseo y enseñe su satisfacción en cada circunstancia. Debemos recordar la diferencia entre nuestros *deseos* y nuestras *necesidades*. Puede ser que no consigamos todo lo que deseamos. Pero todo lo que verdaderamente necesitamos en la tierra, Dios nos lo *proveerá*, aún si fuese el coraje para enfrentar a la muerte como lo hizo Pablo. Confiando en Cristo, nuestras actitudes y apetitos pueden cambiar del desearlo todo a aceptar su provisión y fuerza para vivir para Él.

Secretos para padres.

La próxima vez que sienta que su familia está descontenta, pruebe el «ejercicio de acción de gracias». Haga que los miembros de su familia se turnen para agradecer a Dios por las distintas cosas en su vida: las bendiciones espirituales, la bendición de sus relaciones, bendiciones emotivas y materiales. Si dedica usted quince o veinte minutos a esto, ¡se sorprenderá del cambio que hará en sus actitudes!

La satisfacción

A PESAR DE LAS PRESIONES DEL ESTILO DE VIDA

Cuando los Lang compraron un lote en el área exclusiva de Turtle Creeck, no se imaginaron el tipo de presión que iban a sentir al imitar el estilo de vida de los vecinos. Vean algunos ejemplos:

Los Lang planearon originalmente construir una casa de doscientos dieciséis metros cuadrados. Hace ocho años habían encontrado los planos «perfectos», un diseño que era exactamente lo que ellos deseaban y necesitaban como hogar. Pero cuando descubrieron que la casa más chica en el vecindario tenía doscientos sesenta metros cuadrados, se encontraron súbitamente de regreso en el estudio del arquitecto, añadiendo un cuarto de huéspedes a la parte trasera de la casa principal.

Arturo condujo su camioneta Chevy por quince años y doscientos noventa y seis mil kilómetros. Verdaderamente él la amaba y no hay nada malo en todo esto, salvo que ofrecía un aspecto muy descuidado. Hace poco Arturo se percató que los otros hombres de Turtle Creeck manejan automóviles más bonitos, más nuevos. De pronto Arturo está seriamente interesado en algo nuevo sobre ruedas.

Por los últimos seis años, los hijos de la familia Lang se sintieron impulsados a ir al campamento de verano del rancho Piney Point. No es de lujo, pero es un lindo lugar, lleno de buenos recuerdos. Sin embargo, sus nuevos amigos de Turtle Creeck les están mostrando ahora fantásticos videos del campamento Attakkapau, un pomposo, muy apreciado campamento en las montañas Blue Ridge. De pronto, Andrés y Katherine dejaron de tener interés en Piney Point. No hablan más que de ir a Attakkapau este verano.

Convérselo

- ¿Qué significa «competir dentro de la propia clase social?»
- ¿Cómo explicaría usted el cambio de actitudes en los miembros de la familia Lang?
- ¿Cuáles son las cosas que sus vecinos o amigos pueden disfrutar y que usted desearía tener? ¿Es malo para usted pensar de esta manera? ¿Por qué o por qué no?
- ¿Qué significa estar satisfecho?
- ¿Cual es el secreto de la satisfacción?
- La Biblia es muy clara en que las cosas no son perdurables y que debemos hacernos tesoros en el cielo (Mateo 6.19-21). Si eso es cierto, ¿por qué estamos tan obsesionados en poseer cosas, y por qué prestamos tan poca atención a los «tesoros celestiales?»

Compruébelo.

Tratar de «competir dentro de la propia clase social» es peligroso para su salud espiritual. Véase 1 Samuel 8.19,20 y 2 Reyes 17.15.

Aplíquelo

Jesús dijo que la buena vida no tiene nada que ver con ser rico, por ello esté en guardia contra la codicia, deseando lo que no se tiene (Lucas 12.15). Esto es exactamente lo opuesto a lo que la sociedad generalmente dice. Los anunciantes gastan millones de dólares en tentarnos a pensar que si compramos más y más sus productos, seremos más felices, estaremos más satisfechos, estaremos más cómodos. ¿Cómo responde usted a la constante presión de ir de compras? Aprenda a desechar tentaciones costosas y concentrarse en lugar de ello en la verdadera buena vida, viviendo una relación con Dios y realizando su obra.

Secretos para padres

Simplemente por estar en el mundo, nuestros hijos naturalmente desearán más y más cosas. Pero podemos combatir impulsos materiales haciendo tres cosas: (1) Demostrando creativamente a nuestros hijos que es posible divertirse sin tener que comprar cantidad de cosas; (2) limitando la cantidad de tiempo permitida para vagar por las jugueterías (o ver anuncios comerciales) y codiciar nuevas cosas para jugar; (3) dedicando tiempo a estar con familias sanas que comparten nuestra determinación de estar satisfechos.

Las creencias

Cuando Susana y Cindi eran chicas, reñían como lo hacen la mayoría de los amigos. Al llegar a adultos, sus desavenencias tomaron otra dimensión. Ahora ellas disputan por creencias conflictivas, y cuando sus familias se reúnen, sus puntos de vista opuestos crean tensión a veces. Veamos algunos ejemplos:

Los hijos de Cindi crecieron creyendo en Santa Claus. Susana no puede creer que una familia cristiana defienda esto.

Susana no quiere ir de compras los domingos. Cindi no puede ver cuál es el gran problema.

La familia de Susana dejó de ver televisión el año pasado. Cindi piensa que eso es «un poco exagerado».

A las hijas de Susana se les prohibió perforarse las orejas hasta que tuviesen catorce años. La hija de Cindi se las perforó a la edad de ocho años.

A los hijos de Susana se les prohibió escuchar distintos estilos de «música cristiana contemporánea». Cindi está emocionada que sus hijos quieran escuchar la «música cristiana más que la basura de la radio».

Con todas sus diferencias, es sorprendente que Susana y Cindi aún conserven su amistad. Pero de alguna forma lo logran.

Convérselo

- ¿Cuales son las cosas con las que usted se siente profundamente identificado y por qué?
- Volviendo a la historia anterior, ¿cuáles son sus creencias en cada uno de los aspectos mencionados?
- ¿Cómo hace usted para determinar cuáles son sus creencias?
- ¿Cómo deberíamos responder cuando amigos o parientes poseen creencias diferentes?

Compruébelo.

Para encontrar algunos excelentes principios que le ayudarán a desarrollar las creencias en aspectos de la vida donde la Biblia no da una dirección clara, lea Romanos 14.1-12.

Aplíquelo

Las diferencias de opiniones no causan necesariamente una división. Pueden ser una fuente de enseñanza y de riqueza en nuestras relaciones. Los creyentes deberían obrar de acuerdo a su conciencia, pero sus honestos escrúpulos no necesitan ser puestos como reglas para los demás. Es cierto que algunos temas se centran en la fe y valen la pena luchar por ellos, pero muchos están basados en diferencias individuales y no deberían ser cuestionados. Pablo advierte en Romanos que no debemos reñir acerca de temas que son una cuestión de enfoque. Nuestro principio debería ser: en lo esencial, la unidad; en lo no esencial, libertad; en todas las cosas, amor.

Secretos para padres

Trate de ayudar a sus hijos a comprender la diferencia entre normas bíblicas y normas culturales. Por ejemplo, muchos cristianos evitan hacer amistad con no creyentes, creyendo que esta interacción es espiritualmente peligrosa. Pero en ningún lado nos habla la Biblia contra las relaciones de redención. Por lo tanto, esta práctica común de no relacionarse con no cristianos es más cultural que bíblica.

La creación

En una de las recientes semanas, las chicas de la familia Monzón fueron bombardeadas con ideas acerca del mundo y cómo comenzó.

En el Día de la Tierra, las chicas escucharon a una oradora, en una reunión del colegio, referirse a «nuestro planeta viviente». Ella era muy apasionada y divertida. Pero cuando después de su disertación contestó a las preguntas de los estudiantes, siguió refiriéndose a la «Madre Tierra». Y en alguna literatura que trajo consigo hablaba repetidamente de la «diosa Gea».

En la escuela dominical las chicas vieron una cinta de video respecto a la Creación. Estaba bien hecho y muy interesante. La película señalaba varios de los errores de la teoría de la evolución, la falta de evidencia fósil y algunas técnicas científicas cuestionables, tanto como los prejuicios de la comunidad científica contra Dios. La única cosa que no les quedó muy clara a Juana y a Silvia cuando se retiraron fue la muy debatida edad de la tierra. Juana está convencida de que la tierra es joven, solamente alrededor de seis mil años de edad. Silvia es escéptica. «Yo creo que podría tener millones de años y no entrar en conflicto con lo que dice la Biblia».

En la misma semana, las chicas vieron en la televisión un programa respecto a los Serengeti en África. El programa estaba lleno de referencias a la evolución y a nuestros «símil monos» antepasados.

Convérselo

- ¿Por qué el origen de la tierra y el hombre es tema tan importante?
- ¿Cómo pueden cuidar la tierra los cristianos sin adorarla?
- ¿Cómo deberíamos responder si el hecho de la creación es atacado?
- ¿Qué parte de la narración de la Biblia lo deja a usted perplejo?
- ¿Pueden ser verdaderos la evolución y la Creación al mismo tiempo?

Compruébelo.

La Biblia declara plenamente que Dios creó al mundo y todo lo que se encuentra en él. Lea Génesis 1.1; Salmo 19.1; y Nehemías 9.6.

Aplíquelo

La simple declaración que Dios creó los cielos y la tierra (Génesis 1.1) es uno de los más desafiantes conceptos que afronta la mente moderna. La inmensa galaxia en la cual vivimos gira a la increíble velocidad de setecientos ochenta y cuatro mil kilómetros por hora. Pero aún a esa velocidad, esta galaxia necesita doscientos millones de años para efectuar una rotación. Y existen en el universo más de mil millones de otras galaxias como la nuestra. ¿Por qué creó Dios la tierra? Este es aún un tema de gran debate. Algunos dicen que se formó una súbita explosión y apareció el universo. Otros opinan que Dios comenzó el proceso y el universo evolucionó en miles de millones de años. Casi toda antigua religión posee su propia explicación de cómo se formó la tierra. Y casi todo científico tiene una opinión sobre el origen del universo. Solo la Biblia muestra a un supremo Dios que por amor crea la tierra y da a la genter un lugar especial en ella. En esta vida no sabremos nunca todas las respuestas acerca de cómo Dios creó la tierra, pero la Biblia nos dice que Dios la creó. Ya este hecho solamente le da valor y dignidad a todas las personas.

Secretos para padres

Hay impresos algunos magníficos libros acerca de la creación escritos solamente para los chicos. En un mundo que defiende tantas opiniones no bíblicas acerca de los orígenes del universo, usted debería invertir en un par de los mejores libros que hoy se consiguen. Pruebe con *Wonderful Earth!* [¡Maravillosa Tierra!], por Nick Butterworth y Mike Inkpen, y *It Couldn't Just Happen: Fascinating Facts about God's World* [No sucedió así por así: fascinantes verdades del mundo de Dios], por Lawrence Richards.

La muerte

Ocurrió de repente, sin previo aviso, en una cálida e indolente tarde de julio. En un solo instante, la familia Castañeda se enfrentó cara a cara con la fragilidad y brevedad de la vida.

Carla, de ocho años, estaba parada en el camino de acceso con Patches, el perro callejero de la familia, cuando un camión de bomberos vino por la calle con su ululante sirena.

Patches, un perro normalmente indiferente a los coches, comenzó a perseguir a este extraño y ruidoso monstruo rojo. La señora Castañeda salió por la puerta del frente justo a tiempo para ver a Patches tropezar y resbalar debajo de las ruedas del veloz carro de bomberos.

Mientras el carro de bomberos seguía hacia su destino, los miembros femeninos de la familia Castañeda salieron corriendo hacia la calle. Carla ya estaba sollozando cuando alcanzó a su amado perrito. Este se estremeció, se sacudió y luego quedó extrañamente quieto.

Para ese momento, también la señora Castañeda estaba llorando.

—¿Se pondrá bien, mamá?

—No, querida, me temo que no. Creo que Patches murió.

—¡Pero podríamos llevarlo al veterinario! ¡Corre, mamá y busca el coche!

—Ah querida, desearía que el veterinario pudiese ayudarle. Pero Patches se fue.

Carla sollozó más fuerte.

—¡Pero yo lo quiero! ¡No quiero que se vaya! ¿Por qué pasó esto, mamá? ¿Por qué?

La señora Castañeda tomó a su hija y la abrazó fuertemente.

—No lo sé, querida, no lo sé.

Convérselo

- ¿Qué persona o animal doméstico que haya muerto extraña usted más y por qué?
- ¿Cuáles son algunas de las formas de ayudar a alguien que está triste por la muerte de un ser querido?
- ¿Cómo deberíamos vivir actualmente, en vista del hecho de que todos moriremos algún día y nadie de nosotros sabe cuándo?

Compruébelo

Como un buen recordatorio de cómo afecta la muerte a los creyentes en Cristo, lea 1 Corintios 15.21-28.

Aplíquelo

La resurrección de Cristo es el centro de la fe cristiana. Debido a que Jesús se levantó de la muerte tal como lo prometió, sabemos que dijo la verdad, Él es Dios. Debido a su resurrección, poseemos la certeza que nuestros pecados son perdonados. Debido a su resurrección, Él vive y nos representa ante Dios. Debido a su resurrección, sabemos que también resucitaremos. Todos los cristianos, incluyendo a aquellos que vivan cuando Cristo regrese, vivirán con Cristo para siempre. Por lo tanto, no debemos desesperarnos cuando nuestros seres queridos mueren o sucesos mundiales se tornan trágicos. Dios transformará nuestras tragedias en triunfos, nuestra pobreza en riqueza, nuestro dolor en gloria, y nuestra derrota en victoria. Todos los creyentes a través de la historia estarán reunidos ante la verdadera presencia de Dios, seguros y firmes. Deberíamos confortarnos y alentarnos unos a otros con esa gran esperanza.

Secretos para padres

El tener un animal doméstico puede enseñar a los niños buenas lecciones acerca de la vida y la muerte. Muchos padres han usado la muerte de un animalito para hablar acerca del pesar así como acerca de la vida eterna en Cristo.

La deuda

Cuanto más crecían los hijos de los Valdés más pequeña parecía la residencia de ellos. Esto explica por qué la familia está pensando seriamente en la compra de una casa más grande.

Luego de ver docenas de casas nuevas y «preadjudicadas», los Valdés supieron al fin lo que deseaban: una casa de cuatro dormitorios, dos baños y medio, con dos áreas de estar separadas. Una de las casas en el mercado, con doscientos veinticinco metros cuadrados, construida hace solo tres años y en un excelente vecindario, llenó perfectamente los requerimientos.

Patricia explica: «El cuarto dormitorio puede usarse como un estudio y cuarto de huéspedes. Y el poseer una sala de estar *más* un cuarto de estudio o sala de estar familiar, significa que podemos tener pequeñas reuniones del grupo o de los jóvenes sin tener que desterrar al resto de la familia a la parte trasera de la casa. ¡Y su aspecto, ¿no es magnífico?!»

Magnífico o no, el problema es el dinero. La casa actual de los Valdés es pequeña (ciento veintiséis metros cuadrados) con su correspondiente hipoteca. La nueva casa significaría pagos mensuales de casi el doble de lo que se está pagando ahora. Mayores pagos requeriría efectuar un corte en otras partes del presupuesto familiar y posiblemente encontrar alguna entrada extra de otras fuentes.

Es un gran compromiso, pero como dice Patricia: «¡También es una magnífica casa!»

Convérselo

- ¿ De qué forma piensa usted que cambiará la vida de los Valdés si ellos compran la nueva casa?
- ¿Qué significa estar en deuda? ¿Qué se siente cuando se está en deuda?
- ¿Qué es el *interés*?
- ¿Qué les pasa a las personas que se involucran en demasiadas deudas?
- ¿Qué pasa cuando las personas no pueden pagar sus deudas?
- ¿Por qué es importante para las familias discutir y sentar prioridades de gastos y metas?

Compruébelo

La Biblia cita varios principios que pueden aplicarse a decisiones acerca de prestarse dinero y adquirir cosas. Vea Proverbios 22.7; Lucas 12.15 y 14.28; y Santiago 4.13-16.

Aplíquelo

Es fácil meterse en deudas y difícil salir de ellas. Cada deuda trae la presión de demorar o evitar su pago. Pero cualquier demora u omisión puede acarrear graves consecuencias. Si el dinero proviene de un amigo o un miembro de la familia, puede destruir la confianza y separar aún a la gente más unida. Si usted debe pedir prestado, sea tan ansioso de pagar sus préstamos como de recibirlos, y de ser posible, devuélvalos antes del término. Luego disciplínese a estar satisfecho con lo que posee para no tener que pedir prestado de nuevo.

Secretos para padres

Si no enseñamos a nuestros hijos respecto al dinero, les estamos haciendo un mal servicio. Muchos asesores financieros cristianos están de acuerdo que es sabio que los padres enseñen a sus hijos a ahorrar primero su dinero y luego hacer las compras. De otra forma, aseguran, nuestros hijos entrarán en la práctica cultural de «conseguirlo ahora y pagarlo (más caro) luego». También debería usted conseguir un pequeño préstamo para sus hijos, para enseñarles lecciones importantes acerca de las deudas, de los intereses y del pago de los préstamos. El embargo de una bicicleta por falta de pago pueda que suene cruel, ¡pero la lección que se gana con ello evitará penas aún mayores más tarde en la vida!

Las decisiones

La vida está llena de decisiones. Algunas no son un gran problema: ¿Qué camisa me pongo? ¿Con qué juguete debería jugar? ¿A cuál amigo llamo? ¿Qué cosa podría comer?

Pero las otras decisiones son difíciles. Considere las situaciones que deben enfrentar los miembros de la familia Guzmán.

El señor Guzmán está tratando de decidir si se hace miembro de un grupo de caza. Es un paraíso de cazadores, pero también cuesta quinientos dólares. ¿Debería él gastar tanto dinero en su pasatiempo cuando la familia tiene otras necesidades? *Gisela desea realmente el nuevo sofá, ¡pero los pasatiempos también son importantes! Aunque no es lo mismo que yo vaya y gaste extravagantemente para mí todo el tiempo*, se dice a sí mismo.

Misael y Darién, sus hijos, se están preguntando si van a una excursión de niños exploradores o a la fiesta de cumpleaños de un chico del vecindario que no tiene muchos amigos. Los padres dejaron a ellos la decisión.

Claudia, la hija, está deliberando si acepta una invitación de la escuela de baile. Ella estaba esperando que Justino la invitase, pero inesperadamente llamó Tomás. Correpondería que ella le dijese algo a Tomás esta noche. «No quiero herir sus sentimientos, pero al mismo tiempo, me gustaría más ir con Justino... pero ¿qué pasa si le digo que no a Tomás y después Justino no llama?

Convérselo

- ¿Cuáles fueron algunas de las decisiones más difíciles que usted alguna vez tuvo que enfrentar?
- ¿Qué decidió hacer finalmente?
- ¿Cuáles fueron algunas de las decisiones más malas que ha tomado? ¿Qué falló?
- ¿Que criterio adopta para tomar decisiones?
- ¿Qué consejo le daría a las personas de la historia anterior?
- ¿Qué decisión difícil debe enfrentar ahora? (Deje que los miembros de su familia le den, uno por uno, algún consejo.)
- ¿Cómo cambiaría su forma de tomar decisiones si se fijase como meta siempre tratar de hacer lo que Jesús hubiese hecho?

Compruébelo

Jesús siempre adoptó las decisiones adecuadas debido a que estaba muy cerca de su Padre celestial y comprometido a hacer las cosas correctamente. Vea Juan 5.19-20 y 8 .29.

Aplíquelo

«Si usted necesita sabiduría, si desea saber lo que Dios desea que usted haga, pregúnteselo y Él con mucho gusto se lo hará saber» (Santiago 1.5). Por *sabiduría*, Santiago entiende no solo el conocimiento sino también la capacidad de tomar decisiones sabias en circunstancias difíciles. Siempre que necesitemos sabiduría, oremos a Dios y seremos provistos con abundancia. No tenemos que andar a tientas en la oscuridad, con la esperanza de tropezar con las soluciones. Podemos pedirle a Dios la sabiduría necesaria para guiar nuestras decisiones.

La *sabiduría* también significa discernimiento práctico. Comienza con el respeto hacia Dios, conduce a vivir correctamente y tiene como resultado una capacidad creciente de distinguir el bien del mal. Dios está dispuesto a darnos esa sabiduría, pero nosotros seremos incapaces de recibirla si nuestra meta es el egoísmo. Para aprender la voluntad de Dios, necesitamos leer la Palabra y pedirle que nos enseñe cómo obedecerle. A continuación, debemos hacer lo que Él nos dice.

Secretos para padres

Haga conocer a sus hijos la novela de gran éxito en librerías *In His Steps* [En sus pasos], por Charles Sheldon. La historia se centra en algunos miembros de iglesias corrientes, cuyas vidas son transformadas radicalmente cuando ellos comienzan a tomar cada decisión preguntándose primero: «¿qué hubiese hecho Jesús?»

La depresión

La familia Peñalver no sabe qué hacer con Sandra. Ella no es la misma de antes. En el último par de semanas habló poco, comió poco y se está volviendo muy apática. Se encierra mayormente en sí misma y se resiste a los esfuerzos de los miembros de su familia de comprometerla en actividades en las que ella se goce verdaderamente.

Los otros chicos se han dado cuenta de que Sandra parece estar luchando con un ataque de melancolía. Álida le dejó a su hermana mayor pequeñas notitas y sorpresas. Adán, para total sorpresa de sus padres, ¡hasta le dio a su apática hermana un montón de abrazos!

La noche pasada Sandra se fue temprano a la cama, y la familia estuvo hablando acerca de su situación.

—Ella se está comportando extrañamente, mamá —dijo Adán, señalando lo que era obvio.

—Ya lo sé. Ya lo sé. Estoy preocupada por ella.

—Quizás deberíamos ver a un consejero —sugirió el señor Peñalver.

—Creo que debemos hacer algo.

—¡Le voy a escribir una tarjeta! —chilló la pequeña Álida.

—Eso sería muy lindo, tesoro —concluyó la señora Peñalver.

Convérselo

- ¿Qué motiva que la gente se deprima?
- ¿Alguna vez se ha sentido sin ganas de hacer nada, sin esperanzas o totalmente apagado? ¿Qué cree usted que fue lo que lo hizo sentirse así? ¿Cómo lo superó?
- ¿Cuáles son algunas de las maneras mediante las cuales la gente trata de salirse de su depresión?
- ¿En qué forma nos puede ayudar Dios durante ataques de depresión?
- ¿Qué haría usted si fuese un miembro de la familia Peñalver?

Compruébelo

¿Qué discernimiento le traen al tema de la depresión las siguientes referencias bíblicas: Salmos 13.1,2 y 34.18?

Aplíquelo

La depresión es uno de los malestares emocionales más comunes. Un antídoto para la depresión es meditar acerca de los antecedentes de la bondad de Dios para con su pueblo (Salmo 42.5,6). Esto quitará su mente de la presente situación y le dará la esperanza de que mejorará. Concentrará sus pensamientos en la capacidad de Dios de prestarle su ayuda más que en la propia incapacidad de ayudarse a sí mismo. Cuando se sienta deprimido, aproveche el antideprimente de Dios. Lea los relatos acerca de la bondad de Dios y medite al respecto.

Secretos para padres

Es importante recordar que la depresión puede ser causada por un desbalance químico o por tendencias genéticas. Si alguien de su familia esta demostrando algunos de los siguientes síntomas, es conveniente consultar al médico de la familia: baja autoestima, súbita subida de peso o falta de apetito, un deseo de dormir excesivamente, pérdida de la energía, inusuales patrones de conducta introvertida, sentimientos de falta de esperanza. Si no son tratados, los individuos depresivos pueden decaer rápidamente, a veces con trágicas consecuencias.

Los devocionales

Cecilia y Carmen Torres no esperaban con interés la cena de esa noche.

Ayer su madre anunció que iban a empezar a tener un tiempo de devocionales familiares cada jueves después de la cena.

—Me pregunto si va a ser tan malo como la última vez que tratamos de tener devocionales familiares. ¿Te acuerdes de la revista de la cual papá leía? Parecía haber sido escrita por algún viejo de algún monasterio. Y el grabado de la tapa parecía que era de los años cuarenta.

—Carmen, no era solo malo, ¡era malísimo! ¿Y recuerdas cuanto duraba cada uno? ¡Parecía que eso iba a durar horas!

Esa noche, después de cenar, el señor Torres mostró un nuevo libro. Cecilia sintió curiosidad.

—Oye, papá —dice ella—, antes que empecemos, ¿puedo ver eso un minuto?

—Seguro.

Ansiosamente Cecilia toma el libro y lo comienza a hojear. Se alegra de ver que cada devocional es corto. Y que cada uno trata un tema diferente, la mayoría de ellos muy interesantes. Ella comienza a echar un vistazo a una historia acerca de la moda e inmediatamente se relaciona con la misma.

—Oye —dice, pero a nadie en particular—, esto está muy bueno.

—Tu papá y yo hemos pensado que te iba a gustar.

Luego de leer una corta escena, los Torres pasan un buen momento discutiendo algunas cortas preguntas. Luego leen un pasaje de las Escrituras y oran. Toda la cosa no dura más de veinte minutos y en realidad es divertida.

—¿Con qué frecuencia haremos esto? —pregunta Carmen.

—Una vez a la semana.

—¿No podemos hacerlo con más frecuencia?

Convérselo

- ¿Cuál es su experiencia acerca de devocionales familiares?
- ¿Qué factores impiden a las familias reunirse para hablar de sus vidas y de lo que Dios dice en su Palabra?
- ¿Cuál es, en su opinión, el valor de los devocionales familiares?
- ¿Cuáles son sus más grandes temores y esperanzas acerca de comenzar un tiempo de devoción familiar?

Compruébelo

Lea Deuteronomio 6.4-9 y discuta cómo se relaciona este pasaje con los devocionales de familia.

Aplíquelo

Este pasaje de Deuteronomio inserta un modelo que ayuda a relacionar la Palabra de Dios con nuestras vidas diarias. Debemos amar a Dios, pensar constantemente en sus mandamientos, enseñar sus mandamientos a nuestros hijos, y vivir cada día de acuerdo a los lineamientos de su Palabra. Dios pone énfasis en la importancia de que los padres enseñen la Biblia a sus hijos. La iglesia y las escuelas cristianas no pueden ser usadas para escapar de esta responsabilidad. La Biblia provee tantas oportunidades para lecciones objetivas y enseñanza práctica, que sería una vergüenza estudiarla solamente los domingos en la iglesia. La verdades eternas se aprenden con más efectividad en el amoroso entorno de un hogar temeroso de Dios.

Secretos para padres

No exagere con los devocionales familiares. Hágalos cortos y divertidos. Es mucho mejor dedicar diez minutos regularmente que estar encima de sus hijos una hora y aburrirlos hasta los huesos. La mayoría de los padres se han dado cuenta que cuanto más livianos y espontáneos son los devocionales familiares, más receptivos serán los hijos.

La disciplina

Daniel y Teófilo están paseando en sus bicicletas una tarde. Daniel sugiere:

—Oye, ¡hagamos una guerra de ciruelas!

—¿Una qué?

—Una guerra de ciruelas. Tú te vas a este lado del jardín de los Santos, debajo del ciruelo, y yo me quedo aquí al lado de este. Entonces tratamos de tirar y acertarnos el uno al otro. El primero en acertar cinco veces, gana.

Teófilo no está muy seguro.

—No sé. Quizás los Santos quieren comerse estas ciruelas. Además, no están en casa.

—¡Por supuesto que no están en casa! ¿Tú crees que lo haríamos si estuviesen? Creo que eres un gallina. ¡Simplemente estas temeroso que te clave en la cabeza una ciruela podrida!

El desafío es demasiado para Teófilo. En treinta segundos los muchachos saltaron la cerca y comenzaron a tirarse ciruelas de frente el uno al otro. Con toda esta excitación, Daniel no notó que muchos de sus tiros fallidos navegaron dentro del cobertizo de los Santos. Veinte minutos después, con el contador tres pegadas a dos a favor de Teófilo, los muchachos quedaron sin municiones y sintieron que habían pasado una linda tarde.

Cuando Teófilo regresó a su casa tres horas después, su mamá lo mandó a la calle para disculparse ante el señor Santos, limpiar el desorden y ofrecerse a pagar por los daños. Cuando después de esto regresa a su casa, se encuentra que ha quedado de penitencia por tres semanas.

¿Y Daniel? No hay castigo para él, solamente la advertencia de «mantenerse alejado del malhumorado señor Santos».

¡Teófilo no puede creer que a él lo castiguen y Daniel haya salido ileso!

Convérselo

- ¿Se metieron en problemas Teófilo y Daniel por lo que hicieron? ¿Por qué o por qué no?
- ¿Cuál es el propósito de la disciplina y la corrección?
- ¿Fue apropiado el castigo de Teófilo por lo que hizo?
- ¿Cuál es el tipo de disciplina o corrección más efectivo? ¿Por qué?

Compruébelo

Para algunos enfoques importantes sobre el valor de la disciplina, lea Proverbios 3.11,12; 13.24 y 39.15,17.

Aplíquelo

No es fácil para un padre amante disciplinar a un hijo, pero es necesario. La responsabilidad más grande que Dios dio a los padres es la nutrición y guía de sus hijos. El disciplinar a los hijos evita un desastre de largo alcance. Sin una corrección, los hijos crecen sin una clara comprensión de lo bueno y de lo malo y con poca instrucción en sus vidas. La falta de disciplina pone en discusión el amor de los padres debido a que demuestra una falta de interés por el desarrollo del carácter de sus hijos. No tema disciplinar a sus hijos. Es un acto de amor. Recuerde, sin embargo, que sus esfuerzos no hacen sabios a sus hijos; ¡solamente pueden estimular a sus hijos a buscar la sabiduría de Dios por sobre todas las cosas!

Secretos para padres

En un momento sin apasionamientos, comparta con sus hijos acerca de sus propias experiencias de la niñez cuando fue disciplinado. Asegúrese que entiendan que la meta de la disciplina no es punitiva sino correctiva. (Puede que usted desee leer Hebreos 12 para ayudarles a comprender que el motivo detrás de la disciplina bíblica es el amor.)

La deshonestidad

Concepción Blanco está cocinando para la cena, pasando vista por la correspondencia del día y haciendo algunos preparativos de último momento antes de su estudio bíblico de mujeres, cuando llaman por teléfono.

Esteban, su esposo, atiende la llamada y anuncia:

—Querida, es Carla.

Cocepción pone sus ojos en blanco, muestra un gesto de disgusto en su rostro y susurra:

—Si yo atiendo su llamada, ¡estaré clavada por treinta minutos! Dile que no puedo atenderla ahora.

—¿Tú quieres que le mienta a ella?

—Yo no dije eso. Mira, entro un minuto al baño. Dile eso a ella. Dile que la llamo. —Dicho eso, Concepción despareció por el pasillo.

Esteban sacudió su cabeza pero dio el mensaje a su locuaz vecina.

Cuando colgó el teléfono, Angela, de ocho años, levantó la vista de sus tareas y preguntó:

—¿Papá, fue eso decir la verdad?

Esteban sintió que una ola condenatoria pasó sobre él pero decidió hacerse el sordo.

—¿Qué dices, querida?

—Quiero decir que mamá actuó como si no pudiese atender el teléfono. Pero más parecía como que no quería atenderlo.

En ese momento, Concepción vuelve a la cocina y Esteban decide pasarle la pelota a ella.

—Angela, ¿por qué no le haces a mamá la misma pregunta que me hiciste a mi?

Convérselo

- ¿Estuvo usted alguna vez en una situación similar a la de los Blanco? ¿Qué hizo usted?
- Si Concepción realmente fue al baño, ¿la excusa para no hablar con Carla fue una mentira?
- ¿Cual es la diferencia, si la hay, entre una mentira y una «mentirilla inocente»?
- ¿Qué pasa cuando nos sorprenden en una mentira?

Compruébelo

Lea Proverbios 12.13,17,19, y 22 y aplique esos versículos a la situación recién descrita.

Aplíquelo

Hablar pecaminosamente retuerce los hechos que apoyan sus afirmaciones. Los que hacen esto son atrapados probablemente en sus propias mentiras. Pero para alguien que siempre dice la verdad, los hechos, sencillos y puros, siempre son confiables. La verdad es siempre confiable, puede aplicarse ahora y en el futuro. Debido a que está conectada al carácter inmutable de Dios, también debe ser vista en las vidas de sus hijos.

Secretos para padres

Recuerde que sus hijos son mucho más influenciados por lo que usted hace que por lo que usted dice. Si sus hijos lo sorprenden «faltando a la verdad», admita inmediatamente su error, y adopte rápidas medidas para hacer los cambios pertinentes.

El divorcio

En la cena, Mercedes, de diez años, pregunta en tono casual:

—¿Por qué se divorcian las personas?

La señora Reyes le pasa la sal y la pimienta a su esposo, le hecha una rápida mirada y responde:

—¿Por qué lo preguntas?

—Porque Silvia me contó hoy que su mamá y su papá se están divorciando y que su papá se está mudando a la costa este.

El señor Reyes hace una mueca y menea su cabeza.

—No lo puedo creer. ¡Eso es terrible!

La señora Reyes está observando a Mercedes muy de cerca.

—¿Parecía disgustada Silvia?

—Realmente, no. Ella dijo que probablemente eso era mejor. Dijo que su mamá y su papá disputaban constantemente.

—Lamento escuchar eso.

Hay una larga pausa.

—Aún no me has contestado. ¿Por qué se divorcian las personas?

El señor Reyes se aclara la garganta.

—Mercedes, esta es una pregunta difícil de contestar. Pero, básicamente, para tener el tipo de matrimonio que Dios desea que tengas, tienes que ser magnánimo y desinteresado. Deben hablarse entre sí y compartir sus sentimientos. Y cuando tengan disputas, deben trabajar muy duro para resolverlas.

—¿Qué pasa si uno deja de quererse? —preguntó Mercedes.

—¿Qué quieres decir? —le inquiere la madre.

—Bueno, eso es lo que dice Silvia que le ocurrió a sus padres. Dice que ambos dejaron de quererse.

—Mercedes, el amor no es un sentimiento, aunque frecuentemente viene con los sentimientos. Pero a la larga el amor es compromiso. Tu papá y yo estamos casados hace doce años. Estuvimos de pie frente a Dios, y frente a nuestras familias y amigos y prometimos estar juntos por el resto de nuestras vidas. Cuando amas a alguien, tu permaneces junto a él en las malas como en las buenas.

—¿Entonces tú y papá no se van a divorciar?

—Nunca. No importa cuán duros vengan los tiempos, los sobrellevaremos con la ayuda de Dios.

—Así es, querida —agrega el señor Reyes, alargando el brazo y apretando la mano de su esposa.

Convérselo

- ¿A quién conoce que se haya divorciado?
- ¿Por qué cree que la gente se divorcia?
- ¿En que forma son afectados por el divorcio los hombres, las mujeres, los chicos y las chicas?
- ¿Cuáles son los peligros de construir un matrimonio basado solamente en «sentimientos de amor»?
- ¿Qué factores pueden disminuir las posibilidades de divorcio en una pareja?

Compruébelo

Véase Mateo 19.1-9 para encontrar lo que Jesús enseñó acerca del divorcio.

Aplíquelo

La primera palabra de Jesús acerca del divorcio fue una defensa de la santidad del matrimonio. Antes de considerar los requisitos y condiciones que puedan hacer necesario o permitan un divorcio, Jesús señaló hacia un plan predominantemente divino, para un matrimonio monógamo estable y a largo plazo. El matrimonio es un regalo de Dios, dispuesto por Él para ser una vida en compromiso entre un hombre y una mujer. Tan fuerte es el lazo entre estas dos personas que deberían ser consideradas como si fuesen una sola. Los divorcios pueden suceder, ellos son el resultado de un buen plan que ha sido echado a perder debido a la codicia, la lujuria y el egoísmo. Pero a pesar de esto, el matrimonio es bueno, fuerte y perdurable. Esta fue la intención y el designio de Dios.

Secretos para padres

El compromiso se esta convirtiendo en nuestra sociedad rápidamente en una expresión carente de sentido. La gente basa sus compromisos en sentimientos inestables y deseos ilusorios. Busque momentos en la vida diaria que se presten a la enseñanza (cuidando a un animalito, terminando un proyecto, etc.) y con los cuales usted pueda dar ejemplo y enseñar esta verdad.

El estímulo

Era una mañana bastante típica en el hogar de los Bravo: la pelea por tomar el desayuno y conseguir las viandas para el almuerzo, tratar de decidir con qué vestirse, recolectando los libros y los cuadernos, haciendo las camas, poniendo la ropa sucia en el canasto del lavadero, y estar en la fila para el uso del baño.

Preste atención a los comentarios que se hicieron y a los cambios que tuvieron lugar. Observe cómo la familia Bravo se compara así misma.

—¡Eres un tremendo cerdo! ¡¿Por qué te comes siempre todos los buñuelos!?

—¡Mamá! Dije que quería pavo, no jamón. ¿Por qué no me escuchas?

—¡No tengo nada para ponerme! Miren esto, parezco un vagabundo.

—Estoy enferma y cansada de que ustedes dejen su cuarto igual que si hubiese pasado un tornado a través de él. Si van a vivir como los cerdos, quizás deberíamos comenzar a tratarlos como a ellos.

—¡Sal del baño! ¡Has estado allí una hora por lo menos! ¡Y no importa si te quedas mirando el espejo por *diez* horas, seguirías teniendo igual ese corte de pelo tan bobo!

Convérselo

- Si alguien hubiese grabado secretamente la recíproca manera de actuar su familia ayer, o esta mañana, ¿qué comentarios hubiese escuchado?
- ¿Describiría las conversaciones en su hogar como las más positivas o las más negativas?
- ¿Qué es el estímulo y cómo pueden ser diferentes las conversaciones antes indicadas si cada miembro de la familia Bravo se toma como meta animar a los demás?
- ¿De qué forma puede estimular a alguien de su familia hoy o mañana?

Compruébelo

Para ver cómo deberíamos tratarnos unos a otros, lea Romanos 12.9-18.

Aplíquelo

Cuando se encuentra al final de una larga carrera, le duelen las piernas, le arde su garganta y todo su cuerpo implora por una pausa. Es en ese momento en el cual su familia y amigos son de máximo valor. Su estímulo le ayuda a sobreponerse al dolor y llegar a la meta. De la misma manera debemos animarnos unos a otros los cristianos. Una palabra de aliento brindada en el debido momento será determinante entre terminar bien o desmayar por el camino. Eche un vistazo a su alrededor, a su familia y amigos. Sea sensible a la necesidad de estímulo de otros, y brinde palabras o acciones de apoyo.

Secretos para padres

Nuestro mundo nos abate todo el tiempo. Haga de su hogar un mundo donde las personas sean formadas y estimuladas. Trate este ejercicio: haga sentar a su familia en el piso formando un círculo. Ponga a cada miembro de su familia en el centro del círculo, uno cada vez. Después haga que todos expresen una cosa que admiran o aprecian verdaderamente de la persona sentada dentro del círculo. Acentúe las cualidades del carácter por encima de la apariencia, modo de vestir, etc. Si se efectúa correctamente, ¡este juego de afirmación hace que se sientan todos maravillosamente bien!

La envidia

Cada vez que Lázaro está cerca de Enrique, se vuelve loco. Enrique tiene *todo* lo que se puede pedir.

Enrique es el muchacho más grande y veloz del vecindario. Nadie lo puede vencer en fútbol, y nadie le gana en baloncesto.

También es el chico más inteligente del colegio. Todos los maestros lo quieren y todas las mujeres de la iglesia lo aman.

Encima de todo eso, Enrique posee la más fantástica bicicleta de la zona. Debe haber costado por lo menos doscientos dólares, quizás aún más. Se la ganó en un concurso de ensayos. Y como si todo esto fuera poco, tiene una verdadera e íntima relación con su papá. Su papá lo lleva a pescar por lo menos una vez a la semana. Y este verano, según Enrique, toda la familia irá a visitar el Gran Cañón. Solamente el pensar en Enrique ya le produce disgusto a Lázaro.

Convérselo

- ¿Qué es la envidia?
- ¿En qué es diferente la envidia de los celos?
- ¿Cómo se relacionan el resentimiento y el descontento con la envidia?
- ¿Cuáles son algunas de las cosas o cualidades que usted no posee pero que desearía tener?
- ¿Qué debería hacer una persona si se diera cuenta que él o ella están envidiosos de alguien?

Compruébelo

Tenga en consideración aquellas Escrituras que se refieren al pecado de los celos, Proverbios 14.30; 1 Corintios 13.4 y Gálatas 5.26.

Aplíquelo

El décimo mandamiento nos dice que no debemos codiciar (Éxodo 20.17). Codiciar es desear tener lo que otros poseen. Va más allá de una simple admiración de las cosas que otro posee o pensar *me gustaría tener uno de esos*. La codicia incluye a la envidia, sentir resentimiento por el hecho que otros poseen lo que uno no tiene. Destruye el pequeño gozo que tenemos por las cosas que ya poseemos. Dado que solamente Dios puede proveernos todas nuestras necesidades, la verdadera satisfacción solo se encuentra en Él. Cuando usted comience a codiciar, trate de determinar si una necesidad más básica lo está llevando a codiciar. Por ejemplo, usted puede codiciar el éxito de alguien, no porque quiere quitárselo, sino porque usted desea sentirse tan apreciado por los demás como él. Si este es el caso, ore para que Dios le ayude a tratar con su resentimiento y a encontrar sus necesidades básicas.

Secretos para padres

Los padres pueden minimizar el poder de la envidia enfatizando los dones y talentos únicos de cada hijo. Resista la tendencia común de comparar su retoño con cada uno de los demás. Rechace la tentación de decir: «¿por qué no puedes ser un poco más como tu hermano o hermana?» Este tipo de acciones solo avivan las llamas de la envidia y echan leña al fuego del resentimiento. Ore para que sus hijos lleguen a apreciar su personalidad y potencial bondadosos.

El escape

Hace más o menos un año que David Herrera falleció súbitamente a la edad de cuarenta años. Los consejeros dijeron a la familia que luego de un período inicial de conmoción y negación, podrían esperar sentir ira y desesperación. «Esta es una parte natural del proceso de la congoja» dijeron.

¿Pero manejaron debidamente su congoja los Herrera que sobrevivieron? Considere:

La esposa de David, Nancy, ha estado tomando tranquilizantes en forma constante. «¡No puedo dormir si no los tomo!», dice ella.

Emilia, la hija, parece haberse pegado al televisor. Casi siempre se le puede encontrar con el control remoto en la mano. O está viendo otra cinta de video. ¡Algunos fines de semana ella ve por lo menos seis películas!

Daniel, el hijo, se ha metido en el baloncesto. Eso es todo lo que hace desde el momento que vuelve del colegio hasta la noche.

Convérselo

- ¿Son normales las acciones de los miembros de la familia Herrera, o para usted amenazan con ser enfermizas? ¿Por qué?
- ¿Cuál es la diferencia entre relajarse y escaparse? ¿Entre disfrutar un pasatiempo y escaparse? ¿Es malo el «vegetar» o escaparse? ¿por qué o por qué no?
- *Diversión* literalmente significa «sin pensar». Si este es el caso, ¿es siempre una actividad saludable? ¿Por qué o por qué no?
- Cuando usted no quiere enfrentar al mundo a su alrededor, ¿qué métodos de escape tiende usted a emplear? ¿Por qué?
- ¿Cuales son las alternativas de escaparse de los grandes problemas?

Compruébelo

Más que escaparse tratando de buscar satisfacciones, Dios desea que vayamos a Él para una profunda satisfacción (vea Isaías 55.1,2 y Mateo 11.28-30).

Aplíquelo

Jesús dijo que el yugo que nos dio es fácil (Mateo 11.28-30). Un yugo es un pesado arnés que se acomoda sobre las espaldas de un buey. Está sujeto a una parte de un artefacto del cual debe tirar el buey. Uno puede llevar las pesadas cargas del dolor, del pecado, de la preocupación, de las exigencias excesivas de los líderes religiosos (Mateo 23.4; Hechos 15.10), de la opresión y persecución, o del cansancio en la búsqueda de Dios. Jesús nos liberó de esas cargas. El descanso que nos prometió es el amor, la sanidad, y la paz con Dios, no el fin de las penas. Una relación con Dios cambia un insignificante, fastidioso afán, en un propósito y productividad espirituales.

Secretos para padres.

En su perspicaz libro *Finding God* [¿Cómo hallar a Dios?], Larry Crabb usa el apremiante argumento de la idea de que el deseo de Dios y su plan para nuestras vidas no es hacernos sentir mejor, sino ayudarnos a encontrarle a Él. Aunque frecuentemente va contra nuestra naturaleza la búsqueda de Dios en medio de un gran dolor, esto es precisamente lo que debemos hacer. Los hijos deben comprender que si bien el escapar o alejarse de nuestros problemas puede temporalmente aliviar el dolor, esto no es una verdadera solución.

El evangelismo

El sábado pasado llegó un hombre a la Primera Iglesia para conducir un seminario especial llamado «Trayendo las buenas nuevas». Concurrieron más de cuarenta miembros de la iglesia, incluyendo a toda la familia Malone. El orador era tan divertido como inspirado entrenando a las personas para que comuniquen con mayor efectividad su fe en Cristo. Al final del día, los participantes fueron requeridos a comenzar a orar por oportunidades para hablar acerca de Dios.

Los Molina hicieron exactamente esto un lunes durante el desayuno. Ellos le pidieron a Dios que les diese la oportunidad de expresar su fe, la valentía de hacerlo, y la capacidad de explicar el evangelio claramente.

Esto es lo que le sucedió a Miguel después de terminar un día de clases: observó en el área de estacionamiento a una muchacha que estaba ocasionalmente en la parte trasera de una camioneta nueva. Saltando de su vehículo, ella inmediatamente estalló en lágrimas. Nadie más estaba por los alrededores, por lo cual Miguel se dirigió hacia allí para ver si podía ayudarla. Y al hacerlo, le vino de repente este pensamiento a su mente: *quizás* esta *sea una buena oportunidad para compartir mi fe*.

Miguel comenzó a hablarle de Jesús. Al principio la chica lo escuchó amablemente, pero luego lo miró con extrañeza y le dijo: «Eh, mira, si quieres ayudarme, eso está muy bien. ¡Pero realmente no necesito un sermón justo ahora!»

Convérselo

- Comente algún momento en el cual trató de hablarle a alguien acerca de Jesús. ¿Qué sucedió?
- ¿Por qué tantos cristianos se sienten incómodos hablando acerca de su fe?
- ¿Cómo debería jugar un papel la sensibilidad en nuestros intentos de dar testimonio?
- Si Miguel viniera a usted y le contase acerca de su fallido intento de evangelizar, ¿qué le diría usted?
- ¿A cuántas personas conoce usted, amigos, vecinos, compañeros de estudios, compañeros de trabajo, miembros de su familia, que necesitarían tener un encuentro personal con Cristo?

Compruébelo

Reflexione sobre la forma en que Jesús habló acerca de los temas espirituales con una mujer que encontró un día cerca del pozo de Jacob (Juan 4.1-42).

Aplíquelo

Cuando hablamos a otros acerca de Cristo, es importante que lo que digamos, lo digamos con amabilidad (Colosenses 4.6). No importa cuánta razón encierre el mensaje, dado de forma cruda o descortés pierde su efectividad. De la misma forma que nos gusta que nos respeten, debemos respetar a otros si queremos que escuchen lo que estamos diciendo.

Secretos para padres

Joseph Aldrich escribió un estupendo libro sobre el estilo de vida evangelizador titulado *Gentle Persuasion* [¿Cómo persuadir gentilmente?]. Si sus hijos tienen diez o más años, sería un gran recurso para que la familia entera lo lea y lo discutan entre todos.

La evolución

Mientras observan un programa en la televisión acerca de la naturaleza, la familia Hernández oye que el orador hace declaraciones y pronuncia frases tales como:

«Ahora podemos saber mucho más acerca de nuestros antepasados prehumanos...»

«...el hecho científico de la evolución...»

«Igual que otros animales, el hombre es impulsado por su deseo de supervivencia...»

«Es trágico cuando individuos ignorantes dan más crédito a la fe que a los irrefutables hechos de la ciencia...»

Finalmente, el señor Hernández toma el control remoto y cambia de canal.

—Papá, ¿por qué haces eso? Justo ahora estaban por mostrar al cocodrilo comiéndose a un ciervo.

—Hijo, ¡estoy harto de escuchar toda esa basura de la evolución! Encuentran uno o dos huesos de dedos de un pie en algún lado del desierto, dejan correr salvajemente a su imaginación, y antes que puedas pensar, han «recreado» una completa historia de algún hombre-mono ficticio. ¡Hasta te dicen qué comió en el almuerzo! Es ateísmo disfrazado de ciencia.

—Pero, papá, en este programa no dijeron nada que no nos estén enseñando en el colegio.

—Ya lo sé, Pablo. Mira, yo nunca fui un gran estudiante de ciencias. No conozco todos los hechos para demostrar exactamente dónde tiene su debilidad la teoría de la evolución, pero sé que una cantidad de científicos de primer nivel tienen sus serias dudas acerca de Darwin y su completo esquema de la evolución. Se han publicado una cantidad de libros acerca...

—Papá —interrumpe la hija de doce años de los Hernández—, si estás preocupado de que Pablo y yo estemos empezando a creer en la evolución, puedes calmarte. Cuando el maestro empieza con estas cosas, mis amigos y yo solamente nos miramos unos a otros y ponemos nuestros ojos en blanco.

Convérselo

- ¿Qué sabe usted respecto del debate sobre la evolución y la Creación?
- ¿Por qué es este tema tan importante?
- ¿Qué creen sus maestros y amigos acerca de este tema?
- ¿Si pudiésemos encontrar algún buen material sobre los orígenes, ¿le gustaría hacer un «estudio familiar» para informarse mejor?

Compruébelo

Lea Génesis 1.1-31 para el enfoque bíblico del origen del universo.

Aplíquelo

La historia de la creación nos enseña mucho acerca de Dios y de nosotros. Primero, aprendemos acerca de Dios: (1) Es creativo; (2) como Creador es distinto a su creación; (3) es eterno y controla al mundo. También aprendemos de nosotros que: (1) Desde que Dios eligió crearnos, fuimos valiosos a sus ojos; y (2) somos más importantes que los animales.

Secretos para padres

El Instituto para la investigación de la creación tiene una cantidad de finos recursos educacionales para los niños defendiendo el enfoque bíblico de los orígenes. Si usted deseara una lista de cintas de video, libros, revistas o devocionales, escriba a:

Institute for Creation Research,
P.O. Box 2667,
El Cajón, CA 92021
(619) 448-0900

La excelencia

Mire furtivamente lo que han hecho los González este fin de semana:

- Cuando su mamá le ordenó a Marta que arreglase su cuarto, ella juntó todo lo que estaba en el piso y lo amontonó en el armario. Luego empujó lo restante dentro de sus generalmente vacíos cajones de su escritorio. «Bueno, mamá» anunció, «¡ya limpié mi cuarto!»
- Marcos tiene práctica de fútbol. Dado que anoche se quedó despierto hasta tarde, no se siente como para practicar. Mientras todos los demás iban de prisa, Marcos se mantuvo terco.
- La señora González esperó hasta la mañana del domingo para preparar su clase dominical para las chicas del cuarto grado.
- El señor González no asistió el sábado en la mañana a un seminario altamente recomendado acerca de cómo ser buenos padres y respecto al cual él estuvo diciendo durante semanas: «indudablemente necesito asistir a él». En vez de eso, pasó cuatro horas limpiando su bote.

Convérselo

- ¿Qué significa ser excelente?
- Busque *mediocre* o *mediocridad* en el diccionario. Discuta las definiciones. Dé algunos ejemplos de cosas mediocres.
- ¿De que manera fallaron los González en demostrar su excelencia?
- ¿Cuáles son algunas de las facetas en las cuales usted es normalmente excelente?
- ¿Cuáles son algunas de las actividades en las cuales usted necesita hacer más esfuerzo para lograr lo mejor de usted?
- ¿Qué significa ser excelente en la vida cristiana?

Compruébelo

Tome en consideración las exhortaciones del apóstol Pablo en 1 Corintios 9.24 y 2 Timoteo 2.15 para ser excelentes.

Aplíquelo

Vivir una vida cristiana es como correr una carrera (1 Corintios 9.24-27), y para ganar una carrera se requiere ser resuelto y disciplinado. En otras palabras, vivir para Cristo es una dura tarea, es negarse a sí mismo y prepararse rigurosamente. Como cristianos, estamos corriendo hacia nuestra recompensa celestial. Las esenciales disciplinas de la oración, estudios bíblicos y adoración, nos capacitan para actuar con vigor y resistencia. No observe desde la tribuna solamente, no salga a correr solamente un par de vueltas cada mañana. Entrénese con diligencia. Su progreso espiritual depende de ello.

Secretos para padres

En una cultura donde las actitudes que prevalecen son «haz solamente lo necesario para pasar» y «elige el camino de la menor resistencia», debemos trabajar horas extra para inculcar en nuestros hijos el valor bíblico de ir tras la excelencia. Recuerde a sus hijos, y sea ejemplo para ellos de verdad, que todo lo que emprendemos es para el Señor mismo (1 Corintios 10.31). Hágalo su propia meta en la vida, para traer gloria a Dios en cada acto, aún por más insignificante que este parezca.

La fe

—Papá, ¿es nuestra religión la correcta?

—Bueno, es bíblica, si a eso te refieres.

—Entonces, ¿las otras religiones están equivocadas?

—¿Por qué haces esas preguntas?

—No lo sé. Creo que es porque en nuestra clase tenemos gente que cree en toda clase de cosas.

—¿Como cuáles?

—Bueno, Rashid y su familia son musulmanes. Por eso creen en Mahoma. Y Kris es mormón. Y Joel es judío. Y creo que el abuelo de Amy es budista, aunque no estoy seguro si Amy lo es.

—Eso es una cantidad de creencias distintas.

—Sí, y de todos modos, estuvimos discutiendo. Les dije que estaban equivocados si no creían en la Biblia.

—¿Qué dijeron a eso?

—Que tenían tanta fe como yo.

Convérselo

- ¿Deberían discutir los cristianos acerca de temas religiosos y espirituales? ¿Por qué o por qué no?
- ¿Qué es más importante, tener fe o tener fe en lo correcto?
- ¿Es posible ser sincero pero al mismo tiempo estar sinceramente equivocado? Dé un ejemplo.
- ¿Qué le diría a alguien que acusara al cristianismo de ser «demasiado estrecho»?
- ¿Cómo podemos saber si nuestra fe esta basada en la verdad?
- ¿Qué religión o fe quisiera usted conocer mejor?

Compruébelo

Observe que Pablo declaró que la fe debe estar «en nuestro Señor Jesús» (Hechos 20.21). También advierta que Jesús dijo que Él es el único camino que lleva a Dios (Juan 14.6).

Aplíquelo

Algunas personas piensan que decir que Jesús es el único camino es tener la mente demasiado estrecha. En realidad, el camino es suficientemente amplio para todo el mundo si el mundo elige aceptarlo. Como *el camino*, Jesús es nuestro sendero al Padre. Como *la verdad*, es la realidad de todas las promesas de Dios. Como *la vida*, une su divina vida con la nuestra, ambas ahora y eternamente. En lugar de preocuparnos de cuán limitado parece el tener un solo camino, deberíamos decir: «¡Gracias, Dios, por proveernos de un camino seguro para llegar hasta ti!».

Secretos para padres

Tome un libro que compare y señale los contrastes de las más importantes religiones mundiales. (Su pastor o su librería cristiana local puede recomendarle algunos buenos títulos.) Un libro así es una maravillosa herramienta de recursos y de enseñanza cuando sus hijos se encuentren en situaciones como las arriba descritas.

La moda

—¡Daisy, baja enseguida o perderás el ómnibus!

—¡Está bien, mamá! ¡Ya dije que iba!

Daisy, de doce años, se mira fijamente por última vez en el espejo del baño. Una gruesa y solitaria lágrima se desliza por su mejilla izquierda. Rápidamente ella se la quita con la manga. Tomando su mochila, baja corriendo las escaleras. Mientras sale por la puerta delantera y toma la calle hasta la parada del ómnibus, un centenar de pensamientos diferentes bullen en su cabeza:

Parezco tan estúpida... ¿Por qué tengo que ser la única en el colegio que usa esta ropa sin marca?... Si Amanda Torres se burla de mí hoy acerca de mi aspecto, le doy una bofetada, ¡o por lo menos me voy a pelear con ella! ... ¿Por qué no puede mamá dejarme comprar un solo par de pantalones de mezclilla de marca? ... ¡Quizás debería hacer como hace Katherine, prepararme algo y ponérmelo después de que salí de casa, y luego quitármelo antes de que mamá me vea... No puedo ver la hora de tener la edad suficiente y conseguir un trabajo. ¡Iría a trabajar a un negocio de ropa en el centro de compras y me gastaría todo el dinero en ropa!

Por supuesto, cuando Daisy estaba en el colegio, se encontró en el recreo con Amanda en la sala.

—¡Hermoso vestido, Daisy. ¡Este fin de semana debes haber causado sensación en las ventas hogareñas de artículos usados!

Daisy no abofeteó a su atormentadora. Y tampoco gritó. Solamente se puso colorada y salió corriendo.

Convérselo

- ¿Cuál es su manera favorita de vestirse y su traje predilecto? ¿Por qué?
- ¿Cuánto énfasis ponen en la moda y la apariencia sus amigos en el colegio, la oficina o la iglesia?
- Algunas personas opinan que la ropa fina no es mejor que la de marcas comunes, únicamente estamos pagando por la «etiqueta». ¿Usted está de acuerdo? ¿Por qué o por qué no? ¿Qué mueve a las personas a ser tan obsesionadas con las etiquetas?

Compruébelo

Lea 1 Pedro 3.3,4. Si bien este pasaje está escrito para las mujeres, enseña principios explícitos acerca de la moda y la apariencia.

Aplíquelo

Imagínese a un espejo que pudiera reflejar su carácter o su alma. ¿Qué revelaría si usted estuviere parado frente a él? ¿Cuál sería una de las cosas de su apariencia «interna» en la que pudiese trabajar usted hoy? ¿Quisiera hacerlo?

Secretos para padres

Sea sensible a la natural tendencia de sus hijos de estar a la moda. Trate de recordar su propia tendencia juvenil por «estar a la moda». Por diversión, busque algunas viejas fotografías y muéstreselas a sus hijos. Sin duda se morirán de risa al ver los tontos cortes de cabello y la ropa anticuada. Pero ellos también podrán vislumbrar una gran verdad: que la ropa que hace furor, que la moda por la cual se mueren nunca se mantiene y un día se verá ridícula.

El favoritismo

Elena Silva, de ocho años, pega un salto y corre a la ventana de la sala por sexta vez en la última media hora.

—Mamá, ¿cuándo van a venir? —gime mientras espía a través de las cortinas. ¡Es por lo menos la décima vez que formula esta pregunta!

Laura Silva trata de ser amable.

—Querida, no lo sé. Todo lo que dijeron es que iba a ser después del almuerzo. Estarán aquí cuando estén aquí.

—Pero quisiera que se apuren. Quiero comenzar a tocar en mi nuevo piano.

—Yo sé que lo quisieras hacer, querida. Y lo podrás hacer esta noche, lo prometo.

Miguel, de diez años, saltó de su alta banqueta, le arrojó a su hermana una malévola mirada y murmuró:

—No sé por qué es tan importante. No es más que un estúpido viejo piano.

Dicho eso, se marchó por el pasillo rumbo a su habitación.

Laura pensó que Miguel está enojado por no permitírsele comer un helado. Estaba equivocada.

En su habitación, acostado en su cama mirando el cielorraso, Miguel se pregunta por qué sus padres gastarán más de mil dólares en un piano para su hermana, y eso que no es su cumpleaños ni es Nochebuena. *No me dejaron tener una bicicleta que cuesta miserables doscientos dólares ¡pero le compran un piano, no importa lo que cueste! No me dejan tomar lecciones de karate, pero le permiten tomar clases de piano. No importa lo que sea, ella siempre termina por recibir todo lo que quiere. Y yo no recibo nada. ¡No es justo!*

Convérselo

- ¿Están los padres obligados a gastar la misma cantidad de dinero en cada uno de sus hijos? ¿Por qué o porqué no?
- ¿Cuáles son los peligros del favoritismo en la familia?
- ¿Qué consejo le daría a Miguel en la historia anterior?
- ¿En qué forma cambiaría su opinión si supiera que Miguel no recibió su bicicleta pero consiguió su computadora?

Compruébelo

Como un ejemplo de lo que sucede en una familia cuando los padres demuestran favoritismo por un hijo, lea Génesis 37.3,4.

Aplíquelo

En la época de José, todos poseían una túnica o un manto. Las túnicas eran usadas para abrigarse, llevar sus pertenencias durante un viaje, envolver a los bebés, sentarse encima, o aún para servir de garantía en un préstamo. La mayoría de las túnicas iban hasta la rodilla, de mangas cortas y eran sin adornos. En contraste, la túnica de José fue probablemente del tipo usado por la realeza, de mangas largas, llegaba hasta los tobillos y era colorida. La túnica se convirtió en un símbolo del favoritismo de Jacob hacia José, y agravó la ya tensa relación entre José y sus hermanos. El favoritismo en las familias es inevitable, pero sus efectos de división deberían ser llevados a un mínimo. Puede ser que los padres no sean capaces de cambiar sus sentimientos hacia un hijo favorito, pero pueden cambiar sus actos hacia los demás.

Secretos para padres

Más que fijarse en la cantidad de dinero que se gasta en cada hijo, vea cómo ayudar a cada hijo a desarrollar sus dones y capacidades. Esté atento a las injusticias (reales o imaginarias) que sus hijos perciben y aliéntelos a que hablen con usted acerca de cómo se sienten. Trate de escuchar y comprender sus sentimientos sin pasar a la defensiva. Siempre habrá momentos en los cuales los niños piensan que su hermano o hermana están mejores que ellos, pero fundamentalmente asegúrese de que sus hijos sepan que son amados y estimados de la misma manera.

El miedo

Todo el mundo esta hablando en Randall Estates acerca de los sucesos del sábado por la noche. Alguien envenenó al perro pastor alemán de la familia Corrales y luego entró en su casa. Los delincuentes no solo robaron objetos por un valor de ocho mil dólares, sino que también garabatearon amenazas sobre uno de los espejos del baño, usando un lápiz para labios.

Durante la cena, la familia Noriega está hablando sobre el robo.

Braulio, de catorce años, porfía:

—Papá, creo que deberíamos instalar un sistema de alarma. Podríamos hacerlo este sábado. No cuestan tanto, cerca de doscientos o trescientos dólares, si lo adquieres en el centro del hogar y lo instalas tú mismo. El papá de Patricia puso uno en su casa el verano pasado. Dijo que fue fácil.

—Quisiera poder hacerlo, hijo, pero la verdad es que no podemos afrontar ni siquiera un sistema de bajo costo. Lo mejor que podemos hacer probablemente es agregar un par de reflectores en el fondo. Ya he hablado con el señor Barrios y la señora Vidal acerca de poner en marcha nuevamente el sistema de vigilancia vecinal. Tenemos buenos cerrojos en las ventanas y buenos pasadores en todas las puertas. Humanamente hablando, hemos hecho todo lo que podíamos hacer al respecto.

—¿Vendrán también a nuestra casa esos hombres? —susurró Francisca, de nueve años. Parecía estar muy asustada.

Convérselo

- ¿Conoce usted a alguien en cuya casa se ha robado? ¿Cómo se sintió cuando lo escuchó?
- ¿Cuáles son sus más profundos temores? ¿Por qué?
- Cuando siente temor, ¿cómo se sobrepone usted a estos sentimientos de miedo?
- ¿De qué forma contribuyen las noticias de violencias y de tragedias a su tendencia a estar con temor?

Compruébelo

Lea Isaías 41.10 y comente en qué forma se relaciona con la situación que le infunde temor.

Aplíquelo

El temor es una sombra oscura que nos envuelve y a la larga nos apresa dentro de nosotros mismos. Cualquiera de nosotros ha sido un prisionero del temor en uno u otro momento; temor al rechazo, a la mala interpretación, a la incertidumbre, a la enfermedad, o aún, a la muerte. Pero podemos conquistar el temor usando la brillante, salvadora luz del Señor, el cual trae salvación. Si deseamos disipar las tinieblas del temor, recordemos que Dios siempre está con nosotros.

Secretos para padres

No tome a la ligera los temores de sus hijos. Podrán parecerle irreales a usted, pero son muy reales para los que los sienten. Abrazarles e infundirles seguridad pueden ser de ayuda. Mientras tanto, tome conciencia del hecho de que las ansiedades de la niñez típicamente desaparecen en un corto plazo.

Los sentimientos

Cuando Santiago Álvarez despertó esta mañana, no se *sintió* como para ir a trabajar. Hubiese preferido darse vuelta y seguir durmiendo o ir a pescar, o hasta trabajar en el patio; cualquier cosa menos ir a la oficina. No obstante, y a despecho de sus *sentimientos,* debía ir de todos modos.

Cuando Tomasa Álvarez le dijo a su hijo Marcos que debía limpiar su habitación, él le contestó:

—Lo voy a hacer más tarde. No me *siento* como para hacerlo ahora.

—No —le replicó su mamá—, hazlo ahora.

—Mamá, ¿no me escuchaste? Dije que no me *sentía* como para hacerlo.

—Te escuché. Y verdaderamente no me importa mucho cómo te *sientes* al respecto. Este no es el tema. Tiene que hacerse y te pido que lo hagas.

Al final del día, Santiago y Tomasa estaban exhaustos. Ambos miraron el reloj. En pocos minutos deberían ir a su grupo de confraternidad.

—¿Te *sientes* como para ir? —preguntó Santiago.

Realmente no —contesta Tomasa.

Convérselo

- ¿Por qué nuestros sentimientos son tan inconsistentes de día a día o aún hasta de hora a hora?
- ¿Qué causa que estemos ansiosos de hacer algo o no?
- ¿Hasta dónde deben los sentimientos afectar nuestras decisiones?
- ¿Qué cosas se deben hacer a pesar de cómo uno se siente?

Compruébelo

Tenga en cuenta que los pasajes siguientes (al igual que la abrumadora mayoría en la Biblia) no dicen nada acerca de los sentimientos. Simplemente describen o claman poder hacer la voluntad de Dios, punto: Génesis 6.22; Efesios 5.22,25; 6.1-4.

Aplíquelo

Ezequiel tampoco se sintió como para obedecer a Dios (Ezequiel 3.14,15). Poco después que Dios lo había llamado para predicar, se sintió amargado y con enojo. Los pecados y las actitudes negativas del pueblo no lo habían puesto de humor para convertirse en un profeta. Pero debía comenzar con el tedioso trabajo de profetizar entre su pueblo, sin importar cuán poco tenían en cuenta los mensajes de Dios. Él recuerda la visión de las criaturas vivientes y de las ruedas retumbantes. Recuerda que no tiene nada que temer porque Dios estaba con él. A despecho del conocimiento de las probables consecuencias, Ezequiel obedeció a Dios. A los tiempos de gran gozo, cuando nos sentimos cercanos a Dios, seguirán tiempos de gran desazón. Los pecados, las luchas, y las responsabilidades cotidianas nos abrumarán. Igual que Ezequiel, obedezcamos a Dios aún cuando no sintamos las ganas de hacerlo. No permita que sus sentimientos impidan su obediencia.

Secretos para padres

En nuestra cultura empírica, ¡los sentimientos reinan! El grito de batalla de los postreros años sesenta, «si te agrada, ¡hazlo!» (junto con su contrapartida «Si no te agrada, ¡no lo hagas!), es aún una parte importante de nuestra forma de pensar. Enseñe a sus hijos a una edad temprana que los sentimientos a la larga no importan. Más importantes son los valores de la responsabilidad y del compromiso.

A modo de sacudida, no cocine una noche o no haga alguna cosa que sea agradable y beneficiosa. Cuando sus hijos se quejen (¡y lo harán!) simplemente dígales que usted no se *siente* con ganas de ser mamá o papá. Hecho con el espíritu correcto, este pequeño ejercicio puede ser de poderosa enseñanza.

La estupidez

Oigan lo que le pasó a Rebeca este fin de semana.

Primeramente, ignoró lo que sus padres le dijeron respecto a quedarse en casa y hacer las tareas del colegio. En vez de hacer eso, cuando ellos se fueron a pasear al centro de compras, salió a la calle a la casa de unos amigos.

Cuando regresaron sus padres y le dijeron: «¿Dónde estabas tú? Estuvimos llamando y nadie respondió», Rebeca mintió diciendo: «Ah, pienso que la campanilla estaba apagada».

Cuando sus padres hicieron una pequeña investigación, su plan comenzó a desmoronarse. Inmediatamente se puso a la defensiva. Con enojo alzó su voz y se mostró resentida con sus padres.

Cuando los padres la pusieron en penitencia por dos semanas y trataron de explicarle los motivos, Rebeca se mostró fría con ellos. En su mente, estaba pensando: *Son tan estúpidos. ¡Qué ganas tengo de cumplir los dieciocho!*

Convérselo

- ¿Qué opina usted de la situación acerca de la cual acaba de leer? ¿Cuál es el problema de Rebeca? ¿Por qué está tan enojada?
- ¿Qué es un tonto?
- ¿Cuáles son las consecuencias de actuar tontamente? ¿Conoce a alguien que actuó tontamente y se metió en un gran problema? ¿Qué sucedió?
- ¿Cuales fueron algunas de las cosas tontas que hizo en la vida?
- ¿Por qué chocan tanto los padres con los hijos?
- ¿Cómo puede evitar actuar tontamente esta semana?

Compruébelo

El libro de los Proverbios se parece a una lista de verificación de una conducta tonta y manchada. Proverbios 10.23; 12.16; 14.16; 15.5; 18.2 y 28.26.

Aplíquelo

Proverbios 9 muestra a la sabiduría y a la estupidez como jóvenes mujeres rivales, cada una preparando una fiesta e invitando a las personas a que concurran a ella. Pero la sabiduría es una mujer responsable de carácter, mientras que la estupidez es una prostituta que sirve comida robada. La sabiduría apela primero a la mente, la estupidez a los sentidos. Es más fácil excitar los sentidos, pero los placeres de la estupidez no perduran. Por el contrario, la satisfacción que trae la sabiduría permanece para siempre.

Secretos para padres

Frecuentemente la causa de la estupidez radica en el orgullo. No solamente los chicos pueden ser tontos. También los padres son susceptibles a ello. Asegúrese de no ser tonto en la crianza de sus hijos. Pida consejo con humildad a los padres que están un poco más avanzados en ese camino. Un gran recurso es *Parenting Passages* [Etapas de la paternidad], por David Veerman. Este libro ofrece el discernimiento necesario para navegar a través de las diversas etapas de la vida.

El perdón

Roberto y sus amigos irrumpen a través de la puerta de la cocina luego de un gran encuentro de fútbol. Están sofocados y sedientos pero aún poseen energía para gastar.

—¿Pueden creer muchachos la jugada que hice para marcar el tanto ganador? —fanfarronea Braulio.

Carlos riéndose le dice:

—¡El tipo que te cubría se cayó!

—¡Y tú fuiste dos veces más ligero que él! —añadió Roberto.

—Si, pero tocó la pelota y tuvo que tirarse hacia atrás. ¡Y sin embargo la alcancé con una mano!

—¡Tuviste suerte!

—De ninguna manera. Eso fue habilidad. Yo soy como el basquetbolista Jerry Rice. Mira, te voy a enseñar. Tírala bajo y fuerte.

Braulio arranca al trote cruzando la sala y Roberto le lanza la pelota.

¡Crash!

La pelota le pega a un gato de cerámica sentado sobre el aparato de televisión y lo destroza contra la pared.

La hermana de Roberto, Amelia, entra corriendo a la habitación.

—¿Qué fue eso? —aúlla.

Entonces mira los fragmentos de vidrio en el piso. Roberto comienza inmediatamente a disculparse.

—Amelia, lo lamento. Fue un accidente. No fue intencional. Te consigo otro.

Amelia está furiosa:

—¡Tú no me puedes conseguir otro! ¡Ya no los hacen más! ¡Este gato era un regalo de la abuela! ¡Tenía cerca de cincuenta años! Muchachos, ¡ya van a ver!

Amelia sale violentamente de la habitación para buscar a su mamá.

Convérselo

- En esta historia, ¿quién necesita ser perdonado?
- ¿Por qué es tan difícil perdonar a los que nos han hecho un mal?
- ¿Cómo se siente uno cuando es perdonado?
- ¿Cómo definiría usted el perdón?
- ¿Ha hecho usted algo a un miembro de su familia por lo cual necesita pedir perdón?

Compruébelo

Lea Mateo 18.21-35.

Aplíquelo

Los rabinos enseñaban que se debía perdonar a los que nos ofenden, pero solo tres veces. Pedro, tratando de ser especialmente generoso, le preguntó a Jesús si siete veces (el número «perfecto») era suficiente para perdonar a alguien. Pero Jesús le respondió: «setenta veces siete», dando a entender que no debíamos llevar la cuenta de cuántas veces perdonamos a alguien. Dado que Dios nos ha perdonados todos nuestros pecados, no debemos retener el perdón para otros. Siempre debemos perdonar a los que sinceramente se arrepienten, no importa cuántas veces pidan perdón.

Secretos para padres

El perdonar no es negar que alguien haya procedido mal. No es razonar o justificar el pecado de una persona. Tampoco el perdón es «olvidar», en el sentido de tener amnesia por una ofensa previa. Es la decisión consciente de cancelar una deuda que debe otro. Asegúrese de aclarar estos temas explicando el concepto del perdón a sus hijos.

La libertad

Linda, de catorce años, está llorando en su habitación. No solo está triste, también está furiosa. ¿Por qué? Sus padres no le permiten ir a la fiesta de unos amigos. ¿Su motivo? Piensan que no habrá supervisión adulta suficiente. Y más allá de eso, los inquietan algunos de los chicos que irán allí.

¡No es justo!, piensa Linda en su interior, mientras se cubre el rostro con la almohada. *Me tratan como a una nena. Rondan a mi alrededor y vigilan cada cosa que yo hago. ¡Parezco una prisionera en mi propia familia!*

La frustración que Linda siente en su interior crece hasta que ya no la puede soportar más. «¡Haaaayyy!» grita finalmente dentro de la almohada.

Dándose vuelta, mira para arriba y luego por la ventana. Comienza a meditar sobre su futuro. *No puedo esperar el momento de graduarme, salir del colegio y apartarme de todas estas reglas estúpidas.* Solamente pensar en esa perspectiva provoca una sonrisa a Linda. *Hummm. Tres años y medio. Después podré hacer lo que me plazca. Si quiero beber, bebo. Podré estar fuera toda la noche, ir a cualquier fiesta, elegir mis amigos, citarme con cualquiera que me plazca.*

De pronto Linda está hablando en voz alta. «Esto es todo lo que quiero, mi libertad. Poder hacer todo lo que quiera. Sin restricciones».

Convérselo

- ¿Alguna vez se sintió como Linda? ¿Cuándo? ¿Qué sucedió?
- ¿Por qué cree usted que los padres imponen tantas reglas?
- ¿Son las reglas una cosa necesariamente mala? Explíquelo.
- ¿Qué opina usted acerca de la definición de la libertad de Linda? ¿Está bien? ¿Por qué o por qué no?
- ¿Por qué razones no es una verdadera *libertad* a la larga el poder hacer todo lo que uno quiera?
- ¿Qué le diría a Linda si ella viniese a usted por un consejo?

Compruébelo

El deseo de estar liberado de las reglas no es nuevo. Lea en Génesis 3.1-6 lo que le sucedió al primer hombre y a la primera mujer.

Aplíquelo

Cuando Adán y Eva pecaron por primera vez, recibieron exactamente lo que querían, un íntimo conocimiento del bien y del mal (Génesis 3.5). Pero lo consiguieron obrando mal y los resultados fueron desastrosos. A veces albergamos la ilusión que la libertad significa poder hacer todo lo que queremos. Pero Dios dice que el mejor tipo de libertad, libertad sin temor o riesgo, viene de la obediencia y del conocimiento de lo que *no* debe hacerse. Las restricciones que Él nos dio son para nuestro bien, para ayudarnos a evitar el mal. Poseemos la libertad de caminar delante de un veloz automóvil, pero no tenemos que ser muy brillantes para darnos cuenta que sería tonto hacerlo. No preste oídos a las tentaciones de Satanás. Usted no tiene que hacer el mal para obtener mayor experiencia y aprender más de la vida.

Secretos para padres

Cuando usted fije reglas a sus hijos, tómese el tiempo para explicarles la razón que existe detrás de cada una de ellas. A pesar de ello, sus hijos lucharán por no someterse (esa es la naturaleza humana), pero por último reconocerán que sus limitaciones no son arbitrarias. Ponga énfasis en su intento de protegerlos de un daño y de proveer satisfacción en la vida.

La amistad

Recientemente, una nueva familia se mudó al vecindario. Son los Alvarado, de California, y tienen cuatro chicos, entre siete y quince años.

Susana Flores está inquieta por el impacto que los nuevos muchachos parecen haber producido en su hijo Samuel, de trece años.

Roberto, Ricardo y Samuel estuvieron juntos casi todo el día. El sábado fueron en sus bicicletas a un viejo y abandonado lugar de pesca al lado del río. Samuel no violó «técnicamente» ninguna regla al alejarse tanto de su casa, pero su comportamiento no fue verdaderamente muy sabio.

El domingo a la mañana Samuel actuó sin interés en la iglesia. En cuanto concluyó el almuerzo dominical, se dirigió a la casa de los Alvarado, donde permaneció toda la tarde.

El lunes los muchachos se metieron en problemas en la piscina del vecindario. El salvavidas dijo que hicieron comentarios groseros y no obedecieron sus instrucciones. Samuel le restó importancia al incidente, diciendo que todo había sido un malentendido.

El martes, llegó a la casa con un disco compacto de un nuevo grupo musical llamado Toxemia. Desapareció en su habitación y subió el volumen de su equipo musical. Susana apareció allí a los sesenta segundos.

—Samuel, ¿qué es eso? —Prácticamente tuvo que gritar por encima de los agudos chillidos y gemidos.

—Es solamente un disco compacto que me prestó Roberto.

—Bueno, no creo que me guste esa música. Suena igual que si se estrellase continuamente un avión.

Samuel puso los ojos en blanco.

—Mamá, si les prestas atención, son realmente buenos.

—Bueno bájalo unos cien decibeles.

Mientras Susana caminaba hacia la cocina, se preguntaba qué le estaba pasando a su hijo. En menos de una semana, se había transformado, de un hijo dulce y complaciente a un adolescente distante e iracundo.

Convérselo

- ¿Hasta qué punto influyen los amigos en nuestra forma de pensar, hablar y actuar?
- ¿Qúe clases de reglas deberían implementar las familias respecto a los amigos?
- ¿Qué cualidades deberíamos buscar en un amigo?
- ¿Cuál es su mejor amigo y qué hace tan especial esa relación?
- ¿Cuáles serían las cinco palabras que su mejor amigo utilizaría para describirlo a usted?

Compruébelo

Vea en Corintios 15.33 la advertencia contra la asociación con tipos de personas equivocados.

Aplíquelo

Con frecuencia, de manera muy sutil, nuestros amigos y socios pueden tener una profunda influencia en nosotros. Si insistimos en vínculos de amistad con aquellos que se burlan de lo que Dios considera importante, podemos pecar al convertirnos en indiferentes a la voluntad de Dios. No permita que sus relaciones con no creyentes lo aparten de Cristo o hagan vacilar su fe. Sus amigos, ¿apuntalan su fe o se la tiran abajo?

Secretos para padres

Al entrar los niños en la adolescencia, sus amistades tienden a ser de máxima importancia y total dedicación. Los padres que le dan mucha importancia a las amistades de sus hijos generalmente hacen más daño que beneficio. La mejor forma para influir en sus hijos en este aspecto, es orar diariamente para que ellos sepan elegir a sus amigos sabiamente.

El juego

La familia Martínez esta mirando las noticias vespertinas para ver quién ganó el gran juego final, cuando surge la historia de la última ganadora de la lotería estatal. Ella es una camarera de mediana edad de una pequeña localidad llamada Crestwood. Luego de descontar los impuestos, ella recibirá casi diecisiete millones de dólares repartidos en los próximos veinte años. Le dijo al periodista que usaría el dinero para ayudar a sus nietos a ir a la universidad.

El señor Martínez sacudió su cabeza y sin dirigirse a nadie en particular, manifestó:

—Déjenme decirles, ¡este país se ha vuelto loco respecto a los juegos! Loterías, bingos, casinos, carreras de caballos, casinos flotantes, todo el mundo quiere ser un millonario al instante. Todo el mundo quiere que le den algo por nada.

—Pero papá, ¿qué hay de malo en comprar un billete de lotería de vez en cuando? Solamente cuesta un dólar. Además, la mayor parte del beneficio es destinado a las escuelas públicas.

—Es tirar el dinero, eso es. Se supone que debemos usar nuestro dinero sabiamente. Se supone que debemos «hacer tesoros en el cielo». Además, la Biblia habla acerca de trabajar duramente, no de ir tras fantasías.

Reinaldo, el hijo quinceañero de los Martínez, escucha silenciosamente las palabras de su papá, y piensa para sí mismo: *No comprendo a papá. Él condena a las personas que pagan un dólar por un billete de lotería, pero alegremente gasta dinero en estampillas de correo para enviar esas participaciones en los sorteos de las revistas. ¿No es el envío por correo de una participación en un sorteo básicamente lo mismo que la lotería, aparte de ser un poco más barato?*

Convérselo

- ¿Qué piensa usted acerca de las preguntas de Reinaldo? ¿Es el envío por correo de una participación en un sorteo meramente una «lotería por el precio de un sello de correo»?
- ¿Por qué cree usted que el juego es tan popular en este país?
- Si usted recibiese inesperadamente una gran suma de dinero, ¿qué haría con ella y por qué?
- ¿Cómo pueden evitar los cristianos caer en la trampa de «sea rico rápidamente»?

Compruébelo

Para una mejor comprensión de cómo los deseos mundanos pueden ser peligrosos, lea 1 Timoteo 6.7-10.

Aplíquelo

A pesar de la abrumadora evidencia en contra, la mayoría de las personas aún creen que el dinero hace la felicidad. Las personas con dinero que ansían mayores riquezas pueden ser atrapadas en un ciclo sin fin que solamente termina en la ruina y la destrucción. ¿Cómo puede usted mantenerse alejado del amor por el dinero? Pablo nos da algunas guías: (1) Reconozca que un día la riqueza habrá desaparecido (1 Timoteo 6.7,17); (2) conténtese con lo que posee (6.8); (3) controle lo que usted está dispuesto a hacer para conseguir dinero (6.9,10); (4) ame a las personas más que al dinero (6.1); (5) ame la obra de Dios más que al dinero (6.11); y (6) comparta libremente con otros lo que posee (6.18).

Secretos para padres.

Cuando practicamos el agradecimiento, estamos dando a nuestros hijos un ejemplo de la virtud de la satisfacción.

La ofrenda

Hace nueve meses que los Estévez están planeando comprar un trampolín. El modelo que querían costaba alrededor de cuatrocientos cincuenta dólares. He aquí el plan creativo que utilizaron para ahorrar el dinero suficiente: todos los días cada miembro de la familia ponía sus vueltos en monedas en un gran frasco de conservas. Cada domingo por la noche extraían las monedas y verificaban cuán cerca estaban de su meta.

La semana pasada la cuenta estaba en trescientos cuarenta y ocho dólares con cincuenta centavos.

Pero hoy en la iglesia, los Estévez se enteraron acerca de una familia de la comunidad cuya casa sobre ruedas se había quemado íntegra. Habían perdido todas sus pertenencias, y el seguro era insuficiente. A los miembros de la iglesia se les pidió dar todo lo que pudiesen, alimentos, ropa, hasta dinero en efectivo.

Esa noche, mientras contaban silenciosamente el dinero de los fondos para el trampolín, cada uno sintió algo extraño en su interior. Es difícil pensar en saltar y reír cuando se sabe que una familia está en la calle y lo ha perdido todo.

Manuel, de diez años, siente como que debería decir algo, pero teme que la familia se enoje con ella. *Si compramos ese trampolín ahora, nunca seré capaz de disfrutarlo*, razona.

¡Lo que no sabe es que sus compañeros de familia están pensando lo mismo!

Convérselo

- ¿Qué cosa desearía que su familia pudiese comprar? ¿Por qué?
- ¿Es erróneo comprar cosas como trampolines? ¿Por qué o por qué no?
- ¿De qué cosa usted podría desprenderse fácilmente? ¿Por qué?
- ¿De qué cosa le sería difícil desprenderse? ¿Por qué?

Compruébelo

Lea respecto a las órdenes de Cristo en Hechos 20.35.

Aplíquelo

Lo importante de dar no es tanto la cantidad que se da sino el motivo y la forma de dar. Dios no quiere regalos dados de mala gana. En cambio, quiere que nos dediquemos a Cristo, amemos a nuestros hermanos creyentes, tengamos la dicha de ayudar a los necesitados, por el simple hecho de ser una obra correcta y buena. Tome en cuenta estos cuatro principios para dar: (1) Su deseo de dar alegremente es más importante que la cantidad que usted da; (2) usted debería tratar de cumplir con sus compromisos financieros; (3) si usted da a otros en necesidad, a la vuelta ellos le ayudarán cuando usted esté en necesidad; y (4) debería dar en respuesta a Cristo, no para obtener beneficio de esto. ¿Cómo califica su forma de dar?

Secretos para padres

Considere establecer un programa familiar continuo para dar para causas dignas. Quizás la familia unida pueda levantar fondos. O cada uno de la familia pueda contribuir con una parte de su pensión o salario. Haga trabajar a toda la familia como una especie de «fundación» y elija a los individuos o instituciones de caridad a los que ellos quisieran ayudar.

La bondad de Dios

«Si Dios es bueno, ¿por qué ocurren cosas malas?»

Esta es una pregunta que mucha gente en Cedarton se está haciendo esta semana.

Susana Gómez está luchando con esa interrogante. Sus padres se encuentran en medio de una desagradable separación. A pesar de las numerosas oraciones para que vuelvan a conciliarse, parece sin embargo que terminarán en el divorcio.

La familia Campos cuestiona la bondad de Dios después de recibir el viernes los resultados de un examen médico confirmando lo peor, que el señor Campos tiene cáncer de pulmón.

Carlos Santos y su familia luchan con su creencia en la bondad de Dios después de que al regreso de un viaje fuera de la ciudad se encuentran con que su casa se quemó hasta los cimientos. Todo se perdió, incluso sus recuerdos y reliquias familiares.

Convérselo

- Alguien dijo que es fácil creer que Dios es poderoso o que es sabio, pero que con frecuencia es difícil creer, especialmente cuando se ve cuán maligno es el mundo, que Dios verdaderamente es bueno. ¿Está usted de acuerdo con esto? ¿Por qué o por qué no?
- ¿Cuándo dudó usted alguna vez de la bondad de Dios?
- ¿De qué manera puede recobrar una persona la esperanza de que efectivamente Dios es un Dios bueno y amante?
- ¿Qué les diría a las personas de las escenas anteriores si viniesen a usted para que les diese ánimo?
- ¿De qué forma o maneras piensa usted que Satanás le produjo dudas a Adán y Eva acerca de la bondad de Dios?
- ¿Si tuviese que hacer una lista con cinco razones que usted *conoce* acerca de la bondad de Dios, qué evidencias citaría?

Compruébelo

Lea el Salmo 145, un gran himno a la bondad de Dios.

Aplíquelo

La serpiente tentó a Eva en el Paraíso llevándola a dudar de la bondad de Dios (Génesis 3.1-6). Él dio a entender que Dios era estricto, tacaño y egoísta al no querer compartir su conocimiento del bien y del mal. Satanás hizo olvidar a Eva todo lo que Dios le había dado y que en su lugar se fijase en la única cosa que no podía tener. Caemos en problemas cuando nos concentramos en las pocas cosas que no poseemos en vez de hacerlo en las incontables que Dios nos dio. La próxima vez que sienta pena de sí mismo y por lo que no tiene, piense en todo lo que *sí* tiene y dé gracias a Dios. Entonces sus dudas no lo llevarán al pecado.

Secretos para padres

Ayude a que sus hijos vean que no siempre lo *bueno* es igual a lo *placentero* o a la *diversión*. Por ejemplo. Es bueno para un atleta estar en buenas condiciones físicas, pero esa experiencia raras veces es agradable. Es bueno que un cirujano extirpe un tumor, pero esa operación nunca está libre de dolor. Si nuestros hijos pueden entender que Dios busca lo mejor para nosotros, que tiene un plan a largo plazo y que no entenderemos todo hasta no ir al cielo, pueda ser que ellos logren asirse a la noción de la bondad de Dios.

El poder de Dios

—...y te damos gracias por estos alimentos, en el nombre de Jesús, amén.

—Karina, ¿no te has olvidado de algo?

—¿De qué?

—No has orado por tu abuelito.

—Mamá, tú viste cómo se comportó todo el tiempo que estuvo aquí. Escuchaste lo que dijo cuando le preguntamos si quería acompañarnos a la iglesia. Hemos estado orando por él que yo recuerde desde que tengo memoria. ¿Pero qué hemos logrado? ¡Nunca cambiará!

—Eso es cierto, mamá —acordó Braulio, de ocho años—. Abuelito dice que la Biblia está llena de cuentos de hadas.

—¿Dijo eso realmente?

Cindi Arango pudo sentir cómo una oleada de enojo comenzó a crecer en ella. Viendo que sus hijos la estaban mirando fijamente, tomó aire profundamente y trató de calmarse.

—Vean, sé que el abuelo se comporta como si no estuviese interesado en las cosas espirituales, pero debemos continuar en oración. Dios puede cambiar su corazón. Miren lo que le pasó al señor Canales.

Karina parecía intrigada. Preguntó:

—¿La persona que entrega los boletines en la iglesia? ¿Qué le pasó?

Braulio por poco se ahoga con su puré de papas.

—¡Oh sí! Era un verdadero criminal. ¡Hasta robó en una farmacia!

Los ojos de Karina se abrieron enormemente.

—¡Estás bromeando!

—No —exclamó Cindi—, Braulio tiene razón. Pero lo importante es que mientras estuvo en prisión, el señor Canales aceptó a Jesucristo en su corazón.

—¿Y eso qué tiene que ver con el abuelo? —preguntó Braulio.

—Lo siguiente —argumentó Cindi—: Si Dios puede cambiar la vida de alguien como el señor Canales, indudablemente puede cambiar el corazón del abuelo.

Convérselo

- ¿Conoce a alguien que parece estar alejado de Dios?
- ¿Qué hay en su vida que parece una «situación imposible»?
- ¿De qué manera pueden alcanzar los que aman a Jesús a aquellos que parecen no interesarse en Él?

Compruébelo

Lea Génesis 18.10-14 como un buen ejemplo de que Dios lo puede hacer todo.

Aplíquelo

«¿Hay algo demasiado difícil para el Señor?» La respuesta es obvia: «¡Por supuesto que no!» Esta pregunta revela mucho acerca de Dios. Hágase un hábito de colocar sus necesidades específicas dentro de la pregunta: «¿Es este día de mi vida demasiado difícil para el Señor?» «¿Es demasiado difícil para Él esta costumbre que estoy tratando de romper?» «¿Parece imposible que algún día llegue a creer esta persona por la que estoy orando?» Formular la pregunta de esta manera nos recuerda que Dios está envuelto personalmente en nuestras vidas y nos da un suave golpe con el codo para que pidamos su poder para asistirnos en lo «imposible». Una situación que parece imposible para los recursos humanos es simplemente una oportunidad para Dios. Cuando algo parece imposible, siga orando, haga lo que pueda y pídale a Dios que haga el resto. Él puede tener a bien hacer que lo imposible ocurra.

Secretos para padres

Considere hacer una lista de oración de amigos y miembros de su familia que necesiten a Cristo.

La presencia de Dios

Es 29 de Agosto y el ambiente en el hogar de los Mijares está tenso. Se puede sentir el temor en el aire. Todos están nerviosos.

La señora Mijares está haciendo lo mejor que puede para estar alegre y positiva. Les sirve a sus dos hijos un tremendo desayuno, chorizos con huevos y bizcochos.

Marcos casi no prueba la comida. A cada rato toma un sorbo de su jugo pero el mayor tiempo mira fijamente por la ventana.

Bruno, por otra parte, está lleno de energía nerviosa. Su pierna derecha sube y baja con la velocidad de un pájaro carpintero. Está acribillando a su mamá con interminables preguntas:

«¿A qué hora comienza la escuela? ¿Cuánto tiempo demora llegar hasta allí? ¿Cómo se llama mi maestra? ¿Pusiste algunas galletitas en mi almuerzo? ¿Dónde debemos encontrarnos contigo después del colegio?

La señora Mijares contesta pacientemente a las preguntas de su hijo. *Es tan difícil para ellos*, piensa. *Estar en un nuevo lugar, ir a una flamante escuela, tener que hacerse de amigos nuevos. Desearía poder decirles algo. Sé que ambos están muertos del susto.*

Convérselo

- ¿Cómo se siente uno mudándose a un nuevo sitio o yendo a una nueva escuela? Hable de sus experiencias.
- Cuando usted está nervioso, ¿está tranquilo como Marcos o salta por todos lados como Bruno? ¿Por qué?
- ¿Por qué le cuesta tanto a la mayoría de las personas adaptarse a un cambio, a nuevas situaciones?
- ¿Qué podría haber dicho la señora Mijares para animar a sus hijos?
- ¿A quién conoce usted que sea nuevo en la ciudad, en la iglesia o en la escuela? ¿Qué podría hacer para que esa persona se sintiese más cómodo?

Compruébelo

Siempre que tengamos que enfrentar momentos angustiosos o situaciones nuevas, es de ayuda recordar que Dios está con nosotros. Lea Isaías 42.2,3 y Hebreos 13.5.

Aplíquelo

El temor es una oscura sombra que nos envuelve y a la larga nos atrapa. En algún momento cada uno de nosotros ha sido un prisionero del temor. Temor al rechazo, temor a ser mal interpretado, temor a la incertidumbre, temor a la enfermedad o hasta temor a la muerte. Pero podemos vencer al temor recordando que la presencia del Señor está con nosotros.

Si queremos disipar la oscuridad del miedo, recordemos junto al salmista que «el Señor es mi luz y mi salvación» (Salmo 27.1).

Secretos para padres

Cuando nombramos a nuestros temores, disminuimos su poder sobre nosotros. Enseñe a sus hijos a hablar abiertamente acerca de sus asuntos. Acepte las cosas que lo asustan. Permítales que lo vean luchando con las incertidumbres de la vida y orando por ellas. Cuando un niño siente que «mamá y papá saben exactamente cómo me siento», ellos experimentarán un gran alivio.

La voluntad de Dios

Estamos a comienzos de agosto y Marta Rodríguez está confusa. ¿Su dilema? A qué colegio debe enviar a su hijo Antonio, de seis años, para cursar el primer grado.

Podría enviarlo al colegio primario calle abajo. Había logrado bastante buena reputación, poseyendo varios maestros y administradores cristianos. Pero también es enorme. Y Marta no se siente muy complacida con algunas de las cosas que escuchó en una radio cristiana respecto a la dirección en que estaban yendo los colegios públicos.

Hay un colegio privado en la ciudad. Ha adquirido una buena reputación académica y varios amigos envían allí a sus hijos. Pero por el otro lado, es *muy* caro. Marta, suponiendo que pueda pagar la exorbitante cuota, se preocupa acerca del efecto que a la larga se podría producir al enviar a un chico de la clase media a un colegio de la clase alta.

Por último, existe un pequeño colegio cristiano. La gente de allí son sólidos creyentes y bien intencionados, pero Marta no quedó muy impresionada cuando los fue a ver. Parecía más una escuela dominical que un «colegio colegio».

«Señor, ¿qué debo hacer?», ora Marta. «Yo quiero que Tony sea puesto a prueba académicamente pero en un ambiente que sea *amistoso* hacia nuestras creencias espirituales. En este momento parece como que no puedo tener ni lo uno ni lo otro. Por favor muéstrame qué es lo mejor».

Convérselo

- ¿Qué quieren decir los cristianos cuando hablan de la «voluntad de Dios?»
- Hable de algún momento de su vida cuando usted supo que se encontraba exactamente en el centro de la voluntad de Dios.
- ¿Alguna vez se dio cuenta de que no estaba haciendo la voluntad de Dios? ¿Qué hizo?
- ¿Cuáles son los aspectos de su vida en los que usted lucha por encontrar la voluntad de Dios?
- ¿Cuál piensa usted que es la voluntad de Dios respecto a la escuela de Antonio? ¿Por qué?

Compruébelo

Dios no quiere que su voluntad para nuestras vidas sea un profundo y oscuro secreto; ¡quiere que la conozcamos! Vea Romanos 12.2; Colosenses 1.9; y Salmo 143.10.

Aplíquelo

Cuando los israelitas estuvieron viajando por el desierto, se movían y acampaban de acuerdo a como los guiara Dios (Números 9.23). Cuando usted sigue la dirección de Dios, sabe que está donde Dios quiere que esté, ya sea que se esté moviendo o que esté detenido en un lugar. Usted está ahora físicamente en algún lugar. En lugar de orar: «¿Señor, qué es lo próximo que quieres que haga?» pregunte: «¿Señor, qué quieres que haga mientras esté aquí?» La dirección de Dios no es solamente para su próximo movimiento. Él tiene un propósito para usted ahora, allí donde se encuentre. ¡Empiece a cumplir con los propósitos de Dios para su vida haciendo lo que Él quiere que usted haga ahora!

Secretos para padres

El discernimiento de la voluntad de Dios, ya sea para usted mismo o para sus hijos, involucra generalmente una o más de estas palabras: *consejo* (de Dios, a través de la abundante oración tanto suya como de otros cristianos de más edad y más sabios), *circunstancias* (confiando en que Dios lo puso donde está por una razón), *sentido común*, *compulsión* (inspiraciones interiores del Espíritu de Dios), y *satisfacción* (una paz inconfundible).

Las buenas obras

Cada miembro de la familia Hoyos tiene una opinión distinta respecto a la próxima venta de prendas usadas que se efectuará en la ciudad, con el objeto de recaudar fondos para el nuevo Centro de Crisis del Embarazo.

El señor Hoyos está pensando en el hecho de que, por primera vez en catorce años, se perderá la apertura de la temporada del venado. «¡De cincuenta y dos semanas que tiene el año, eligieron justamente esta. No lo puedo creer!»

Bertha siente que ese esfuerzo será inútil. «¡Escuché que necesitamos recaudar seiscientos dólares solamente para pagar el alquiler del CCE por un mes! La última vez que hicimos algo parecido, conseguimos solamente cerca de cuatrocientos cincuenta dólares. ¡Eso es todo! ¡Y nos esforzamos al máximo por dos días enteros! Sé que es importante ayudar a otras personas, pero a veces me siento como "¿para qué sirve todo esto?"»

Daniel está protestando porque está demasiado ocupado para hacer eso. «Tengo que ir al entrenamiento de fútbol. Y también tengo que ir a la biblioteca para trabajar en mis estudios. Y lo más importante, debería ir y trabajar por un par de horas adentro, donde varias personas del programa están con gripe.»

Convérselo

- ¿Cuándo fue la última vez que hizo algo para ayudar a alguien? ¿Cómo se sintió luego de eso?
- ¿Por qué es importante para los cristianos servir a otras personas y ayudar a los necesitados?
- ¿Qué piensa usted de las actitudes de los miembros de la familia Hoyos? ¿Está usted de acuerdo con alguno de ellos? ¿Por qué?
- ¿Cuáles son algunas de las excusas aceptables para *no* servir a otros? ¿Cuales son algunas de las no aceptables?
- ¿Cuál debería ser nuestra motivación y actitud cuando efectuamos «buenas obras?»
- ¿Qué podría hacer esta semana para ayudar a alguien?

Compruébelo

Lea los mandamientos de Gálatas 6.8 y 1 Pedro 2.12.

Aplíquelo

Ningún cristiano debería creer jamás que él es totalmente independiente y que no necesita la ayuda de otros, y ninguno debería sentirse excluido de la tarea de ayudar a otros (Gálatas 6.1-3). El cuerpo de Cristo, la iglesia, solamente funciona cuando sus miembros trabajan juntos para el bien común. ¿Conoce a alguien que necesita ayuda? ¿Hay algún hermano o hermana que necesite de una corrección o estímulo? Suavemente y con humildad extienda su mano hacia aquella persona (Juan 13.34,35).

Secretos para padres

¡Combata la clásica queja de los chicos de que «no hay nada que hacer»! Siempre hay *algo* que hacer, especialmente cuando se tienen en cuenta las necesidades de los demás. Haga una norma en su casa (especialmente en dias lluviosos) de buscar activamente a alguien necesitado y servirlo. Paquetes de ayuda misionera, cartas de estímulo, hacer mandados para los ancianos, cocinar para alguien que esté enfermo; si sus hijos crecen viendo ejemplos de esta clase de «buenas obras», adoptarán un estilo de vida centrada en los demás y orientada al servicio.

El gobierno

¿Es solamente la imaginación de Gregorio o cada día la gente se vuelve más y más contraria al gobierno? Consideremos:

- Recientemente en los noticieros hubo muchas historias acerca de «movimientos de milicia». Estos son grupos de personas que creen que el gobierno posee demasiado poder; los que, en algunos casos, hasta dejaron de pagar los impuestos a la Dirección de Impuestos sobre la Renta.
- Un número considerable de ciudadanos y personas de negocios prominentes están formando un nuevo partido político para «cambiar fundamentalmente la forma en que actúa el gobierno y la manera en que está estructurado».
- Recientemente, en la salida de un estadio de fútbol, un grupo de personas repartía panfletos instando a los cristianos a orar por el castigo de Dios sobre los políticos y jueces corruptos.

Todo esto hizo preguntarse a Gregorio: *¿Cómo debería ver un cristiano al gobierno?*

Convérselo

- ¿Cuáles cosas buenas hace el gobierno para nosotros?
- ¿Cuáles de las formas de gobierno se deberían cambiar?
- Si pudiese formar un buen gobierno, ¿cómo sería y qué haría?
- ¿Cuándo se acepta que el cristiano desobedezca la ley?
- ¿Qué debería hacer un cristiano si estuviese en desacuerdo con ciertas leyes o políticas?
- ¿Hasta qué punto deben involucrarse los cristianos en la política?

Compruébelo

Lea en Romanos 13.1-7; 1 Pedro 2.17 y 1 Timoteo 2.1,2 en qué forma deberían responder los cristianos a la autoridad civil.

Aplíquelo

Cuando Pedro pidió a sus lectores que se sometiesen a toda institución humana (1 Pedro 2.13-17), se estaba refiriendo al Imperio Romano bajo Nerón, un notorio cruel tirano. No estaba pidiendo a los creyentes que comprometan su obediencia a Dios, como había dicho Pedro al sumo sacerdote años atrás: «Es necesario obedecer a Dios antes que a los hombres» (Hechos 5.29). Pero en muchos aspectos de la vida cotidiana, era posible y deseable para los cristianos vivir de acuerdo a la ley de su país. En la actualidad, algunos cristianos viven en libertad mientras que otros viven bajo gobiernos de represión. A todos se les ordena cooperar con los gobernantes tanto como les permita su conciencia. Debemos hacerlo para el Señor, para que sus buenas nuevas y su pueblo sean respetados. Si debemos ser perseguidos, que sea por obedecer a Dios y no por infringir leyes civiles o morales.

Secretos para padres

Se dice que Rose Kennedy tenía por costumbre pedir a sus hijos que leyesen la primera página del diario cada mañana antes de bajar a desayunarse. Cada niño tenía que estar preparado para discutir y debatir por lo menos un acontecimiento cotidiano. ¿Es un milagro entonces que sus hijos crecieran y se hicieran tan influyentes? Usted quizás no quiera llegar a este extremo, pero es sabio enseñar a sus hijos a estar enterados de los sucesos y estar en condiciones de pensar respecto a los mismos así como evaluar la cultura desde una perspectiva cristiana.

Las calificaciones

En el último boletín del colegio, las calificaciones de Cristina Torres eran muy bajas. Ella no se había esforzado en lo más mínimo, por lo tanto sus padres fijaron la siguiente norma: nada de televisión, nada de privilegios telefónicos y nada de actividades al aire libre de lunes a jueves, hasta el próximo boletín.

Hasta aquí la nueva estrategia de estudio había dado resultado. Cristina había mejorado todas sus calificaciones. Por otra parte, si le iba bien con su proyecto de geografía (un informe acerca de los Everglades), hasta podría obtener el puesto de honor principal.

Era ya tarde la noche antes de que se venciera la fecha de presentación del proyecto cuando Cristina está tratando de copiar su artículo, del disco duro de la computadora de su papá a un disco flexible para su archivo. De alguna manera, ella borró todo el artículo, o se lo comió la computadora, o el disco duro funcionó mal, sea como sea, ¡el artículo se perdió!

Cristina y su mamá trataron infructuosamente de recobrar el documento perdido. Llamaron al señor Torres que estaba en Atlanta en un viaje de negocios y él sugirió otras formas de tratar de salvar el artículo. Nada de esto funcionó.

Cristina está hecha ahora un mar de lágrimas. Aún si ella reuniese sus borradores sueltos y tratase de volver a escribir todo, estaría al menos atrasada un día. Eso significaría toda una reprimenda en su boletín de calificaciones.

«Papá, ¡trabajé tan fuerte!» solloza ella. «¡Y ahora mi promedio va a decaer! Seguramente no conseguiré el puesto de honor».

El señor Torres trata de reconfortar a su desconsolada hija. «Querida, yo no le doy tanta importancia a las calificaciones. Le doy importancia a que has tratado de hacerlo lo mejor posible y que algo has aprendido».

Convérselo

- ¿Qué es más importante, tener buenas calificaciones o aprender acerca de un tema? ¿Por qué?
- ¿Hasta qué punto son precisas las calificaciones como para usarlas de indicador de conocimientos?
- ¿Qué cree usted acerca de lo que Dios piensa del énfasis que nuestra sociedad pone en las calificaciones?
- ¿Qué consejo le daría a alguien que haya tenido problemas en el colegio?

Compruébelo

Promueva un debate acerca de cómo la vagancia de Proverbios 12.24 se puede aplicar a las costumbres del estudio.

Aplíquelo

En esta era de la información, el conocimiento es abundante, pero la sabiduría escasa. La sabiduría significa mucho más que simplemente saber mucho. Es una actitud básica que afecta cada aspecto de la vida. El fundamento de la sabiduría es temer al Señor, honrar y respetar a Dios, vivir reverenciando su poder y obedeciendo su Palabra. La fe en Dios debería ser el principio que controle su comprensión del mundo, sus actitudes y sus acciones. Tenga fe en Dios, Él lo hará verdaderamente sabio.

Secretos para padres

Usted podrá motivar mejor a sus hijos para que estudien si usted mismo dedica un tiempo al «estudio» cada noche. Mientras ellos están estudiando con ahínco, lea algo, aprenda una nueva habilidad. Haga un curso por correspondencia o repase lectura, escritura y aritmética (ayudando a sus hijos con los deberes).

Los abuelos

Para describir los últimos acontecimientos en casa de los Santos, se debería emplear algunas palabras como estas: *locura, caos, inesperado, agitado* y *difícil.*

¿Qué está ocurriendo? La mamá de Miguel ha venido a vivir con su familia. Su estado de salud ha ido decayendo, por lo cual la familia rediseñó el garaje y lo transformó en un pequeño departamento. Mientras se estaba remodelando esto, Benjamín, de doce años y Ana, de nueve, tuvieron que compartir un dormitorio a los efectos de dejar uno libre para su abuela. Esto causó un sin número de inconvenientes. Después tuvieron que cancelar las tan largamente esperadas vacaciones familiares. A los seis meses de esta nueva disposición, todos están pasando un mal momento para adaptarse al hecho de tener allí a la abuela Santos todo el tiempo.

Esta noche, cuando Gina cocinó para la abuela hojas de nabo y se las dio en una bandeja para que pudiera ver por la televisión un juego durante la cena, Benjamín puso los ojos en blanco y dijo en voz baja: «¿No sería mejor para todos si se fuese a un asilo de ancianos?»

En ese preciso instante, la abuela llamó desde la sala: «¿Podría traerme alguien la sal y la pimienta?»

Convérselo

- ¿Cuáles son sus recuerdos favoritos de sus abuelos?
- Trate de imaginarse a sí mismo viejo y débil. ¿Qué sería penoso respecto a ser viejo?
- ¿Deberían invitar los hijos a sus padres a vivir con ellos en sus últimos años o deberían recomendar un asilo de ancianos? ¿Por qué?
- ¿Por qué la presencia de la abuela está causando tanta fricción en la casa de los Santos?
- ¿Qué consejo les daría a Miguel, Gina, Benjamín y Ana?

Compruébelo

Reflexione acerca de lo ansioso que estaba José por estar cerca y cuidar de su anciano padre. Lea Génesis 45.9-13.

Aplíquelo

Los fariseos de la época de Jesús apoyaban una práctica conocida como *Corban* (literalmente «ofrenda»; véanse Mateo 15.5,6; Marcos 7.11). Cada uno que hiciese un voto de Corban estaba comprometido a donar dinero al templo de Dios, dinero que de otra manera hubiese servido de sostén para los padres de ellos. El Corban se transformó en una manera religiosamente aceptable de desatender a los padres, burlando la responsabilidad de los hijos hacia ellos. Aunque la acción de dar dinero a Dios, parecía aceptable y sin duda traía honra al dador, muchas personas que adoptaban el voto de Corban estaban desobedeciendo el claro mandamiento de Dios de honrar a sus padres. No permita que las pequeñas irritaciones, los inconvenientes o las normas culturales socaven el deber de honrar a su madre y a su padre.

Secretos para padres

Debido a que actualmente las personas viven más, es muy probable que la mayoría de los cristianos deberán enfrentar el dilema de qué hacer con sus ancianos padres. Sea muy cuidadoso y lleno de oración cuando haga esta difícil decisión. Recuerde que sus hijos lo están observando y alguna vez pueden copiar sus actos, ¡respecto a usted!

El agradecimiento

Toda la familia Alvarado salió a comer fuera para el séptimo cumpleaños de Clarita. Una fiesta *sorpresa* con seis de sus mejores amigas. Pizza, pastel de cumpleaños y helados, películas, y cantidad de regalos. ¿Su gran regalo? ¡Una bicicleta nueva! A la mañana siguiente, el papá de Clarita se levantó temprano y preparó tocino y panqueques para todas las chicas.

Después de una hora de haberse ido todas, los Alvarado comenzaron a recoger todo el desorden. Al pedirle a Clarita que llevase su nueva bicicleta al patio trasero, esta se quejó:

—¿Por qué siempre tengo que hacer *yo* todo aquí?

—Perdón —dijo la mamá de Clarita—, pero yo creo que en las últimas veinticuatro horas no hemos hecho otra cosa que celebrar *tu* cumpleaños. Tu padre y yo nos hemos esforzado para darte un día divertido. ¡No creo que es pedir demasiado que pongas tu bicicleta nueva en donde corresponde!

—¡Muy bien! —musitó Clarita con enojo—. Voy a poner la tonta bicicleta afuera. ¡De todas formas no es la que yo quería!

Convérselo

- ¿Por qué cree usted que Clarita se encuentra de tan mal humor después de un cumpleaños tan divertido?
- ¿Qué significa ser agradecido? ¿Cuáles son algunas de las formas específicas de mostrar gratitud?
- ¿Cómo se sentiría usted haciendo algo especial para alguien y ver luego que actúa como Clarita?
- ¿Qué deberían hacer y decir los padres de Clarita en esta situación?
- Tómese algunos minutos y haga una lista con algunas de las cosas por las cuales usted está hoy agradecido.

Compruébelo

El apóstol Pablo empleó casi un capítulo entero para expresar su gratitud y aprecio a amigos y colaboradores. Vea Romanos 16.1-16.

Aplíquelo

La ingratitud entra furtivamente cada vez que nuestros sentidos se fijan en lo que no poseemos. Durante su viaje a la Tierra Prometida, el pueblo de Israel no se dio cuenta de lo que Dios estaba haciendo por ellos, liberándolos, haciendo de ellos una nación, dándoles una tierra nueva, sino lo que Dios *no* estaba haciendo por ellos (Números 1.4-6). Ellos no pensaban en otra cosa que en la deliciosa comida egipcia que habían dejado atrás. De alguna manera ellos olvidaron que habían pagado por esa comida con el azote de la esclavitud egipcia, la cual había causado que ellos clamasen a Dios por su liberación (Éxodo 2.23). ¿Está usted agradecido por lo que Dios le ha dado o siempre está pensando en lo que quisiera tener? No permita que los deseos insatisfechos maten su gozo por la vida, los alimentos, la salud, el trabajo, y los amigos que posee. Ellos son regalos de Dios y son buenos.

Secretos para padres

En lugar de una oración superficial y maquinal antes de las comidas, trate de que cada miembro de la familia complete esta frase: «Ahora mismo estoy agradecido por...» Entonces haga que alguien eleve en oración todas esas expresiones de aprecio a Dios.

La codicia

En el mismo momento en que Ana García dejó a su hijo Raúl, de casi ocho años, en la fiesta de cumpleaños de un amigo, supo que estaba en problemas

Era una cosa increíble, decoraciones exóticas, una caminata espacial, un mago, pizza, y, por supuesto, una verdadera *montaña* de regalos. «Tendría que haber esperado esto» se dijo Ana mientras manejaba alejándose del pródigo hogar ubicado en un barrio exclusivo. «Bruno es el único hijo de los Castillo, y ellos tuvieron que esperarlo por mucho tiempo...Hmm, no puedo esperar a ver de qué forma afectará esto a Raúl. ¡Especialmente pensando que su cumpleaños es dentro de cinco semanas!»

Dos horas después, Ana y su hijo están volviendo a casa. ¡Raúl tiene una bolsa llena de simples *regalos de fiesta* que fácilmente valen entre quince a veinte dólares! Y el no paraba de hablar de cuánto se había divertido y de todos los fantásticos regalos que Bruno había recibido.

—Mamá —dijo efusivo—, ¿qué vamos a hacer para *mi* cumpleaños? Estaba pensando que quizás podríamos tener una fiesta de vaqueros y hasta conseguir caballos verdaderos y todo eso. Y creo que ya tengo edad para un rifle de pequeño calibre. Y piensa solamente que si yo invito a tanta gente como los Castillo, ¡recibiré tantos regalos que no entrarán en mi armario!

Ana estaba disgustada y frustrada.

—Vamos a tener que hablar de esto después con tu papá.

—No, mamá, ¡hablemos de esto ahora!

Convérselo

- ¿Cuál fue la mejor fiesta de cumpleaños a la que usted asistió? ¿Por qué?
- Hable de una ocasión en la cual usted se sintió celoso de las cosas de alguien.
- ¿Qué es la codicia? ¿Por qué no es buena la codicia?
- ¿Qué le diría a la madre de Raúl si ella viniese a usted y le dijese: «mi hijo quiere tener una costosa y gran y fiesta de cumpleaños, y nosotros no podemos afrontar los gastos para brindársela». ¿Qué debería hacer?
- ¿Usted cree que Raúl se está volviendo codicioso? ¿Por qué o por qué no?

Compruébelo

Lea en Mateo 6.19-34 lo que Jesús dijo acerca de las posesiones.

Aplíquelo

Tenga cuidado con la codicia. El deseo codicioso de Lot lo llevó a lugares pecaminosos (Génesis 13.10,11), y su experiencia es típica de cómo la codicia puede arruinarnos. Su ardiente deseo de poseer cosas y de poseer el éxito le costó su libertad y su gozo (Génesis 14.11,12). Como cautivo del rey Quedorlaomer, pudo haber sido torturado, esclavizado o hasta muerto. De la misma manera podemos generalmente ser tentados a realizar cosas o ir a lugares que no debiésemos. La prosperidad que anhelamos es cautivante; puede tentarnos y esclavizarnos si nuestras motivaciones no están alineadas con los deseos de Dios.

Secretos para padres

La diversión no tiene que por qué ser cara. Aparte de eso, los niños aprecian la creatividad tanto o más que las extravagancias. Para una «fiesta del espacio», un papá construyó un camino de obstáculos como «entrenamiento para astronautas» en el patio de la casa utilizando escaleras, sogas, sillas, una carretilla, etc. Fue el momento culminante de la fiesta, ¡y no costó un centavo!

La culpa

Rogelio Martínez, un niño de once años, no puede dormirse. Está en la cama hace más de una hora, pero no hace más que revolverse en ella.

Esta tarde fue a la casa de al lado y le limpió el sótano a la señora Chávez. Ella se está poniendo vieja, y desde que murió su esposo el verano pasado, tiene que emplear a los chicos del vecindario para que le hagan las tareas menores. Como sea, mientras Rogelio estaba barriendo y arreglando todo, se encontró con una caja llena de viejas tarjetas de béisbol, ¡una caja de cartón llena hasta el borde! Por lo menos cinco mil tarjetas. ¡Quizás más!

Rogelio no podía creerlo. Durante treinta minutos su corazón latió frenéticamente mientras iba revisando la colección con sus dedos. Era como haber tomado una excursión a través del corredor de la fama: Koufax, Williams, Mantle, Clemente, Aaron, Gibson. ¡No solo habían algunas tarjetas valiosas, hasta algunas estaban dobles!

Antes de darse cuenta de lo que hacía, se encontró tomando quince o veinte tarjetas de las repetidas y poniéndolas en el bolsillo de su chaqueta. Luego terminó la limpieza y corrió a casa.

Ahora usted sabe por qué Rogelio no puede dormirse. Y ahora sabe por qué a cada rato se sienta en la cama y mira hacia su chaqueta colgada en el respaldo de la silla del escritorio.

Convérselo

- ¿Qué significa ser culpable?
- ¿Es la culpa solo un sentimiento? ¿Por qué o por qué no?
- ¿Cuándo fue la última vez que se sintió realmente culpable? ¿Qué sucedió?
- Si Rogelio viniese a usted y le contase su historia y le pidiese consejo, ¿qué le diría usted?
- ¿Cuál es la mejor solución para alguien que se siente culpable?

Compruébelo

La Biblia lo dice claramente, no tenemos que vivir bajo un montón de culpa. *Existe* una salida. Lea el Salmo 130.3,4; Jeremías 3.22; Miqueas 7.18,19; y por supuesto, 1 Juan 1.9.

Aplíquelo

Luego de pecar, Adán y Eva se sintieron culpables y avergonzados de su desnudez (Génesis 3.7,8). Sus sentimientos de culpa los llevaron a tratar de ocultarse de Dios. Una conciencia culpable es una señal de advertencia que Dios puso en su interior y que se activa cuando usted obra mal.

Lo peor que usted puede hacer es eliminar los sentimientos de culpa sin eliminar su causa. Sería como usar un calmante para el dolor sin tratar la causa del mismo. Alégrese que estos sentimientos de culpa existen. Le hacen consciente de su pecado para que pueda pedir perdón a Dios y luego corregir sus malos actos.

Secretos para padres

Poseemos frecuentemente la inclinación de ocultar nuestros errores a nuestros hijos. Después de todo, si ellos se enteran acerca de las erróneas decisiones que hemos hecho, ellos pueden razonar: «Eh, mamá o papá hizo esto una vez. ¡Esto significa que también yo lo puedo hacer alguna vez!» Este es un mito de los padres. Al compartir nuestro pesar por nuestros pasados y presentes errores, nuestros hijos nos ven más reales y accesibles. Dé a sus hijos el beneficio de sus buenas *y* malas experiencias.

El Cielo

Mirando dibujos animados la lluviosa mañana de un sábado, Eduardo, de siete años, comienza a interesarse acerca del cielo. ¿Por qué? Uno de los personajes estalló y el dibujo animado terminó con él vestido de blanco, sentado sobre una nube, tocando el arpa.

—Mamá, ¿es eso el cielo?

—¿Qué cielo?

—Tú sabes, igual que en el dibujito. Ese perro estaba en las nubes, tocando el arpa como un ángel.

—Bueno, esa es una buena pregunta. Nadie sabe realmente dónde está el cielo.

—¿Está arriba?

—Bueno, yo no sé. Pero sé que Jesús se elevó al cielo cuando dejó la tierra. Por eso quizás sea arriba. Solamente sé que el cielo es allí dondequiera que esté Dios.

—Ah... entonces, ¿qué *haremos* en el cielo? ¿Tocaremos el arpa y todas esas cosas?

—Hmm. Es difícil decirlo. Sé que adoraremos a Dios.

—Ah. ¿Eso significa que el cielo es como la iglesia?

—Creo que de cierta manera es así.

—¿Y nosotros solamente estaremos sentados por todas partes cantando y orando para siempre?

—Bueno, yo no sé nada acerca de eso. Pienso que la Biblia menciona que descansaremos en el cielo.

—Es mucho tiempo para descansar. ¿No nos cansaremos de eso?

—Bueno, eso no es todo lo que haremos.

—¿Qué más haremos, entonces?

—No estoy muy segura. Creo que la Biblia dice algo acerca de servir a Dios.

—Mamá, ¿será divertido el cielo?

—Eduardo, estás haciendo grandes preguntas. Y yo lamento no tener todas las respuestas. Pero sé la respuesta a esa pregunta, sí, el cielo será siempre el mejor lugar. Será más divertido de lo que tú te puedes imaginar.

Convérselo

- ¿Piensa usted mucho en el cielo?
- A veces las personas usan la palabra *eternidad.* ¿Qué significa?
- ¿Cómo cree usted que será el cielo?
- ¿Cómo puede saber una persona con seguridad si irá al cielo?
- ¿Qué podemos hacer en la tierra para estar preparados para vivir en el cielo?
- ¿Irá usted al cielo? ¿Cómo lo sabe?

Compruébelo

Analice los siguientes hechos respecto al cielo: Dios está allí (Mateo 6.9); es un lugar de puro gozo (Apocalipsis 21.3,4 y 22.3-5); debemos tener mentes celestiales mientras vivamos en esta tierra (Mateo 6.19-21; Colosenses 3.2).

Aplíquelo

Como creyentes, somos «extranjeros y peregrinos» en este mundo debido a que nuestro verdadero hogar es con Dios (1 Pedro 2.11). El cielo no es la existencia de nubes y arpas ensalzada por los dibujantes de dibujos animados. El cielo es donde vive Dios. La vida en el cielo opera de acuerdo a los principios y valores de Dios, y es eterna e inquebrantable. El cielo llegó a la tierra en el simbolismo del santuario judío (el tabernáculo y el templo) en donde mora la presencia de Dios. Llegó de una manera más completa en la persona de Jesucristo, «Dios con nosotros». Penetra el mundo entero al venir el Espíritu Santo para vivir en cada creyente.

Secretos para padres

Las discusiones acerca del cielo son oportunidades fundamentales para explicar el evangelio a sus hijos. No *hable* solamente acerca de la gloria eterna; muéstreles cómo pueden ellos entrar en ella a través de la fe en Jesús. Antes que ellos puedan tomar esta clase de decisiones necesitarán comprender y luchar contra la maldad y sus consecuencias, la muerte de Cristo y el por qué de ella, la fe y qué significa creer. Comparta la verdad poco a poco y ore. Con el transcurso del tiempo, el Espíritu de Dios puede ayudar a sus hijos a reunir todo y a la larga llegar al conocimiento salvador en Cristo.

El Infierno

En la iglesia, el sermón del domingo en la mañana se refirió exclusivamente al infierno.

No hace falta mencionar que esa noche la charla durante la cena fue muy interesante.

—Sandy dice que ese lugar no existe.

—¿Qué? ¿Cómo puede decir algo tan tonto?

—No sé. Pero ella piensa que si Dios es todo amor, entonces no puede enviar jamás a alguien a un lugar tan terrible como ese.

—Necesitas decirle a Sandy lo que dijo el reverendo Costa.

—¿Qué parte?

—Tú sabes, la parte acerca de que Jesús habló mucho más del infierno que del cielo.

—Ah sí, esa estaba buena.

—Yo pienso que si no existe un lugar como el infierno, entonces ¿por qué Jesús habló tanto acerca de él?

Convérselo

- ¿En qué piensa cuando oye la palabra *infierno*?
- ¿Por qué las personas son tan reacias a creer en la realidad del infierno?
- ¿Cómo puede hacer esta semana para señalar a las personas el cielo en lugar del infierno?

Compruébelo

Déle a leer a su familia los siguientes pasajes bíblicos: Mateo 5.29,30; 2 Pedro 2.4; Tesalonicenses 1.7-9; y Apocalipsis 14.9-11.

Aplíquelo

Jesús dijo sin rodeos que el «castigo eterno» espera a aquellos que no conocen a Dios (Mateo 25.46). Habrá castigo eterno en el infierno (el lago de fuego o Gehena), el lugar de castigo después de la muerte para todos aquellos que se negaron a arrepentirse.

En la Biblia se usan tres palabras en relación con el castigo eterno. (1) *Seol*, o «la tumba», es usada en el Antiguo Testamento para señalar el lugar de la muerte, aceptado generalmente como debajo de la tierra (lea Job 24.19; Salmo 16.10, Isaías 38.10). (2) *Hades* es la palabra griega para el «mundo subterráneo», el reino de la muerte. Es la palabra usada en el Nuevo Testamento para Seol (lea Mateo 16.18; Apocalipsis 1.18; 20.13-14). (3) *Gehena*, o «infierno», fue llamada así por el valle de Ben-hinnom (o valle del hijo de Hinnom), cerca de Jerusalén, en donde se sacrificaron con fuego a niños a los dioses paganos (lea 2 Reyes 23.10; 2 Crónicas 28.3). Este es el lugar del fuego eterno (Mateo 5.22; 10.28; Marcos 9.43; Lucas 12.5; Santiago 3.6 y Apocalipsis 19.20) preparado para el diablo, sus ángeles y para todos los que no creen en Dios (Mateo 25.46; Apocalipsis 20.10). Este es el destino final y eterno para todos aquellos que rechazan a Dios.

Cuando Jesús nos advierte acerca de la incredulidad, está tratando de salvarnos del agonizante castigo.

Secretos para padres

Hablar sobre el infierno puede aterrorizar a los niños. Transitemos por la fina línea entre la honesta presentación de la sensata verdad y el «asustarlos hacia el reino». El infierno es real, permanente y horrible. Nuestros hijos necesitan verlo en su completo horror. Pero también necesitan conocer la maravillosa provisión de salvación de Dios y de un hogar celestial que es demasiado hermoso para ser descrito.

La santidad

Durante un viaje de fin de semana para visitar a la abuela, se desarrolló el siguiente diálogo entre Aleida, de diez años y su padre.

—¿Papi?

—¿Sí, querida?

—¿Cuál es el límite de velocidad en esta carretera?

—Uh, creo que es sesenta y cinco.

—¿Y a qué velocidad vas tú?

El señor Marrero ya sabe hacia dónde apunta esta conversación.

—Uh, cerca de setenta y uno, en realidad más bien setenta y tres.

—¿Y eso no es exceso de velocidad?

—Bueno, técnicamente sí lo es, pero hay una especie de ley no escrita que un policía no te para mientras tú estés dentro del diez por ciento del límite de velocidad.

El señor Marrero pone sus ojos en blanco. Ella trata de no reírse. Pero Aleida es persistente.

—Pero, papá, ¿que dicen las leyes *escritas?*

—¿Te refieres a los carteles de las carreteras?

—Sí, señor.

—Dicen sesenta y cinco. Uno debe no debe pasar de sesenta y cinco.

—¿No deberías estar haciendo eso entonces?

El señor Marrero esta incómodo y un poco irritado. Se siente como si estuviese siendo sometido a un severo interrogatorio por un fiscal de diez años de edad.

—Bueno, si, yo creo que sí, pero mira a todos los que nos están pasando como si estuviésemos detenidos.

—Pero, papi, tú siempre *me* dices que no importa lo que hagan los demás. Solo importa lo que hagas tú.

—Sí, sí, está bien, tú tienes razón, Aleida —murmura entre dientes el señor Marrero de mala gana.

—Hey, ¿alguien tiene hambre? —pregunta él, cambiando de tema.

—Buena idea —salta la señora Marrero—. ¿Qué les parece una buena porción de pastel de humildad?

—¡Muy gracioso! —murmura entre dientes el señor Marrero.

Convérselo

- ¿Es importante respetar alguna o todas las reglas? ¿Por qué?
- ¿Cuáles reglas considera usted como no muy importantes? ¿Por qué?
- ¿Por qué el señor Marrero se sentía incómodo e irritado ante las preguntas que su hija Aleida le estaba haciendo? ¿Por qué trató de cambiar de tema?
- Dios nos pide que nos apartemos de todos los pecados, no solamente de algunos en especial. ¿Por qué actuamos como si algunos pecados no fuesen importantes?
- ¿A qué reglas debe prestar usted hoy mayor atención?

Compruébelo

Lea y discuta sobre 1 Pedro 1.15,16 y luego póngalo en práctica en la situación anteriormente señalada.

Aplíquelo

Comprometer nuestra vida a Cristo no elimina el impulso de vivir según nuestras viejas costumbres. No obstante, Pedro nos pide que seamos como nuestro Padre celestial, santos en todo lo que hagamos (1 Pedro 1.15,16). *Santidad* significa estar totalmente devoto o dedicado a Dios, apartado para su uso especial y apartado del pecado y su influencia. Debemos estar apartados y ser diferentes, no mezclados con la multitud, aunque no debemos ser diferentes solo por el motivo de serlo. Las virtudes de Dios en nuestras vidas son las que nos hacen ser diferentes. Nuestros enfoques y nuestras prioridades deben ser las suyas. Todo esto contrastando con nuestras anteriores costumbres. (1.14). No podemos convertirnos en santos por nosotros mismos, pero Dios nos da su Espíritu Santo para que nos ayude a obedecer y para darnos el poder de superar el pecado. No use la excusa que no puede escaparse del pecado. Invoque el poder de Dios para librarlo de las garras del pecado.

Secretos para padres

Cuando sus hijos lo pescan en alguna contradicción, resista el impulso de buscar excusas o de justificar su comportamiento. Más bien, tráguese su orgullo, admita libremente que se equivocó, y convierta la situación en un positivo momento de enseñanza. Demuéstreles cómo se ven la humildad y el arrepentimiento en la vida de un cristiano que lucha pero está creciendo.

La sinceridad

Es la tercera noche de la visita de los Flores, y los Hurtado ya han soportado todo lo que podían soportar. La normalmente primorosa casa está hecha una ruina. El siempre lleno refrigerador está vacío. El normalmente bien organizado lavadero está con ropa de la familia visitante, ¡de todos los seis!, esparcida por todas partes. Las chicas de los Hurtado se están quejando respecto a pasar otras dos noches sobre el deformado sofá cama en el sótano. El gato de la familia no se ve por ningún lado.

Para complicar la cosa, el recién nacido de los Hurtado está enfermo. En la oscuridad del cuarto de los niños, Víctor mece al pequeño mientras que su mujer, Amalia, cambia las sábanas de la cunita.

—No puedo soportar esto dos noches más —declara llanamente Víctor.

—¿Tú? Yo me siento como un jefe de cocina, todo el día estoy en ella.

—¿No les puedes decir tú algo a ellos? Digo, Susana es una de tus mejores amigas.

—Ah, si! ¿Qué les digo, Víctor? «Ea, muchachos, ¿no podrían irse, realmente nos están molestando demasiado?»

Víctor se ríe entre dientes.

—Creo que tienes razón. Es una situación delicada.

Amalia solo suspira. Luego le quita el bebé a su esposo y comienza a amamantarlo.

Cuando Víctor regresa a la sala de estar, donde sus invitados estaban todos arrellanados viendo televisión, se da cuenta inmediatamente de algo terrible. ¡El monitor del cuarto de los niños estaba activado! ¡Con toda probabilidad, sus invitados habrían escuchado cada palabra que él y Amalia habían hablado!

Convérselo

- ¿Está usted de acuerdo con el viejo dicho que la sinceridad es la mejor política? ¿Por qué o por qué no?
- ¿Por qué es a veces tan difícil ser sincero con otros?
- ¿Qué es peor, no decir lo que uno piensa o decir con toda franqueza todo lo que uno piensa? ¿Por qué?
- ¿Qué se puede hacer para evitar situaciones desafortunadas como la descrita anteriormente?

Compruébelo

Lea Efesios 4.15 y discuta acerca de las dos cualidades que deberían regir toda su comunicación.

Aplíquelo

Cristo es la verdad (Juan 14.6), y el Espíritu Santo que guía la iglesia es el Espíritu de la verdad. Satanás, por el contrario, es el padre de las mentiras (Juan 8.44). Como seguidores de Cristo, debemos estar comprometidos con la verdad. Esto significa que nuestras palabras deben ser sinceras y que nuestras acciones deben reflejar la integridad de Cristo. Decir la verdad con amor no siempre es fácil, conveniente o agradable, pero es necesario y frecuentemente es la mejor forma de actuar para cada uno de los involucrados.

Secretos para padres

No solamente cuenta lo que decimos sino cómo lo decimos. Investigadores han demostrado que la comunicación no verbal (el tono de voz, el lenguaje del cuerpo, la expresión facial, etc.) ¡pueden fácilmente eclipsar a la verbal!

La naturaleza humana

La familia Morales vio la noche pasada un programa de televión acerca del crimen y su castigo. Los periodistas entraron en las prisiones. Entrevistaron a las víctimas del crimen. Hablaron con políticos. Y luego hablaron con algunos investigadores sociales respecto a qué impulsa a la gente a violar la ley y cometer actos violentos.

Javier estaba asombrado escuchando a un sociólogo, con aspecto de colegial, que aseveraba: «No hay *absolutamente* ninguna evidencia de que las personas son propensas a cometer crímenes. Es la *sociedad* la que crea a los criminales. Y yo se lo puedo demostrar. Tome dos huérfanos gemelos idénticos y ponga a uno en un hogar de clase alta donde sea amado y alimentado, y ponga al otro en un hogar de asistencia social en el centro de la ciudad. No tengo que decirle lo que sucederá probablemente. El niño criado en el buen entorno, con la mayor probabilidad saldrá bueno. Y el niño que crece en la pobreza en medio del violento mundo de la ciudad será muy probablemente influido hacia una conducta antisocial. Puede ser conveniente para un buen *sermón* predicar que las personas son intrínsecamente malas, pero esa idea no tiene realmente una base. Es un mito religioso. Yo prefiero creer en la innata bondad del hombre y en la corrupción esencial del orden social». Diana, la esposa de Javier, sacudió su cabeza con disgusto, tomó el control remoto y apagó el televisor.

—Ah, ¡esto me vuelve loca!

—¿Qué, mami? —pregunta María que tiene once años.

Convérselo

- Hable respecto al problema del crimen en su ciudad. ¿Qué haría usted para combatirlo si fuese el alcalde?
- En el programa que estaban viendo los Morales, ¿qué estaba tratando de decir el sociólogo?
- ¿Cree usted que las personas son básicamente buenas o básicamente pecadoras? ¿Por qué? ¿Qué evidencias puede suministrar para sostener su punto de vista?
- Nunca antes tuvo la sociedad tantas leyes, tantos oficiales de policía y tantas cárceles. Y sin embargo los porcentajes de criminalidad siguen subiendo. ¿Por qué? ¿Cuál es el problema?
- ¿Qué pecados debe confesar usted a Dios hoy?

Compruébelo

Al discutir sobre la naturaleza de la humanidad, tenga en cuenta estos versículos: Efesios 2.3; Romanos 3.23; Isaías 53.6 y 64.6.

Aplíquelo

Antes de creer en Cristo, éramos perversos por naturaleza. Desobedecíamos, nos rebelábamos e ignorábamos a Dios. (Aún en nuestra mejor forma, no lo amamos con todo nuestro corazón, alma y mente). Sin embargo, el cristiano tiene una nueva naturaleza. Dios ha crucificado a la vieja y rebelde naturaleza (Romanos 6.6) reemplazándola con una nueva y amorosa naturaleza. El castigo del pecado murió con Cristo en la cruz. Dios nos declaró inocentes y no necesitamos ya vivir más bajo el poder del pecado (Colosenses 2.12-15). Dios no nos saca de este mundo o nos hace *robots*, seguimos sintiendo el pecado y a veces también pecaremos. La diferencia estriba en nuestras opciones; antes de ser salvos, éramos esclavos de nuestra naturaleza pecadora, ahora somos libres de vivir para Cristo (Gálatas 2.20).

Secretos para padres

El Instituto Bíblico Moody ha producido una cantidad de videos que han sido premiados, que tratan temas científicos desde una perspectiva cristiana. Puede llamar o escribir pidiendo un catálogo sin costo. Escriba a:

Moody Video
820 N. LaSalle Street
Chicago, IL 60610
(800) 842-1223 (Para llamadas dentro de los EE.UU.)

El hambre

Estando juntos una noche cambiando los canales de televisión, Esteban Sánchez y su hijo Bruno, de siete años, se encontraron con un programa acerca del hambre mundial. Después de observar por espacio de cinco segundos a chicos huesudos con vientres hinchados, Esteban lo cambió rápidamente con el control remoto.

—¡Papá, vuelve para atrás!

—¿Por qué?

—Quiero ver ese programa.

—¿Qué programa? —preguntó Esteban, tratando de hacerse el tonto.

—Ese con los niños pequeños.

—Espera, Bruno. Tú no necesitas ver eso.

—¿Por qué no?

—No es para niños.

—Pero es todo *acerca* de los niños.

—Bueno, sí, pero...

Bruno no le dejó terminar.

—Papá, ¿por qué estaban todos tan flacos?

—Bueno, porque, hummm... yo creo que porque ellos, hummm, no tienen ninguna clase de comida.

Bruno está asombrado.

—¿Qué quieres decir con que no tienen ninguna clase de comida?

—Bueno, quiero decir con eso que viven en países pobres, y a veces no tienen mamás y papás. O tal vez están en guerra. O en una sequía.

—¿Quieres decir que no comen *nunca*? ¿Qué les pasa a ellos?

—Uf, Bruno, bueno, es duro hablar de esto. Quiero decir, a veces, ellos...

Bruno le interrumpe de nuevo.

—Papá, si yo no tuviese algo para comer, ¿me moriría, verdad?

—Bueno, después de un tiempo, sí.

—Papá, ¡debemos hacer algo! ¡Debemos ayudarlos!

Convérselo

- ¿Cuál fue el período más prolongado en el que estuvo sin comida? ¿Qué sintió?
- ¿Por qué cree usted que el padre de Bruno se sintió incómodo hablando de niños hambrientos?
- Bruno desea ayudar. ¿Cómo puede hacerlo?
- ¿Su familia ha ayudado a alimentar a los hambrientos? ¿Cómo?

Compruébelo

Reflexione en oración a la luz de los versículos de Proverbios 29.7 e Isaías 58.10-12 cómo podría usted ayudar a dar de comer a alguien que esté hambriento.

Aplíquelo

El rey David escribió una vez: «Joven fui, y he envejecido, y no he visto justo desamparado, ni su descendencia que mendigue pan» (Salmo 37.25). En los días de David, Israel obedecía las leyes de Dios que aseguraban que el pobre era tratado justamente y con misericordia. Mientras Israel fue obediente, había suficiente comida para todos. En cuanto Israel se olvidó de Dios, el rico solo se ocupó de sí mismo y el pobre sufrió (Amos 2.6-7).

Cada vez que vemos sufrir a un hermano cristiano, podemos responder de estas tres maneras: (1) podemos decir, como los amigos de Job, que la persona afligida lo es por su propia culpa; (2) podemos decir que esto es una prueba para ayudar al pobre a desarrollar más paciencia y confianza en Dios; (3) podemos ayudar a la persona en necesidad. Dios aprobaría únicamente la última opción.

A pesar de que el gobierno tiene en la actualidad programas para ayudar a las personas necesitadas, esto no es una excusa para ignorar a los pobres y necesitados dentro de nuestro alcance.

Secretos para padres

Como un proyecto de familia, usted debería pensar en patrocinar a un niño de algún programa especializado. Por menos de un dólar por día, usted puede «adoptar» a un niño y proveerle de alimentos, cuidados médicos básicos y colegios cristianos. Hasta puede mantener correspondencia normal con su niño. Para más información sobre uno de estos programas, usted puede escribir a:

Compassion International
3955 Cragwood Dive
P.O. Box 7000
Colorado Springs, CO 80933

La idolatría

Los Hernández van regularmente juntos a la iglesia. Oran antes de las comidas y mantienen un devocional familiar cada semana. Los padres enseñan en la escuela dominical y los niños usan camisetas con logos cristianos.

Parece como que los Hernández están muy comprometidos con Dios. Pero echemos una mirada más detenida a sus objetivos e intereses personales.

Miguel Hernández dedica casi todo su tiempo libre en restaurar un Mustang 1966. Se queda despierto hasta tarde y se levanta temprano para reparar, pulir y jugar con su amado automóvil.

Cari se dedica a cosas como juegos de cortinas. Cada semana dedica horas a curiosear en tiendas de muebles, buscando muestras de papeles para paredes, o haciendo algunos proyectos para mejorar la casa. Sus amigos dicen: «¡cada vez que venimos hay algo distinto en tu casa!»

Beatriz, de quince años, tiene una sola cosa en su mente: su novio Carlos. Ellos hablan cuatro horas por teléfono cada noche, y están juntos cada vez que tienen oportunidad. La habitación de Beatriz se parece a un «santuario de Carlos», las paredes están cubiertas con sus fotografías.

¿Y cuál es la obsesión de Alberto, con solo once años? Los deportes. Si no está afuera practicando cualquier deporte de la temporada, está adentro viendo alguno por el canal de deportes por cable. De noche está acostado en su cama soñando con una carrera profesional en la Asociación Nacional de Baloncesto. ¿Su meta en la vida? Fácil. Acertar un tiro de tres metros.

Convérselo

- ¿Qué pasatiempos o intereses tiene usted o quisiera tener?
- ¿Cómo puede saber una persona cuándo los pasatiempos o intereses se han transformado en algo demasiado importante o que toma demasiado tiempo?
- ¿Cómo puede saber usted qué es la cosa más importante en la vida de una persona?
- ¿Vivir para Cristo significa que usted no puede gozar de otras cosas?

Compruébelo

Lea Éxodo 20.1-5 y hable acerca de lo que significa permitir que algo en su vida cotidiana se convierta en un «ídolo».

Aplíquelo

Recién habían llegado los israelitas de Egipto, un país de muchos ídolos y dioses, cuando Dios les dio los Diez Mandamientos. Como cada dios representaba un aspecto distinto de la vida, era común adorar a mucho para conseguir la máxima cantidad de bendiciones. Cuando Dios le pidió a su pueblo que lo adorasen y creyesen en Él, no fue tan difícil para ellos, solo sería un dios más. Pero cuando les dijo: «No tendrás otro Dios más que a mí», les fue difícil aceptarlo. Pero si no aprendían que el Dios que los sacó de Egipto era el único Dios verdadero, no podían ser su pueblo, no importa cuán fielmente guardasen los otros mandamientos. Por ello, Dios hizo de este el primer mandamiento y puso mayor énfasis en él que en los demás. Hoy podemos llegar a permitir que muchas cosas se conviertan en dioses para nosotros. El dinero, la fama, el trabajo, o el placer, pueden convertirse en dioses cuando nos concentramos demasiado en ellos para nuestra identidad, significación y seguridad. Nadie comienza algo con la intención de adorarlo. Pero al dedicarle más y más tiempo, se puede convertir en un dios que controla nuestros pensamientos y energías. Permitir que Dios ocupe el lugar central en nuestras vidas evita que estas cosas se puedan convertir en dioses.

Secretos para padres

Sin considerar que lo que decimos es lo más importante, nuestra vida demostrará a qué le damos valor por la forma en que dedicamos nuestro tiempo y dinero. Antes de acusar a sus hijos de «gastar su tiempo en cosas estúpidas», examine su propia vida.

El efecto

En toda la ciudad se sabe quién es Beatriz Sánchez.

Ella es ama de casa y madre de dos niños que solicitó a la compañía local de televisión por cable que quite algunos canales que están mostrando películas indecentes. Nunca quiso promover una cruzada, y con seguridad no quería transformarse en un objeto de conversación en los hogares de Summerfield.

Sin embargo, aquí está. Algunas personas aplaudieron su coraje y se unieron a su lucha por la decencia. Otros la calificaron de fanática de derecha y puritana.

¿Qué piensa la señora Sánchez? Si ella hubiese sabido que su acción causaba semejante conmoción, ¿hubiese abordado este tema?

«Es duro para toda la familia. Se burlaron de los chicos en la escuela. Recibimos un par de llamadas telefónicas obscenas. Pero, con todo eso, lo volvería a hacer. No creo haber estado violenta o agresiva. Solamente compartí mis preocupaciones y conseguí que otras personas se me uniesen.

»Y no sé qué va a pasar finalmente. Pero por lo menos puedo dormir bien sabiendo que hice lo que pude. Traté de hacer algo distinto».

Convérselo

- ¿Qué piensa de personas como la señora Sánchez?
- ¿Hasta que punto se deberían involucrar los cristianos en tratar de «limpiar» a la sociedad? ¿Es realista esperar que los no cristianos se adhieran a nuestros valores morales y creencias?
- ¿Cree que las peticiones y *boicots* tienen efecto? ¿Por qué sí o no?
- ¿Como se sentiría usted si su mamá o su papá se involucrasen en algo como lo descrito anteriormente?
- ¿Qué temas usted siente profundamente que tiene que hablar en voz alta? ¿Por qué destaca esos temas?
- ¿Pueden a la larga los niños o los adolescentes llegar a hacer algo distinto en sus colegios o en la sociedad? Si es así, ¿cómo?

Compruébelo

Lea en Mateo 5.13-16 respecto a la orden dada por Cristo a los cristianos de cambiar las cosas en el mundo al ser «sal y luz».

Aplíquelo

Si un condimento no tiene sabor, no tiene valor. Si los cristianos no se esfuerzan en cambiar el mundo a su alrededor, poseen escaso valor para Dios. Son indignos si son demasiado parecidos al mundo. Los cristianos no deberían mezclarse en nada. Deberían tener un efecto positivo en otros, igual que un condimento realza el mejor sabor de la comida.

¿Puede esconder usted una ciudad que está situada en la cumbre de una montaña? De noche, su luz puede verse desde kilómetros de distancia. Si nosotros vivimos para Cristo, brillaremos como luces, mostrando a otros la imagen de Cristo. Ocultamos nuestra luz cada vez que: (1) callamos nuestro punto de vista cristiano cuando deberíamos hablar de él; (2) vamos con las multitudes cuando deberíamos oponernos a ellas; (3) comprometemos nuestra responsabilidad cristiana por motivo de una ley cultural u «obligación»; (4) pecamos, o (5) ignoramos las necesidades de los demás. Sea un faro de verdad, no apague su luz para el resto del mundo.

Secretos para padres

El mundo se está pervirtiendo y enfermando más y más en todo este tiempo. Uno solo no puede hacerlo todo, pero cada uno de nosotros puede hacer algo. Podemos orar. Podemos compartir nuestra fe. Podemos hablar en alta voz. Podemos criar hijos piadosos. Pregunte a Dios con que temas y acciones específicas debe comprometerse.

La iniciativa

Si hay algo que caracteriza a la familia Padrón, es que son un grupo de personas emprendedoras.

Cuando Roberto ve algo roto en la casa, tiende a repararlo antes de que Lucía, su esposa, lo ponga en la «lista de cosas para hacer» (¡a veces antes de que ella se entere que algo anda mal!).

Cuando su hijo Miguel recibe deberes a largo plazo del colegio, inmediatamente salta sobre ellos y los convierte en piezas manejables. Él completa invariablemente los informes y trabajos a término días antes de su plazo. En el momento en que sus compañeros de clase comienzan a sudar, él esta de regreso y descansando.

Su hija Gina es un valioso miembro del grupo de jóvenes. Siempre trae ideas de cómo mejorar el salón o los encuentros de los jóvenes. Igual que Radar O'Reilly, el clérigo de la compañía en el viejo programa de televisión *M*A*S*H*, ella pide tareas antes que el líder de los jóvenes siquiera piense en dárselas.

Convérselo

- ¿Qué es la iniciativa y por qué es importante?
- ¿De qué manera puede ser negativa demasiada iniciativa?
- ¿Cuáles son los miembros de su familia que más toman la iniciativa? ¿Por qué?
- ¿Qué es lo contrario a tomar la iniciativa?
- ¿Cómo puede la iniciativa ayudar a una familia a ser mejor?
- ¿Cuáles son algunas de las formas prácticas de que usted tome la iniciativa esta semana?

Compruébelo

Lea en Proverbios 6.6-8 un gran pasaje acerca de tomar la iniciativa.

Aplíquelo

En la Biblia, Rut tomó la iniciativa y trabajó fuertemente (Rut 2.8-9). Ella, como todas las personas emprendedoras, sabía que a veces el trabajo duro con poco descanso es nuestra única opción. Booz tomó en cuenta el trabajo duro de Rut. Si ella se hubiese considerado a si misma demasiado orgullosa o avergonzada para espigar, hubiese perdido la oportunidad de encontrarse con Booz, de cambiar su vida y de convertirse en antecesora de un rey y del Mesías. ¡Tomar la iniciativa es bueno!

Secretos para padres

Más y más empleadores parecen estar buscando como trabajadores a personas con iniciativa propia. Esto significa que les estamos haciendo un gran favor a nuestros hijos si les enseñamos a observar con atención, resolver los problemas con sabiduría y trabajar con diligencia. El niño que hace bien las cosas, sin necesidad de que se lo pidan, siempre irá más lejos que aquel otro que necesita supervisión constante. Mucho de esto depende de la personalidad, pero la iniciativa puede ser, hasta cierto punto, una cualidad adquirida.

La integridad

Jaime Pérez y su hijo Rolando encontraron finalmente la computadora que querían. Era todo lo que habían buscado, la velocidad, una gran pantalla en colores, bastante memoria, y un lector de discos compactos incorporado.

Estaban preparando el pedido para una compañía de compras por correo, cuando Jaime tropezó con su amigo Davel, el cual trabaja en la universidad local.

Davel: ¿Así que se decidieron por una computadora?

Jaime: Si, planeamos pedir mañana la computadora Pegasus 850.

Davel: ¿En serio? Es una buena máquina. ¿Dónde la consiguieron?

Jaime: De una casa de compras por correo, ¡solamente 1,950 dólares! ¿Puedes creerlo?

Davel: ¿1,950 dólares? Jaime, yo puedo mejorar este precio.

Jaime: ¿Cómo?

Davel: Debido a que trabajo en la universidad, puedo conseguir un descuento educacional especial. Podría conseguirse el mismo equipo en alrededor de 1,800 dólares.

Jaime: ¡Eso es asombroso!

Davel: Si, tú podrías extenderme un cheque. Yo lo depositaría y luego extendería un cheque al colegio. Ellos nunca se darían cuenta.

Jaime (*preocupado*): ¿Que quieres decir con eso de que «ellos nunca se darán cuenta»?

Davel: Bueno, tú sabes, técnicamente este precio especial es solamente para los estudiantes, para el cuerpo de profesores y para la facultad, pero la gente hace todo el tiempo esta clase de cosas.

Convérselo

- ¿Qué pasa con la oferta de Davel? ¿Debiera aceptarla Jaime o no? ¿Por qué?
- ¿Qué factores hacen que la oferta de Davel sea difícil de resistir?
- ¿Qué cree usted que debería decirle Jaime a Davel?
- ¿En qué situación de su vida se siente tentado usted a esquivar un poquito las reglas?
- Como familia, ¿cómo podemos alentarnos mutuamente a ser íntegros?

Compruébelo

Lea en Daniel 6.1-5 acerca de la integridad del profeta Daniel.

Aplíquelo

Una vida intachable es mucho mejor que la riqueza, pero la mayoría de las personas no actúan como si lo creyeran. Temerosos de no poder conseguir todo lo que desean, ellos pagarán cualquier precio para incrementar su riqueza, haciendo trampas en los impuestos, robando a las tiendas o a sus empleadores, reteniendo sus diezmos, negándose a dar. Pero cuando conocemos y amamos a Dios, nos damos cuenta de que un nivel de vida inferior, o aún la pobreza, es un precio pequeño que pagamos por la integridad personal. ¿Demuestran sus actos que usted sacrifica su integridad para incrementar su riqueza? ¿Qué cambios debe efectuar para alcanzar la rectitud en sus prioridades?

Secretos para padres

Vivimos en una era que no debería descuidar lo correcto. En vez de ello, la filosofía que prevalece parece ser *¿qué puedo conseguir con esto?* Haga el esfuerzo y enseñe a sus hijos la diferencia entre el bien y el mal.

Luego sea para ellos el ejemplo de esa clase de comportamiento.

El compromiso

Pamela estaba en la tienda con Sara, su hija de catorce años, cuando divisó una asombrosa tapa de una revista. Lo que la hacía especialmente ofensiva era que la popular modelo en la foto estaba vestida con hábitos de monja y hasta se encontraba en los brazos de un famoso actor.

¡Pamela estaba indignada! La pose en sí de los modelos era prácticamente pornográfica, pero el hecho de que la revista había vestido a la mujer como una monja la hacía una blasfemia.

—¡No voy a tolerar esto! —anunció Pamela.

—Mamá —dijo Sara tragando en seco—, ¿qué vas a hacer?

—Voy a decirle al gerente de la tienda que estoy ofendida con él por tener y vender una revista como esa.

—¡Mamá! ¿No estarás por armar un escándalo, no?

—Voy a hacer lo que tengo que hacer.

—Bueno, ¿puedo ir entonces a nuestro automóvil?

—No —le dice la madre firmemente—, quiero que tú vengas conmigo.

Pamela marcha hacia la oficina del gerente y golpea en la puerta. Sara está parada a cuatro metros de distancia, tratando de pasar inadvertida.

Cuando su mamá comienza a decir al gerente que se siente ofendida por la revista, varios clientes comienzan a observar la escena.

En ese preciso instante, uno de los muchachos que trabajan allí, y que Sara conoce del colegio, se acerca a observar la escena.

¡Sara se pone roja de vergüenza!

Convérselo

- ¿Por qué cree usted que Sara estaba avergonzada ante esta situación?
- ¿Podría o quisiera hacer lo que hizo Pamela? ¿Por qué o por qué no?
- ¿Cómo deberían reaccionar los cristianos ante revistas o programas de televión obscenos?
- ¿Deberíamos tener la valentía de hablar de ello? ¿Por qué o por qué no?
- ¿Por qué cree usted que nuestra sociedad se está volviendo más y más interesada en revistas y fotografías como las descritas anteriormente?

Compruébelo

Haga que alguien de su familia lea Efesios 5.8-15

Aplíquelo

Es importante evitar los «infructuosos actos de las tinieblas» (cualquier placer o actividad que lleve al pecado), pero debemos ir más allá de eso. Pablo nos instruye a *exponer* esos actos, dado que nuestro silencio puede interpretarse como una aprobación. Dios necesita personas que tomen partido por lo que es correcto. La maldad penetra en nuestra sociedad hasta el punto que miramos de soslayo en lugar de estar espantados y disgustados ante ello. Debemos mantener altas nuestras normas y atrevernos a hablar de ello cuando sea necesario.

Secretos para padres

Cuando usted exprese su disgusto a un comercio, estación de televisión, anunciante, o funcionario público, (ya sea personalmente, por teléfono o por carta), hágalo de forma amable y cristiana. Que sus hijos puedan ver que situaciones de confrontación no tienen por qué degenerar en episodios explosivos y llenos de insultos.

Las irritaciones

Es un sábado lluvioso (el tercer día mojado seguido) y toda la familia Matos está encerrada adentro, todos juntos.

Todos se están irritando. Los nervios están tensos. Reina el malhumor. No hay un lugar a donde ir.

Sara siente claustrofobia, como si estuviese por comenzar a gritar en cualquier momento. Su mamá insiste en tocar un anticuado disco compacto, música de grandes orquestas de los cuarenta. Y su hermano Carlos la está fastidiando continuamente. Le hace restallar una toalla cerca de ella, luego, cuando ella da vueltas por allí, le dispara con una pistola de agua. Ella le ha pedido varias veces que deje de hacer eso, pero él continúa haciéndolo.

En ese momento entra su papá a la sala y pide a toda la familia que baje al sótano para efectuar una profunda limpieza.

La mamá de Samuel protesta inmediatamente y los dos comienzan a discutir. En ese preciso momento Carlos viene a hurtadillas y le pega en la cara a Samuel con una almohada.

Conviérselo

- ¿Por qué los miembros de una familia tienen la tendencia de ponerse nerviosos unos a otros?
- ¿Cuáles son algunas de las cosas irritantes que hacen sus padres o hermanos?
- ¿Qué podría hacer su familia para disminuir los rozamientos en su casa?
- ¿Alguna vez se sintió como Sara? ¿Cuándo? ¿Qué pasó?
- ¿Cómo se siente usted cuando empiezan a discutir en su familia?
- Hable acerca de un tiempo durante el cual su familia convivió en armonía. ¿Cuál fue el secreto de esa cooperación y de esa paz?

Compruébelo

Efesios 4.2 y Tesalonicenses 5.13-15 son buenos recordatorios de cómo minimizar los roces en la familia.

Aplíquelo

Sería magnífico si nos llegase la paz cada vez que la pidamos, sin esfuerzo ni costo alguno. Pero como nos explicó el rey David, debemos buscar y perseguir la paz (Salmo 34.14). Pablo se hizo eco de esto en Romanos 12.18. La persona que desee la paz no debe discutir o pelear. Dado que las relaciones pacíficas provienen de nuestros esfuerzos en conseguir la paz, trate esforzadamente de vivir en paz con los demás. Niéguese a pelear con los que buscan rencillas.

Secretos para padres

En años recientes, las editoriales han publicado una cantidad de libros para familias, con títulos como *101 Things to Do on a Rainy Day* [101 cosas que hacer en un día lluvioso] y *Projects for Family Fun* [Proyectos para pasarla bien en familia]. Un libro así puede ser una buena inversión. Cada mamá y papá necesitan una ayuda creativa para esos momentos cuando los niños están nerviosos e irritados. Vaya a una librería o a una proveedora para maestros a fin de conseguir esta clase de recursos.

La amabilidad

Durante el almuerzo, Rubén llamó a su casa y dijo:

—Mamá, tengo que tener lavado el uniforme de mi equipo a tiempo para la práctica de esta tarde. El entrenador nos dijo que nos iban a tomar fotografías.

—Rubén, ¿cuándo te lo dijo el entrenador?

—No sé. Creo que la semana pasada.

—¿Y recién me lo dices ahora? Faltan menos de tres horas.

—Perdón, mamá, pero lo necesito.

La señora Barrientos dejó el uniforme limpio y pasó por la secundaria justo a tiempo para recoger a su hija Mercedes. A mitad de camino de regreso a la casa, Mercedes gritó:

—Ah, mamá, casi lo olvido. Tengo que ir a la biblioteca para fotocopiar un artículo para mi clase del gobierno.

—Pero Mercedes, debo regresar a casa. El empapelador debe llamar entre las tres y cuarenta y cinco y las cuatro.

—¡Mami! Si no consigo el artículo, tendré un cero en mis calificaciones de mis deberes en casa. ¿Quieres que me suspendan?

Durante la cena, el señor Barrientos no dice mucho, salvo para hacer notar que «la carne está algo dura esta noche cariño. ¿Qué pasó?»

Todos se quedan asombrados cuando la señora Barrientos hunde su cara en una servilleta y abandona la cena sollozando.

Convérselo

- ¿Por qué cree usted que se incomodó tanto la señora Barrientos?
- ¿Cuál fue el error, si lo hubo, en la forma que abordaron Rubén y Mercedes a su mamá y el señor Barrientos a su esposa?
- ¿Cuáles son algunas de las formas en las que últimamente ha fallado en mostrar amabilidad a su familia?
- ¿Qué podría hacer esta semana para ser más amable en su casa?

Compruébelo

Relacione Colosenses 3.12-17 con la historia anterior y con la situación de su familia.

Aplíquelo

Si es verdadera nuestra fe en Cristo, se pondrá a sí misma a prueba en nuestra casa y en nuestras relaciones con los que mejor nos conocen. Los padres e hijos cristianos se relacionarán perfectamente con cuidado y amor. Esto sucederá si ambos anteponen los intereses del otro a los suyos propios, esto es, si se someten los unos a los otros. Pablo nos ofrece en Colosenses 3.12-17 una estrategia para ayudarnos a vivr para Dios día a día: (1) Imite la actitud compasiva y perdonadora de Cristo (3.12,13); (2) permita que el amor guíe su vida (3.14); (3) deje que la paz de Cristo gobierne en su corazón (3.15); (4) sea siempre agradecido (3.15); (5) guarde en todo tiempo la Palabra de Dios (3.16); y (6) viva como un representante de Cristo (3.17). Todas las virtudes que Pablo nos alienta a desarrollar están perfectamente ligadas entre sí en amor. Cuando nos vestimos con esas virtudes, la última prenda que debemos ponernos es el amor, el cual mantiene a todas las otras en su sitio. Examine sus relaciones con su familia. ¿Se relaciona usted con los demás como lo desea Dios?

Secretos para padres

Generalmente, los hijos no quieren ser desatentos, simplemente no piensan. Para evitar intrusiones de último momento como las anteriormente vistas, usted debería instituir una sesión de programación familiar cada semana. Esta práctica puede ayudar a los niños a aprender cómo planificar hacia el futuro. En ocasiones, también es necesario permitir que sus hijos carguen con las consecuencias de su conducta irresponsable. ¡Estas lecciones son duras pero imborrables!

Prestar atención

Mientras camina hacia la puerta, Delia da las instrucciones finales a su esposo Tomás:

—Cuando suene el zumbador, pon la cazuela en el horno, ¿me oyes?

—¡Seguro, querida! Le contesta Tomás sin quitar la vista de la televisión. Él y su hijo Sergio están absortos en un excitante partido de la Liga Nacional de Fútbol.

Treinta minutos después, suena el zumbador. Tomás mira a su hijo y dice:

—¿Qué dijo ella que significaba eso?

Sergio se encoge de hombros.

—Creo que debemos hacer salir al perro.

—Ah sí.

Una hora después, Delia entra por la puerta y ve la cazuela apoyada en el mostrador de la cocina.

—¡Tomás!

Convérselo

- ¿Por qué es tan difícil prestar atención?
- ¿Cuáles son algunas de las cosas que hacen tan difícil prestar atención?
- ¿Quién es el que mejor presta atención en su casa? ¿Quién es el peor? ¿Por qué?
- ¿Cómo se siente usted cuando necesita realmente decir algo y nadie está verdaderamente prestando atención?
- ¿Qué pasaría si Dios prestase atención a nuestras oraciones del mismo modo que nosotros nos prestamos atención mutuamente?
- ¿Cuáles son algunas de las cosas prácticas para mejorar nuestra atención?

Compruébelo

Tome en cuenta dos versículos que ponen énfasis en la importancia de prestar atención: Santiago 1.19 y Proverbios 18.13.

Aplíquelo

La Biblia nos dice que seamos «prontos para oír (Santiago 1.19). Cada vez que fallamos en esto, estamos comunicando a otros que creemos que nuestras prioridades, necesidades y deseos son más importantes que las de ellos. Santiago nos advierte sabiamente de invertir esto. Cuando las personas hablen con usted, hágales sentir que sus puntos de vista e ideas son valiosas. Ponga a un lado los pensamientos que lo mantengan alejado de prestar la debida atención a otros cuando debe hacerlo. No se distraiga y preste atención.

Secretos para padres

Una manera de enseñar a sus hijos a prestar atención es usando las siglas A-B-C. *A* por *atender*. *B* por *buscar preguntas*. *C* por *confirmar lo que los otros dijeron* (por ejemplo, repetirles su parecer o declaraciones para asegurarse que lo han oído correctamente). Este método simple, si es usado con regularidad, puede avanzar un largo trecho hacia el entrenamiento de sus hijos en el olvidado arte de prestar atención.

La soledad

Teresa se queja:

—¡No me gusta esto, ni siquiera un poquito! En realidad, ¡lo odio!

—Ya lo sé, querida. Es duro. ¡Pero has hecho lo correcto! —insiste su mamá, tratando de confortarla.

—Entonces, si he actuado correctamente, ¿por qué me tratan todos como a una especie de criminal? Parece como que ni siquiera quisieran *hablarme.* Todas las personas que yo creía que eran mis amigas me han dado completamente la espalda.

—Mira, Teresa. Estoy orgullosa de ti. Fuiste al cine con un grupo de tus amigos. Se suponía que iban a ver una película sin restricciones. Y una vez que todos estuvieron adentro, tus amigos dijeron: «vamos al otro cine donde dan una película restringida» Y tu tuviste el carácter y la valentía de pararte frente a ellos y decirles: «No, no voy allí. Eso está mal». Teresa, pienso que fue magnífico. ¡Y pienso que tu eres magnífica!

—Bueno, caramba, gracias mamá. Pero me sigo sintiendo muy sola.

Convérselo

- Hable de algunas veces en las que usted se sintió solo. ¿Cuál es la peor parte de sentirse solo?
- ¿Alguna vez se sintió solo por adoptar una postura impopular? ¿Qué sucedió?
- ¿Hubiese hecho usted lo que hizo Teresa? (¡Sea sincero!) ¿Por qué o por qué no?
- ¿Cuáles son algunas de las situaciones en su vida en las que si actúa correctamente podría terminar sintiéndose solo?
- ¿Cómo puede orar por usted el resto de la familia?

Compruébelo

La mayoría de las veces, cuando elegimos hacer lo correcto, estaremos aislados y solos. Lea Jeremías 26.8 y 2 Timoteo 3.12.

Aplíquelo

Los dirigentes de Judá persiguieron a Jeremías repetidas veces por su fiel proclamación de los mensajes de Dios (Jeremías 38.6). Por cuarenta años de fiel ministerio, nunca fue ovasionado, nunca recibió amor, ni lo siguió el pueblo. Fue golpeado, encarcelado, amenazado y hasta forzado a abandonar su país natal. Solamente los paganos de Babilonia le demostraron algún respeto (Jeremías 39.11.12). Dios no garantiza que servirle le traerá reconocimiento público. Pero Dios promete que estará con usted y le dará la fuerza para resistir (2 Corintios 1.3-7). Al ministrar a otros, admita que su servicio es para Dios, no para el reconocimiento humano. Dios recompensa nuestra fidelidad, pero no siempre durante nuestra permanencia en la tierra.

Secretos para padres

Cuanto más sientan los hijos que son aceptados y amados por sus padres y cuanto más se sientan seguros y unidos a su hogar, menos probable es que sucumban a la presión de sus compañeros como la que tuvo que experimentar Teresa en la historia anterior. Es más fácil soportar la soledad del exterior si en el interior del hogar hay protección y estímulo.

La pérdida

Por alguna razón, un cierto número de familias de Wynnwood Estates están pasando por verdaderas pruebas.

La familia Borges está llorando la pérdida de la madre de Miguelina, víctima de un súbito ataque al corazón. Tenía solamente cincuenta y seis años.

El mes pasado la familia Martínez sufrió un voraz incendio que destruyó la mayor parte del segundo piso de su hogar. ¡El humo y el agua estropearon la mayor parte de las cosas del primer piso!

Los Blanco están aún aturdidos por el súbito despido de Luis de su trabajo. Igual que otras tantas compañías, la suya está reestructurando y modernizando sus operaciones. La indemnización de Luis fue decente, pero a la edad de cuarenta y nueve años se hace difícil para él encontrar un trabajo y sueldo similares. Un consejero laboral les advirtió que probablemente la familia necesite mudarse. Para empeorar las cosas, dos hijas de Luis y Sara asisten actualmente a un costoso colegio cristiano.

Ana Pérez está tratando de recuperarse luego que su esposo la abandonó durante las vacaciones. Con tres criaturas pequeñas, se pregunta qué le tiene reservado el futuro, cómo podrá mantener económicamente a sus hijos y darles asimismo el tipo de cuidado emocional que ellos necesitan.

Convérselo

- ¿Cuál de las situaciones anteriores es para usted personalmente la más difícil? ¿Por qué?
- ¿Cómo aconsejaría usted a las personas de la historia anterior? O sea, ¿qué les dirías para darles consuelo y esperanza?
- ¿Cuál fue la situación familiar más difícil con la que usted se encontró alguna vez? ¿Por qué?
- ¿Cómo ha sido capaz de soportar pruebas severas en su vida?

Compruébelo

Lea el Salmo 46.1-3 y observe cómo está relacionado con el tema que estamos discutiendo.

Aplíquelo

El temor de que montañas y ciudades se desmoronen súbitamente en el mar como resultado de una explosión nuclear persigue en la actualidad a la mayoría de la gente. Pero el salmista dice que aunque el mundo termine, no necesitamos tener temor. A la vista de la completa destrucción, el escritor expresa una total confianza en la capacidad de Dios para salvarlo. Cuando usted se enfrenta en su vida con un cataclismo que pareciera ser el fin del mundo, la Biblia es clara, Dios es nuestro refugio aún a la vista de una destrucción total. Él no es un retiro momentáneo, Él es nuestro eterno refugio y puede proveernos de fortaleza en cualquier circunstancia. ¿Alguna vez sintió que su vida es demasiado complicada para que Dios la entienda? Recuerde, Dios creó el universo entero y nada es demasiado complejo para Él. Dios lo creó a usted; Él está vivo hoy y su amor es más grande que cualquier problema que usted deba enfrentar.

Secretos para padres

Hay dos cosas indispensables para sobrevivir duros tiempos en la vida: (1) un fundamento espiritual sólido y (2) estrechos lazos familiares. Emplear tiempo y energía en fortalecer estos aspectos, aún en los buenos tiempos, es igual que apartar dinero para los días difíciles, y cuando esos días se presenten, usted estará contento de haber planificado para el futuro.

El amor

La familia López es lo que se podría llamar una familia cristiana modelo.

El señor López es diácono y presidente del comité de misiones. La señora López enseña en la escuela dominical y canta en el coro. Los hijos ganan premios cada verano en la Escuela Bíblica de Vacaciones, por su asistencia y por memorizar las Escrituras.

Pero solamente se comportan así cuando están en funciones de la iglesia. Usted debería verlos cómo se comportan en casa.

El señor López regresa rutinariamente a casa de su trabajo y se desploma en su sillón reclinable empuñando el control remoto, aún en esas noches en las cuales es obvio que la señora López hubiese necesitado una pequeña ayuda en acomodar a los niños para poder cenar juntos.

Los niños se pelean como enemigos mortales. Se profieren insultos, discuten charlando entre sí, ¡a veces hasta se tiran puñetazos y otros objetos con malas intenciones!

¿Hasta qué punto está mal todo esto? La noche pasada, *treinta segundos* después de orar antes de la cena que Dios pueda «ayudarnos a amarnos unos a otros», Teresa y su hermano Benjamín se enfrascaron en una discusión, durante la cual Teresa dijo con irritación: «¡Te odio, pequeño tonto!»

Convérselo

- ¿Es el amor solamente un sentimiento? Si no es así, ¿qué es?
- ¿Por qué es a veces tan difícil amar a las personas en su propia familia?
- ¿Qué quiere decir si una familia está muy involucrada en la iglesia o en actividades religiosas pero no se llevan bien entre sí?
- ¿Cómo se sentiría si usted fuese la señora López y tuviese un esposo e hijos como los de ella?
- ¿Cuáles son algunas de las formas en las cuales su familia ha fallado en demostrarse amor entre sí?
- ¿Qué cosas amorosas podría hacer usted esta semana para los miembros de su familia?

Compruébelo

Mida esta semana el comportamiento de su familia usando la lista de control que se encuentra en 1 Corintios 13.4-7.

Aplíquelo

Si es verdadera nuestra fe en Cristo, se pondrá a sí misma a prueba en nuestra casa, en nuestras relaciones con los que mejor nos conocen. Los hijos y los padres tienen una responsabilidad los unos con los otros. Los hijos deberían honrar a sus padres aún si ellos fuesen exigentes e injustos. Los padres deberían cuidar amablemente de sus hijos aún si ellos fuesen desobedientes y desagradables. Lo ideal es que los padres e hijos cristianos se traten entre sí con cuidado y amor (Efesios 6.1-4). Esto sucederá cuando ambos, padres e hijos, antepongan los intereses del otro a los suyos, esto es, cuando se sometan el uno al otro.

Secretos para padres

Ayude a sus hijos a comprender que el amor es más que una mera emoción. Es un compromiso de buscar el bien de los demás no importa cómo. Ayúdeles a comprender la primera parte de 1 Corintios 13, que si fallamos en el amor, entonces todas nuestras buenas obras, incluyendo nuestras actividades de la iglesia, carecen de sentido. Ayúdeles a comprender finalmente que es imposible amar a otros salvo que estemos llenos del Espíritu de Dios. Solamente con la ayuda de Dios somos capaces de tratar a los demás de la manera que lo desea Dios (Gálatas 5.22,23).

La lealtad

Roberto, de diez años de edad, está llorando cuando vuelve del colegio.

Juana Álvarez deja inmediatamente todo lo que está haciendo y corre a consolar a su lloroso hijo.

—Mi amor, ¿qué pasa?

—Esto —replica él, alcanzándole a su mamá un pedazo de papel doblado.

Es una nota de su maestro diciendo que Roberto y otros niños fueron sorprendidos haciendo trampa durante un examen de ortografía. Debido a ello, el maestro le puso un cero a cada alumno y desea hablar con sus padres.

—¿Me quieres contar acerca de esto? —indaga la señora Álvarez.

—¡Yo no hice trampa! —exclama Roberto—, Patricia y Carlos dijeron que sí, pero no es verdad.

—¿Dirían ellos eso si no fuese cierto?

—No lo sé. Cuando el señor Morales los soprendió susurrando, Patricia apuntó hacia mí y dijo que yo le había dicho cómo se escribía *aplicación*. Pero no lo hice. Juro que no hice trampa.

La señora Álvarez mira a su hijo a los ojos y le dice:

—Yo te creo.

Dos días después, durante una reunión después de las clases, el maestro de Roberto, el señor Morales, presenta cierta evidencia que indica que, realmente, él podría ser culpable.

Al regresar a casa, Juana Álvarez pregunta otra vez a su hijo. Nuevamente, él insiste con firmeza que es inocente.

Más tarde en la noche, Juana le pregunta a Luis, su esposo:

—¿Qué debemos creer nosotros?

Convérselo

- ¿Qué significa ser leal a alguien?
- Padres, ¿cómo se sienten cuando les miente un hijo? Niños, ¿cómo se sienten ustedes cuando dicen la verdad y sus padres no les creen?
- ¿A quién le creería en la situación recién relatada? ¿Por qué?

Compruébelo

Lea 1 Corintios 13.6,7 y relaciónelo con su debate acerca de la lealtad.

Aplíquelo

La Biblia dice que el amor protege, confía, espera y persevera. El amor es de extrema importancia. El amor involucra tanto a las acciones como a las actitudes. Una persona que ama no solamente siente amor; también actúa lealmente y con responsabilidad. Una persona que ama no solamente cree la verdad; también trabaja para justicia de otros. Los pensamientos y las palabras no son suficientes, nuestras vidas revelan si estamos amando verdaderamente. ¿Están sus acciones a la altura de sus actitudes?

Secretos para padres

Cuando sus hijos hacen algo que viola su confianza, déles gradualmente la oportunidad de volver a ganársela. Es importante no estar ciegos a las faltas de sus hijos, pero es igualmente importante no dudar de ellos cuando están siendo veraces.

La manipulación

Es viernes por la tarde y en la residencia de los Delgado se están llevando a cabo una cierta cantidad de manipulaciones. Véalo por usted mismo:

- Estefanía se está comportando de una manera muy agradable, atenta y servicial. Hasta puso la mesa sin que se lo pidiesen. ¿Por qué? Porque en unos pocos minutos planea preguntarle a su mamá si puede quedarse a dormir en casa de una amiga. Estefanía esta de penitencia, pero ella se imagina que podrá escabullirse de eso siendo extremadamente amable.
- A Esteban ya le han dicho que no podrá ir con otra familia al juego de fútbol del colegio. «¡Ustedes no me quieren!» se queja. «Cada uno de mis amigos está yendo allí esta noche. Eres el único papá en la ciudad que no le permite ir a su hijo a ese encuentro. ¿Cómo se supone que yo aprenda a jugar al fútbol si ni siquiera puedo ir a los encuentros?»
- El señor Delgado no parece prestar mucha atención a los comentarios de su hijo. Es debido a que está pensando lo lindo que sería jugar golf en Oak Alley el sábado por la mañana. Nunca jugó en ese campo pero escuchó de su amigo Ricardo (miembro del mismo) lo increíble que es. *Quizás si llamase a Ricardo y le dijese: «Oye, estoy pensando en ir mañana a jugar golf en el City Park. ¿Quieres acompañarme?», ¡él me invitaría a jugar en Oak Alley!* Con esos pensamientos tomó el teléfono y comenzó a discar.

Convérselo

- ¿Qué es la manipulación? ¿Por qué es indebida?
- ¿De qué forma está manipulando Estefanía? ¿Cómo lo está haciendo Esteban? ¿Cómo el señor Delgado?
- En lugar de tener programas ocultos, ¿en qué forma deberían actuar entre ellos los miembros de la familia?
- ¿Es equivocado desear ciertas cosas? Si no lo es, ¿por qué son impropias las acciones de los Delgado?
- ¿Cómo se siente usted cuando percibe que alguien lo manipula?

Compruébelo

La Biblia nos aconseja amarnos los unos a los otros, no a manipularnos. Vea Romanos 12.10 y Juan 13.34,35

Aplíquelo

Todos somos egoístas y el manipular a otros es buena manera de tratar de conseguir lo que queremos. Labán es el clásico ejemplo, su vida entera estuvo marcada por un intento de manipulación tras otro (Génesis 24.1—31.55). Hizo los arreglos para el casamiento de su hermana Rebeca con Isaac a su entera conveniencia, y usó a sus hijas como moneda de regateo. Finalmente Jacobo superó a Labán, pero el hombre de más edad siguió tratando de conseguir que hiciese sus deseos. Siempre estaba procurando salirse con la suya.

No sea como Labán. Resista el impulso de controlar a las personas y a los acontecimientos para su beneficio. No está bien y Dios se encargará de usted.

Secretos para padres

No solamente los niños son manipuladores. Los padres caen con mucha frecuencia en la trampa del control egoísta de sus hijos. Controle hoy mismo sus propias costumbres y hábitos. ¿Tiene planes ocultos para sus hijos? ¿Está usted tratando de que hagan y sean como *usted* quiere, o está usted ante todo ocupado en que complazcan al Señor? ¡Existe una sutil diferencia en ello! Sea parejo con sus pensamientos y sentimientos.

Los recuerdos

Desde que Julia Rodríguez asistió a una fiesta de los Preservadores de Recuerdos, su familia está muy afligida. De pronto, ella se convirtió en una mujer con una misión: la de conservar las fotos familiares y recuerdos en muy organizados y costosos álbumes de recortes.

Noche tras noche se está quedando hasta tarde recortando fotografías, organizando las cosas memorables, y escribiendo bonitos títulos.

—Mamá —dice finalmente Sara, después de dos semanas de ese extraordinario proyecto—, ¿cuánto tiempo más vas a seguir en esto?

—Tanto como sea necesario —replicó Julia dulcemente—. Y un día me lo agradecerás. Toda la historia familiar será conservada. Estarás en condiciones de pasarla a tus hijos y nietos.

Durante esta conversación, Fernando balanceaba su chequera. Sin levantar la vista, musita:

—¿Habrá una página o dos acerca de la manera en que la familia se fue en bancarrota comprando álbumes de fotos?

Julia le hecha una mirada y dice por lo menos por centésima vez:

—Cariño, estos materiales cuestan más debido a que son libres de ácido y no dañarán nuestras fotos. ¿Qué ventaja sería hacer todo este trabajo y observar su deterioro en pocos años?

Fernando y Sara se miran entre ellos y reprimen el deseo de reírse.

Convérselo

- ¿Por qué es importante volver para atrás y recordar el pasado?
- Además de álbumes de recortes, ¿qué otros medios existen para que las familias conserven su historia?
- ¿Qué hizo su familia con todas sus fotografías y recuerdos?
- ¿Cuánto sabe usted acerca de los antecedentes de su familia, genealogía e historia?
- ¿Qué cosa quisiera preguntar acerca del pasado de su familia?
- ¿Cuánto valor tienen para usted sus recuerdos? ¿Podría valorizarlos en dólares?

Compruébelo

Tenga en cuenta la forma en que Josué dio instrucciones a los israelitas para conservar sus recuerdos especiales. Vea Josué 4.1-24.

Aplíquelo

Fue un histórico momento cuando Josué guió a la nación de Israel a través del rio Jordán. Por ello Josué y los líderes se detuvieron y construyeron un monumento para conmemorar el fin de su estado nómada y el comienzo de su nueva vida en su nueva tierra (Josué 4.2-7). Mientras que la mayoría de los monumentos conmemoran grandes eventos o reconocen actos heroicos, los individuos y las familias conservan frecuentemente recuerdos, fotografías y otros «monumentos» a la bondad de Dios: un suceso especial, una oración contestada, un milagro. Aunque con frecuencia poco visibles, estos recordatorios no son menos importantes que una gran estatua blanca. Piense acerca de lo que Dios ha hecho en su vida. Permita que sus recuerdos sirvan como monumentos, recordatorios del trabajo de Dios en su vida y del cuidado hacia usted. No sienta vergüenza de guardar objetos físicos de estos grandes sucesos, recuerdos de infinito valor.

Secretos para padres

Tres ideas para usted: (1) Organice una noche de video o de diapositivas o de fotografías en la cual reviva el pasado de su familia. (2) Convierta la investigación del árbol genealógico en un proyecto de familia. (3) Comience a llevar un diario que refleje las oraciones contestadas y otras bendiciones de Dios. Esto puede llegar a ser una fuente constante de estímulo para toda su familia.

El dinero

Lázaro, un jovencito de doce años, estuvo haciendo trabajos ocasionales este verano cada vez que tuvo una oportunidad. Cortó el césped y podó jardines, lavó autos, limpió garajes y áticos, hasta fue paseador de perros por un corto tiempo.

Por todo, Lázaro se ganó seiscientos sesenta dólares. Sus padres están orgullosos de su empuje y determinación. Lo que ahora les preocupa es que Lázaro quiere salir y gastar todo el dinero que ganó con tanto esfuerzo.

—Papá, ¿has visto los carritos motorizados que tienen en venta en la exposición de cortadoras de césped allá en la calle Georgia?

—Si, ¿por qué lo preguntas?

—Bueno, estaba pensando comprarme uno con mi dinero. Ellos...

La mamá de Lázaro lo interrumpe:

—¡Ah no, no lo harás! Ninguno de mis hijos va a matarse en un carro de carreras en miniatura!

—¡Mamá, no son carros de carreras! Solo van aproximadamente a cuarenta y cinco kilómetros por hora.

—Bueno, no me importa si van a dieciséis kilómetros por hora. No te comprarás un carro en miniatura.

—Yo no veo por qué no. Es mi dinero. Me lo gané.

El papá de Lázaro trata de darle un enfoque diferente al asunto.

—Hijo, quizás deberías tener en cuenta hacer varias cosas diferentes con ese dinero.

—¿A qué te refieres?

—Bueno, podrías poner una buena parte en el banco. Entonces lo tendrías disponible después, quizás para ayudarte a comprar un automóvil verdadero. Por ahora podrías comprarte algo pequeño para ti... Y, por supuesto, siempre existe la oportunidad de ofrendarle algo a Dios.

Convérselo

- ¿Por qué es más fácil gastar el dinero que ahorrarlo o darlo?
- ¿Cuánto de lo que ganamos deberíamos dar a Dios? ¿Por qué?
- ¿Cuáles son algunas de las maneras en las que usted gasta o ahorra el dinero?

Compruébelo

Tome en cuenta los mensajes de Proverbios 21.20 y 22.9.

Aplíquelo

El crédito fácil hace que muchas personas de nuestra era vivan sobre el filo de la bancarrota. El deseo de mantener el nivel y acumular más los impulsa a gastar cada centavo que ganan y estirar su crédito al máximo. Pero cada uno que gasta todo lo que posee está gastando más de lo que puede permitirse. Una persona sabia guarda dinero para el futuro. Dios aprueba la prevención y la moderación. Debemos examinar nuestro estilo de vida para ver si nuestros gastos son agradables a Dios o solamente agradables a nosotros mismos.

Secretos para padres

Haga que el mantener un presupuesto sea una costumbre de familia. Si usted discute con sus hijos las ideas de Dios acerca del dinero, hará que ellos ganen un valioso conocimiento respecto a un tema que produce gran pesar en el corazón de la mayoría de las personas.

Los motivos

Ver *qué* hacen las personas es fácil. Comprender *por qué* lo hacen ya es otra historia.

Tomemos, por ejemplo, a la familia Lumpuy.

El señor Lumpuy es la persona más agradable del mundo. Nunca dice que no a nadie. Él es de los que ayudan, de los que hacen cualquier cosa por usted, hasta es capaz de darle la camisa que trae puesta. Con frecuencia, su espíritu servicial vuelve loco al resto de su familia. ¿Por qué es así?

La señora Lumpuy es una máquina de limpieza. Ella mantiene impecable su hogar. No solamente brilla todo, también está perfectamente organizado, guardado y rotulado. Deje suciedad en su hogar y en minutos se habrá desvanecido. ¿Por qué será tan fanática de la limpieza?

Ricardo, de quince años de edad, tiene un extraño corte de cabello, y más o menos cada par de semanas toma una caja de gelatina y algo más y lo usa para «teñir» temporalmente su cabello de un color diferente. ¿Por qué?

Ramón, con once años, juega baloncesto por lo menos cuatro horas al día. Es lo único de lo que habla o piensa. ¿Por qué?

Convérselo

- ¿Cuáles son algunos de los singulares comportamientos de los integrantes de su familia?
- Elija una de las peculiaridades de su comportamiento y piense acerca de ella por un momento: *¿por qué* hace eso?
- ¿Cuáles son los motivos? ¿Por qué son significativos?
- Suministre algunas explicaciones factibles respecto a las diferentes acciones de los integrantes de la familia Lumpuy.
- La última vez que fue amable con alguien, ¿cuál fue su verdadero motivo?
- ¿Cuál es su *verdadero* motivo al ir a la iglesia?

Compruébelo

La Biblia aclara que Dios no solo se fija en nuestros actos, sino que también conoce (y se preocupa mucho por) nuestros motivos ocultos. Lea 1 Crónicas 28.9; Proverbios 16.2; y 1 Corintios 4.5.

Aplíquelo

Es más fácil hacer lo correcto cuando obtenemos reconocimiento y alabanza por ello que cuando no recibimos nada. Para estar seguros que nuestros motivos no son egoístas, deberíamos efectuar nuestras buenas obras calladamente o en secreto, sin pensar en una recompensa (Mateo 6.3-4). Jesús dijo que cada vez que diésemos algo, deberíamos analizar nuestros motivos (6.4), orar (6.6), o ayunar (6.17,18). Estos actos deberían provenir de un deseo de agradar a Dios, no de lucirnos. La recompensa que promete Dios no tiene peso, color, o valor monetario, y nunca la alcanzan los que solo por jactancia la persiguen. Hacer algo solo para que lo feliciten no es un sacrificio de amor. Cuando haga su próxima buena obra, pregúntese: *¿lo haría si nadie supiese nunca que lo hice?*

Secretos para padres

Al discutir los motivos, asegúrese de que sus hijos comprendan que el punto de vista no es ver una segunda opinión sino de examinar *sus propios corazones* ante Dios. Como en tantos aspectos de la vida, nuestra tendencia es la de jugar al sicólogo o actuar como un juez más que vernos a nosotros mismos. Solamente Dios sabe qué motiva a los demás. Pero con su ayuda, podemos darnos cuenta de qué es lo que nos impulsa a nosotros.

La mudanza

Tomás y su esposa Lisa están discutiendo acerca de su entrevista de trabajo en Dallas.

—Entonces, ¿deberíamos hacerlo?

Tomás se encoge de hombros.

—No lo sé, querida. Parece una gran oportunidad. Me gusta la gente de allí. Y ganaría bastante más dinero. Además estaría haciendo el tipo de trabajo que hago mejor.

—¿Pero qué me dices acerca de mudarse a una gran ciudad como esa? ¿Lo queremos hacer realmente?

—Ya lo sé, ya lo sé. Estoy pensando en eso. La criminalidad, el tráfico, un costo de vida más alto... pero también habrían algunas ventajas.

—¿Como cuáles?

—No lo sé. Más negocios, mejores restaurantes, más ventajas culturales.

—Sí, pero, ¿qué pasa con todo lo que debemos dejar, esta casa, en cuya remodelación hemos trabajado tanto... todos nuestros amigos... nuestra iglesia?

—¡Hay iglesias en Dallas!

—Ya lo sé, ¿pero tan buenas como las nuestras? ¿Y qué me dices acerca de la diferencia de los sistemas educativos? Aquí conocemos a la mayoría de los maestros, y la junta escolar es bastante conservadora. ¡Allá tienen detectores de metales y clínicas dentro del colegio!

—Entonces, ¿deberíamos saber qué vamos a hacer?

Lisa sacude la cabeza.

—No me preguntes a mí. Yo soy la que no puedo soportar la idea de un cambio.

—Bueno, debo darles una respuesta el viernes.

Convérselo

- Si usted pudiese o debiese mudarse a algún lado, ¿a dónde iría? ¿Por qué?
- Si su familia se mudó hace poco, ¿qué fue lo más difícil de dejar de su anterior lugar y qué fue lo mejor que encontró en el nuevo?
- ¿Qué factores deberían tener en cuenta las familias antes de decidir una mudanza?
- ¿Cuánto peso deberían tener los niños en la decisión familiar de mudarse?

Compruébelo

¿Qué ayuda brinda Santiago 1.5 a aquellos que se enfrentan a grandes decisiones?

Aplíquelo

Santiago no solo habla acerca de la sabiduría sino también acerca de la capacidad de tomar sabias decisiones en circunstancias difíciles. Siempre que necesitemos sabiduría, podemos orar a Dios y Él proveerá generosamente lo que necesitamos. Los cristianos no necesitan ir a tientas en la oscuridad, con la esperanza de tropezar sobre las respuestas. Podemos pedir sabiduría a Dios para guiar nuestras decisiones. *La sabiduría* significa discernimiento práctico. Comienza con el respeto a Dios, conduce a una vida correcta y tiene por resultado una creciente capacidad de distinguir lo correcto de lo incorrecto. Dios está dispuesto a darnos esa sabiduría, pero seremos incapaces de recibirla si nuestras metas están centradas en nosotros mismos en lugar de estar centradas en Dios. Para aprender acerca de la voluntad de Dios, necesitamos leer su Palabra y pedirle que nos muestre cómo obedecerla. Entonces debemos hacer lo que nos manifiesta.

Secretos para padres

La sabiduría popular dice que los niños son duros y resistentes, que pueden adaptarse rápidamente a nuevos ambientes. Esto no siempre es cierto. Si está pensando en mudarse, haga un serio esfuerzo para averiguar qué están pensando y sintiendo sus hijos.

La música

Jacinto y Susana Santos están intrigados cuando su hijo de once años entra con un disco compacto.

—¿Qué es eso?

—Es solamente un disco compacto que me prestó Hugo.

—¿Qué conjunto es?

—P.T.A.R.

—¿P.T.A.R.? Hummm, nunca escuché de ese conjunto. ¿Es nuevo?

—Algo así.

—¿Qué significan las iniciales?

—No lo sé. Planta de Tratamiento de Aguas Residuales o algo parecido.

—¡Eeeeeeh! Eso suena muy rudo, Bruno. Y ellos tienen también un aspecto bastante salvaje. ¿Qué clase de música tocan?

—No es demasiado fuerte. Creo que es una especie de alternativa.

—Bueno, tú sabes, tu mamá y yo no conocemos ese conjunto. Por eso, yo no sé... quizás sería mejor que nos permitieses echar un vistazo antes y probarlo. Si es bueno, puedes escucharlo.

—Pero, papá, ninguno de los padres controlan la música de sus hijos.

—Bueno, si eso es cierto, es una triste situación. Los padres deberían hacerlo. Mira, nosotros te queremos. Y no deseamos que te pongas un montón de ideas equivocadas en tu cabeza.

—Muy bien —suspira Bruno mientras se dirige escaleras arriba.

Convérselo

- ¿Cuál es su música favorita? ¿Su canción? ¿Su disco compacto? ¿Por qué?
- ¿Por qué cree usted que son tan populares las cadenas musicales como MTV, VH-1 y CMT?
- ¿Por qué discrepan tanto los padres y los hijos respecto a la música?
- ¿Cual es el aspecto más importante que determina si debemos escuchar o no alguna canción en particular: el tipo de música o el estilo de vida del artista?
- ¿Están equivocados los padres de Bruno en controlar su música? ¿Han reaccionado en forma excesiva?

Compruébelo

Lea Efesios 5.8-19 y relaciónelo con la conversación de hoy acerca de la música.

Aplíquelo

La música jugó un papel importante en la adoración y en las celebraciones del pueblo de Israel. El canto era una expresión de amor y gratitud, y era una manera creativa de pasar tradiciones oralmente. Algunos dicen que el canto de Moisés registrado en Éxodo 15.1-18 es el canto más antiguo que jamás se haya escrito. Fue un poema festivo épico celebrando la victoria de Dios, elevando los corazones y voces del pueblo hacia afuera y a lo alto. Después de haber sido liberados de un gran peligro, ellos cantaron con gozo. Los salmos y los himnos pueden ser grandes formas de expresar alivio, alabanza y gratitud. Es bueno y apropiado celebrar la bondad de Dios con música.

Secretos para padres

Hubo un tiempo no tan lejano en el cual la gente joven se reía ante la perspectiva de escuchar la llamada música cristiana. Era llamada música barata, superficial, inferior y de lo peor. Pero los tiempos han cambiado. Los artistas cristianos están ahora a la altura de los mejores y presentan productos de calidad. Muchos padres han evitado el agujero negro de la música secular impulsando a sus hijos hacia la música cristiana contemporánea de calidad.

Los vecinos

Guillermo y Cristina Domínguez se encuentran ante una gran decisión.

Debido a que ellos viven en una selecta localidad al lado de una carretera principal, un urbanista de afuera les ha ofrecido mucho dinero por su hogar y propiedad. Él planea cambiar las zonas de lo residencial a lo comercial. Luego de eso, quiere construir un gigantesco centro de compras.

¡Si Guillermo y Cristina vendieran su propiedad, se llevarían más de un millón de dólares! Podrían comprar otra casa en cualquier barrio de la ciudad y aún tener una gran cantidad de dinero para guardar.

Sin embargo, debido a que la propiedad de los Domínguez es colindante con un hermoso barrio antiguo, su decisión afectaría a un número de personas considerables. Si venden, sus vecinos del fondo (alrededor de cinco familias) terminarán viviendo al lado de un gigantesco supermercado con un tráfico de veinticuatro horas, grandes camiones de reparto, un parque de estacionamiento brillantemente iluminado y grandes y malolientes camiones de basura.

—Esta es la oportunidad de nuestra vida —dice Cristina una noche mientras la familia levanta los platos de la mesa.

—Sí, pero nos odiarán todos nuestros vecinos si vendemos —acota Guillermo.

—¡Deberían escuchar a los niños en el ómnibus! —exclama Sara, de doce años—. Todos hablan de que si vamos a vender o no.

—¿Qué es lo que dicen?

—Que seríamos estúpidos si no tomáramos ese dinero y egoístas si lo hiciéramos.

Convérselo

- ¿Qué deberían hacer los Domínguez?
- ¿Qué haría usted en esa situación?
- ¿Qué factores deberíamos tener en cuenta cuando se debe hacer una decisión de la magnitud como la que enfrentan los Domínguez?
- ¿Qué significa «ama a tu prójimo como a ti mismo (Lucas 1.27)?

Compruébelo

Lea Filipenses 2.3,4 y piense de qué manera puede aplicarse a situaciones como la que acabamos de describir.

Aplíquelo

La Biblia nos enseña que debemos dejar de lado el egoísmo y tratar a los demás con respeto y gentileza. Considerar los intereses de los demás más importantes que los nuestros nos une a Cristo, el cual fue un fiel ejemplo de humildad.

Secretos para padres

Tan frecuentemente como sea posible, debemos requerir de nuestros hijos que vean las situaciones difíciles desde varias perspectivas. Cuando ellos comiencen a sentir o experimentar lo que otros sienten, será menos probable que hagan decisiones egoístas.

La obediencia

Nadie en la familia Díaz pensaría jamás en robar en casa de un vecino, hurtar algo en un negocio o tomar el nombre de Dios en vano. Todos le dirían prontamente que desean ser obedientes seguidores de Cristo.

Pero observemos las actividades en las que regularmente *están* involucrados:

Roberto toma prestado de sus amigos discos compactos de música y los copia en un casete. Su líder juvenil le dijo que eso es ilegal, que viola leyes de derecho de autor. Roberto se burla: «No estoy lastimando a nadie. ¡Por otro lado, estos conjuntos hacen de todas formas millones de dólares!»

La mamá de Roberto, antes de irse de los restaurantes de comida de servicio rápido, se apropia frecuentemente de quince a veinte paquetitos extras de azúcar y una mano llena de utensilios de plástico. «Para eso están aquí» razona ella. «Si no quisieran que los tomemos, no los dejarían así».

El hermano de Roberto, al igual que todos donde él trabaja, llega tarde y se retira cinco minutos antes de la hora. La hora del almuerzo frecuentemente se prolonga a una hora y media. Pero esos minutos perdidos, ¿se reflejan en la hoja de asistencia que el hermano de Roberto presenta? No.

Convérselo

- ¿Qué piensa usted de las costumbres de la familia Díaz?
- ¿Qué clase de testimonio dan los cristianos cuando obedecen solo parcialmente las leyes de Dios o las leyes de los hombres?
- En varias partes de los Evangelios Jesús dice que si lo amamos le obedeceremos. ¿Qué diría la gente acerca de su amor por Jesús observando solamente su vida?
- ¿Cuáles son para usted algunas de las reglas difíciles de obedecer?
- ¿De qué manera puede la familia estimularse entre sí y ayudarse a ser más obediente a Cristo?

Compruébelo

Reflexione acerca de las palabras de Cristo encontradas en Lucas 6.46 y Juan 14.23.

Aplíquelo

En numerosos lugares de la Biblia se declara que: «obedecer es mejor que sacrificar» (1 Samuel 15.22,23; Salmo 40.6-8; 51.16,17; Proverbios 21.3; Isaías 1.11-17; Jeremías 7.21-23; Oseas 6.6; Miqueas 6.6-8; Mateo 12.7; Marcos 12.33; Hebreos 10.8,9). ¿Significa esto que el sacrificio no es importante? De ninguna manera. Pero Dios quiere que tengamos una razón importante para hacer un sacrificio más que efectuar meramente un ritual. A Dios no le importa el sacrificio solamente, debido a que el sacrificio solo demuestra la relación entre la persona y Él. Si a la persona no le importa verdaderamente Dios y su obediencia hacia Él, el sacrificio es un ritual hueco. «Ser religioso», ir a la iglesia, servir en un comité, dar caridad, orar y cosas parecidas, no son el centro de nuestra devoción a Dios. La obediencia fiel y persistente sí lo es.

Secretos para padres

La obediencia parcial es desobediencia. Afanarse por ser «santísimo» es impiedad. Aquellos que tienen por meta «no pecar *demasiado*» ignoran el hecho que Dios quiere completa sumisión. Él quiere que no pequemos, punto. Si usted está redondeando aristas morales o éticas en su vida, esté seguro que sus hijos finalmente harán lo mismo. Y lo más probable es que ellos imitarán sus fallas en el aspecto de la obediencia.

Los padres bajo presión

Debido a las presiones del trabajo, a las preocupaciones respecto a la salud o por problemas financieros (o quizás por los tres), la mamá de Sara estuvo toda la semana de malhumor.

El lunes mandó a Sara a lavar los platos y ni siquiera era su turno.

El martes le gritó por dejar su bicicleta afuera mientras llovía.

El miércoles le hizo apagar la televisión y estudiar treinta minutos adicionales.

El jueves le ordenó que dejase de hablar por teléfono y que pasase la aspiradora al automóvil.

El viernes le dijo que no podía quedarse a dormir en la casa de una amiga.

—No sé qué le está pasando a mi mamá —se quejó Sara a su amiga—, pero últimamente está actuando de una forma verdaderamente extraña. Salta sobre mí para cada cosa que yo hago y digo. ¡Me siento como en una prisión y que ella es el carcelero!

Convérselo

- ¿Por qué cree usted que a veces los padres se vuelven malhumorados?
- ¿Qué hacen los padres para poner nerviosos a los hijos? ¿Por qué los padres imponen tantas reglas?
- (Para los niños) Imagínense que son mayores y tienen su propia familia. ¿En qué cosas quisieran ser ustedes como mamá y papá? ¿En cuáles quisieran ser diferentes?
- ¿Qué deberían hacer los hijos si no están de acuerdo con algo que sus padres les piden que hagan?

Compruébelo

Lea en Efesios 6.1-4 lo que Dios espera de los padres y de los hijos.

Aplíquelo

Existe una diferencia entre obedecer a los padres y honrarlos. Obedecerles significa hacer lo que ellos le pidan; honrarlos significa demostrarles respeto y amor. Dios desea que los hijos efectúen las dos cosas durante el tiempo que permanezcan dentro de las leyes de Dios; no quiere que le desobedezcamos en el proceso de obedecerles a ellos. Obedezca *y* honre a sus padres mientras esté bajo su cuidado. Y luego que usted ha crecido y dejado su hogar, demuéstreles siempre su honra. Este es el plan de Dios para todos (Efesios 6.1,2).

Secretos para padres

Sus hijos probablemente rechazarán menos las reglas familiares si entienden la razón que existe detrás de cada una de ellas. Hágales saber a menudo su deseo de protegerlos de situaciones, elecciones y costumbres adversas y su meta de proveerles de la mejor, sabia y segura manera de vivir posible. Si ellos pueden ver que los límites fueron impuestos con cuidado y teniendo en mente su bienestar, quizás estarán un poco más de acuerdo. Nada nos enfurece más que una regla arbitraria o injusta.

Los padres en el frente

El pastor de jóvenes de la iglesia de la comunidad de Hillsdale asumió un nuevo cargo en otra iglesia el mes pasado. Mientras la congregación está en la búsqueda de un nuevo ministro para los estudiantes, los padres del grupo de jóvenes se turnan dirigiendo las reuniones.

Este miércoles por la noche es el turno del papá de Cristina Morales para enseñar la lección, y esta es acerca del *amor.* Digamos que Cristina no está exactamente emocionada por ello.

Cuando una amiga le preguntó el motivo por el cual estaba tan alterada, Cristina respondió:

«Tendrías que conocer a mi papá. Siempre está haciendo esos chistes tontos, y...no sé, es mi papá, es bueno y todo eso, ¡pero es mi papá, por decirlo así! ¡No puedo creer que estará parado en el frente de todo el grupo de jóvenes y que hablará acerca del amor!»

Cuando el miércoles por la noche comenzó la reunión, Cristina podía sentir su corazón golpear dentro de su pecho. Ella se quedó esperando que su papá hiciese alguna tontería.

Pero no ocurrió nada vergonzoso. De hecho, cuando comenzó el debate, el señor Morales consiguió que todos hablaran y se rieran. Hizo algunas observaciones verdaderamente buenas y todos sintieron que esa fue una de las mejores reuniones de los jóvenes.

—Eh, Cristina —le dijeron luego varios amigos—, ¡no sabíamos que tu papá era tan formidable!

—¡Si, es muy chistoso!

Cristina no está segura qué pensar. ¿Están hablando de su papá?

Convérselo

- Muchachos, ¿cómo se hubiesen sentido ustedes en el lugar de Cristina?
- Padres, ¿cómo se hubiesen sentido ustedes en el lugar del señor Morales?
- ¿De qué manera pueden los padres y los hijos sobreponerse a una situación de incomodidad como la descrita y desarrollar una cálida relación basada en el respeto?
- Describa una forma con la cual ha sido sorprendido (en buen sentido) por sus padres.

Compruébelo

Lea el mandamiento en Éxodo 20.12.

Aplíquelo

El mandamiento de «honrar a tu padre y a tu madre» es el primer mandamiento con una promesa adjunta. Para vivir en paz por generaciones en la Tierra Prometida, los israelitas deberían respetar la autoridad y crear sólidas familias. ¿Pero qué significa «honrar» a los padres? En parte, significa hablar bien de ellos y ser amables con los mismos. También significa actuar de una forma que les demuestre cortesía y respeto. Significa seguir sus enseñanzas y ejemplos de poner a Dios primero. Los padres tienen un lugar especial a los ojos de Dios. Hasta aquellos que les resulta difícil llevarse bien con sus padres tienen el mandamiento de honrarlos. ¿Qué está haciendo usted para mostrar respeto a sus padres? ¿Está viviendo de una manera que les honra?

Secretos para padres

Los expertos en juventud dicen que uno de los peores errores que puede hacer un adulto es tratar de «actuar como un chico» con la intención de establecer relaciones con los jóvenes. Si usted demuestra interés y sinceridad, los niños lo respetarán, sin importar su edad.

Las fiestas

Mientras llevaba a Aleida a una fiesta vespertina, su papá le dice:

—Ahora, una vez más. ¿Qué vas a hacer si todos los demás quieren ver una videograbación que tú no necesitas estar viendo?

—¡Papá!

—Ale, yo solamente quiero que estés preparada para cualquier cosa que pueda suceder.

—Si ellos empiezan a ver una película inadecuada, yo me voy de allí o les digo que tengo que irme a casa.

—Muy bien.

Luego de algunos minutos de silencio, Aleida dice:

—Papá, ¿por qué siempre te preocupas tanto por mí cuando salgo?

El señor Ramos extiende el brazo y palmea la rodilla de su hija.

—Ah, pequeña, es difícil de explicar. Yo solamente deseo que no te expongas a situaciones sobre las que sientas que no tienes control. Yo se que verdaderamente quieres hacer bien las cosas. Y estoy muy orgulloso por ello. Pero también sé que cuando todos tus amigos están presionándote, diciendo: «¡ven, ven!», es difícil recordar qué es lo correcto. Es por eso que yo solamente trato de que te encuentres preparada para cualquier cosa que pueda ocurrir.

—Ah.

En pocos minutos ellos arriban a la casa donde se está realizando la fiesta. Aleida toma su bolso y corre por el sendero. De pronto gira y vuelve corriendo al automóvil donde su papá esta esperando. Dándole un estrecho abrazo, susurra:

—Te quiero, papá.

—Yo también te quiero. Usa la cabeza, ¿está bien? ¡Y que te diviertas!

—Lo haré.

Convérselo

- ¿Cuáles son las mejores y las peores cosas de las fiestas y de quedarse a dormir fuera de casa?
- Muchachos, ¿cómo se sienten cuando vuestros padres se preocupan e inquietan exageradamente por ustedes?
- Padres, ¿por qué se preocupan tanto por vuestros hijos?
- ¿Por qué es tan difícil recordar lo correcto cuando todos nuestros amigos nos están diciendo que hagamos lo incorrecto?
- ¿Es realista pensar que cualquiera diría a sus amigos: «si ustedes van a ver esta película, yo debo irme»? ¿Por qué o por qué no?

Compruébelo

¿Cómo se relaciona Lucas 23.13-25 con el tema en cuestión?

Aplíquelo

Vemos en Lucas 23.13-25 que Pilato quería soltar a Jesús, pero la turba exigía su muerte a viva voz; por lo tanto, Pilato sentenció a Jesús a morir. Como un político de carrera, él sabía la importancia del compromiso, y veía a Jesús más como una amenaza política que como un ser humano con derechos y dignidad. Cuando las apuestas son altas, es difícil apreciar qué es lo correcto, y es fácil ver a nuestros oponentes como problemas que deben resolverse más que como personas que deben respetarse. Si Pilato hubiese sido un hombre de verdadera valentía, hubiese soltado a Jesús sin pensar en las consecuencias. Pero la turba rugió y Pilato hizo una reverencia. Cuando sabemos qué es lo correcto pero decidimos no hacerlo, estamos siguiendo el ejemplo de Pilato. Cuando deba efectuar una decisión difícil, no subestime la presión de los pares. Tenga en cuenta de antemano que la decisión correcta puede acarrear consecuencias desagradables: el rechazo social, el fracaso de su carera, el ridículo público. No permita que las circunstancias o las expectativas de la gente lo controlen. Manténgase firme en su fidelidad a Dios y rehuse comprometer sus normas de vida.

Secretos para padres

Escriba una carta a su hijo esta semana en la cual exprese su amor, apoyo e interés. ¡Es algo maravilloso sentirse cuidado!

La paz

¿Qué les está pasando a las hermanas Álvarez? Por algún motivo parece que no se pueden llevar bien hoy. Esta fueron sus primeras palabras esta mañana:

—¡Eh, apaga esa luz!

—¡La encendí para buscar mis zapatos!

—¡Bueno, *yo tengo* que dormir, estúpida!

—¡Niñas!

Luego durante el desayuno:

—¡Oye, te comiste todo el cereal!

—¡Solamente había quedado *un tazón* lleno!

—¡Mentirosa! ¡Es la segunda vez que te sirves!

—¡Niñas!

Luego durante el viaje al colegio:

—¡Yo me siento delante!

—¡Lo hiciste ayer!

—¡Yo lo pedí primero!

—¡Yo soy más grande que tú!

—¡Sí, eres grande y *gorda!*

—¡Niñas!

Luego después del colegio:

—¡Deja el teléfono! ¡Ahora mismo!

—¡Tú no me puedes mandar!

—¿Quieres apostar?

—¡Má! ¡Julia no me deja en paz!

—¡Si, *ella* estuvo en el teléfono como por seis horas!

—¡Niñas!

Convérselo

- ¿Algunas de estas escenas le recuerdan a su familia? ¿Cuál de ellas? ¿Por qué?
- ¿Cuáles son alguna de las cosas que lo vuelven loco?
- ¿Por qué es tan difícil llevarse bien con otras personas? ¿Especialmente hermanos y hermanas?
- ¿Cuáles son alguna de las cosas que los integrantes de la familia pueden hacer específicamente para llevarse mejor y evitar conflictos innecesarios?
- Hable acerca de las reglas de familia acerca de los insultos y las peleas.

Compruébelo

Compare Romanos 12.18; Romanos 14.19 y Colosenses 3.15.

Aplíquelo

Moisés trató una vez de negociar y razonar con el rey de Edom sin obtener éxito (Números 20.14-20). Cuando nada hizo efecto, le quedaron dos alternativas, forzar un conflicto o evitarlo. Moisés sabía que iban a haber suficientes obstáculos en los días y meses siguientes. No era el momento de añadir otro más innecesariamente. Por lo tanto, se produjo a sí mismo y a su pueblo una molestia al evitar la lucha con Edom (20.21). A veces es inevitable una confrontación, pero frecuentemente no lo es, y en muchas de estas oportunidades las consecuencias pesan más que los beneficios. La guerra abierta pude parecer heroica, valiente y hasta justa, pero no siempre es la mejor elección. Pruebe con todas sus fuerzas de vivir en paz con todos. Tenga en cuenta el ejemplo de Moisés y encuentre una manera pacífica de resolver sus problemas, aún si es difícil hacerlo.

Secretos para padres

A veces los niños aprenden más cuando se les permite hacer un papel. Teniendo esto en la mente, haga que sus hijos actúen en las escenas anteriores. Déles un escenario (quizás con algunos detalles adicionales), e instrúyales que actúen preservando la paz y resolviendo el conflicto de una forma que agrade a Dios. Ellos se divertirán y la verdad les será dada. Para mayor diversión, filme su actuación y muéstresela.

La presión de los pares

Durante el viaje de regreso de la estación de policía a casa, el papá de David está callado. Finalmente dice en voz baja:

—David, estoy completamente asombrado. Esto es todo lo que puedo decir. Estoy completamente asombrado.

David desearía que su papá le gritase o algo parecido. Pero él esta inusitadamente calmado. Esto hace que David se sienta aún peor. No le puede mirar a su padre a los ojos.

—Eres un chico muy inteligente. Tienes puesta una buena cabeza sobre los hombros. Y *sabes* lo que es correcto y lo que no lo es. ¡Por eso no puedo creer que estuvieses sentado allí disparando a los automóviles con tu pequeño rifle!

—¿Qué estabas pensando? ¿Tu conciencia no te dijo: «Oye, David, esto está mal. Esto es estúpido. Te meterás en problemas»?

David siente que una gruesa lágrima rueda por su cara. Está confuso. La cuestión es que él *sabía* que lo que estaba haciendo era incorrecto. Y tuvo ganas de salir corriendo. Pero sus amigos se reían y lo incitaban.

—Lo siento, papá —musitó David—, creo que solamente quería ser parte de la pandilla.

Convérselo

- ¿Qué es un *par*?
- Defina la *presión de los pares.*
- ¿Por qué es tan fuerte la presión de los pares?
- ¿Cuáles son algunas de las maneras en que usted siente que sus pares tratan de influenciarlo?
- ¿La presión de los pares solamente empuja a las personas a hacer cosas *malas* o también pueden causar que las personas eviten hacer cosas *buenas?* Explique y dé algunos ejemplos.
- ¿Cuál es la *positiva* presión de los pares?

Compruébelo

Lea acerca de los líderes judíos que querían seguir a Jesús pero no lo hicieron por la presión de los pares (Juan 12.42,43).

Aplíquelo

Los cristianos no deben ceder ante la opinión y presión públicas porque Dios nos ama sin importar lo que la gente piense. El apóstol Pablo se mantuvo fiel a Dios tanto cuando el pueblo lo aclamó como cuando lo condenó (2 Corintios 6.8-10). Él permaneció activo, gozoso y satisfecho aún bajo presión. No permita que las circunstancias o las expectativas de la gente lo controlen. Permanezca firme en su fidelidad a Dios y rehúse comprometer sus normas de vida.

Secretos para padres

Una cantidad de padres cristianos predican constantemente contra la presión de los pares pero luego recurren a ella cuando les sirve a sus propósitos. Por ejemplo, Juan no quiere comer los vegetales de su plato de comida en la iglesia, por lo que su mamá le dice:«Juan, mira a Susana. ¡Ella está comiendo *sus* vegetales!» Esta forma de manipular envía señales mixtas a sus hijos. Con un lado de nuestra boca decimos: «¡*no* copies el comportamiento de tus amigos!», pero con el otro lado estamos diciendo: «¡*Imita* a otros!» Una manera mejor es enseñar a nuestros hijos a pensar, a evaluar por sí mismos, basados en la Palabra de Dios, cuando una cosa es buena y correcta. Si lo es, deseamos hacerla, aún si nadie más lo hace.

La persecución

No hace más de un año que los Suárez están viviendo en Jonesboro, pero durante ese tiempo hicieron un verdadero esfuerzo por conocer a sus vecinos. Les ayuda el hecho de que viven en una calle sin salida donde casi todas las familias tienen niños de la edad de los suyos.

En los últimos meses una cantidad de niños se han sentido atraídos hacia los Suárez. No solamente son amigables sus tres hijos sino que también Luis y Rosa tienen un trampolín y un gran patio.

Pocos días atrás, cuando estaba lloviendo y los niños estaban molestos, Rosa puso una cinta en la videograbadora para que la vieran los niños, pero no era simplemente una cinta. Era una película de la vida de Jesús y concluía con un franco llamado a los niños para que «aceptasen a Jesús en sus corazones» y luego fuesen y «pidiesen a otros hacer lo mismo».

Más tarde, Rosa estaba emocionada cuando dos pequeños vecinitos anunciaron orgullosamente que habían dado sus vidas a Jesús. Pero no estuvo tan emocionada esa noche cuando recibió una furiosa llamada telefónica de la mamá de una de las chicas. También los chicos de los Suárez se disgustaron el día siguiente cuando un par de sus mejores amigos del barrio les informaron: «nuestros padres nos dijeron que nunca más podremos ir a la casa de ustedes».

Convérselo

- Busque en el diccionario la palabra *persecución* y discuta su significado.
- ¿Hizo algo incorrecto la señora Suárez? ¿Por qué o por qué no?
- ¿Por qué algunos de los padres del vecindario se disgustaron porque sus hijos vieron una película acerca de Jesús?
- ¿Alguna vez alguien se enojó o le hizo burlas por ser cristiano?
- ¿Cómo se siente cuando es molestado o evitado por ser un seguidor de Jesús?
- ¿Cuáles son algunas de las maneras de hablarles a sus amigos esta semana acerca de Jesús?

Compruébelo

Ser perseguidos por nuestra fe no debería sorprendernos. Lea Mateo 10.22 y 2 Timoteo 3.12.

Aplíquelo

En los días de la iglesia primitiva, Pedro y Juan se metieron en problemas por contar al pueblo acerca de Jesús e invitarlos a que confiaran en Él (Hechos 5.40). Las autoridades les prohibieron repetidas veces que predicaran. No obstante ellos continuaron a pesar de las amenazas. Su deber de hablar prevaleció sobre la preferencia de los fariseos de que permaneciesen en silencio. Pueda que a usted no le peguen o encarcelen por hablar de Jesús, pero puede ser ridiculizado, aislado, o calumniado. En tanto usted se haya expresado amable y respetuosamente, no permita que semejante oposición lo haga disuadir de compartir su fe.

Secretos para padres

Sea valiente con el evangelio, pero tenga cuidado de no hacer proselitismo furtivo con los hijos de sus amigos. Haga saber de antemano a los padres que usted esta planeando mostrar un video o patrocinar un Club Bíblico. De esta forma, ellos pueden decidir si desean que sus hijos participen. Siendo sincero, ¡hasta puede ser que tenga una oportunidad de compartir su fe con uno de los padres!

Los planes

Las noches de los viernes siempre son las noches de familia de los Blanco. Ellos reservan esta noche especial para efectuar juntos toda clase de actividades de esparcimiento. A veces hacen sus propias pizzas. Otras veces arman su carpa en la sala, o en el patio, y acampan. Un viernes consiguió Cristina un montón de cajas de cartón grandes. Esa noche, con un gran rollo de cinta adhesiva y una tijera de cortar cartón, ella y David construyeron un fantástico laberinto para que Ana gateara dentro de él.

Esta semana, los planes son *verdaderamente* emocionantes. Se van a encontrar con la familia Martínez en una escuela primaria de Carolina, para una feria divertida que ofrece toda clase de juegos y atracciones especiales. Ana ha estado tan excitada los últimos días que se le hace difícil la espera.

El viernes por la tarde, en el momento en que los Blanco terminaban de cenar y se preparaban para viajar al colegio de Carolina, sonó el teléfono.

Es la hermana de David y está llorando. Su hijo de dieciséis años acaba de tener un accidente de automóvil. Esta siendo sometido a una intervención quirúrgica de emergencia en un hospital distante sesenta kilómetros de allí.

Ana observa mientras sus padres dialogan en tono preocupado. No puede entender todo lo que están diciendo, pero se da cuenta que algo malo ha sucedido.

Finalmente pregunta:

—¿Iremos aún a Carolina?

—No querida —le contesta Cristina—, me temo que deberemos cambiar nuestros planes. Tu primo Marcos se encuentra en el hospital y está seriamente herido. Deberemos viajar a Ponce.

—¡Pero tú y papá me lo prometieron!

—Yo sé, cariño. Pero tía Juana nos necesita. Ella está verdaderamente triste.

—¡Bueno, ahora *yo estoy* triste! ¡Y también *enojada!*

Convérselo

- ¿Qué piensa de la tradición de la noche familiar de los Blanco?
- ¿Por qué está Ana tan disgustada?
- ¿Qué siente cuando sus planes se echan a perder? ¿Por qué?
- ¿Está mal que Ana se sienta triste y enojada? ¿ Por qué?
- ¿Cómo podría Ana sacar el mejor partido de esta situación?

Compruébelo

Lea en Marcos 6.30 el ejemplo de cómo respondió Jesús cuando sus planes de un retiro privado fracasaron.

Aplíquelo

Es bueno tener metas, pero las metas nos decepcionarán si dejamos a Dios fuera de ellas. No tiene sentido hacer planes pensando que Dios no existe, porque el futuro está en sus manos (Santiago 4.13-16). ¿Qué le gustaría estar haciendo dentro de diez años? ¿Dentro de un año? ¿Mañana? ¿Cómo reacciona cuando Dios irrumpe y reacomoda sus planes? Planifique el futuro, pero mantenga sus planes holgadamente. Ponga los deseos de Dios en el centro de sus planes. Él tiene de todas formas planes mejores.

Secretos para padres

Si no lo ha hecho ya, tenga en cuenta promover una noche de familia en su casa. Esto puede convertirse en una apreciada tradición que traerá una cantidad de recuerdos familiares positivos.

La oración

Rituales

La familia Muñoz está sentada alrededor de la mesa durante la cena, y papá dice:

—¿Quién quisiera decir la oración de bendición?

Por varios segundos nadie responde hasta que finalmente Andy, de seis años, dice de mala gana:

—Yo lo voy a hacer.

Luego pronuncia exactamente la misma oración que viene diciendo durante el último año. Es algo como esto:

—Querido Dios, gracias por nuestros alimentos, gracias por nuestra familia, gracias por todo lo que haces, en el nombre de Jesús, amén.

Él lo dice en forma automática, rápidamente y sin sentimientos ni expresión alguna. Luego de eso comienza la familia a tomar el pan y la mantequilla mientras Andy y su pequeño hermano comienzan a pelearse sobre quién se quedará con los muslos del pollo.

Convérselo

- ¿Por qué oramos antes de las comidas?
- ¿Qué es exactamente la oración?
- ¿Por qué es necesaria la oración? ¿O no lo es?
- ¿Cómo cree usted que se siente Dios cuando solamente decimos una oración sin sentido y sin sentimientos?
- Aparte del momento de las comidas, ¿cuándo oran juntos en su familia?

Compruébelo

Lea en Mateo 6.5-15 lo que dice Jesús acerca de la oración.

Aplíquelo

Repitiendo las mismas palabras una y otra vez como un mágico conjuro no es manera de asegurarse de que Dios se gozará de su oración. No es erróneo llegarse hasta Dios repetidas veces con las mismas súplicas, Jesús alentó a orar *persistentemente*. Pero Él condena la repetición frívola de palabras que surgen de un corazón hipócrita (Mateo 6.7-8). Nunca oraremos demasiado si nuestras oraciones son honestas y sinceras. Antes de comenzar a orar, asegúrese de que usted siente lo que dice.

Secretos para padres

Si oramos solamente antes de las comidas, nuestros hijos pueden tener la idea equivocada de que la oración solo es un ritual para momentos y lugares específicos. Al orar en todo momento (1 Tesalonicenses 5.17), en el automóvil, durante un paseo, por un animalito enfermo, etc., emitimos el poderoso mensaje que la oración es una conversación constante con Dios. Pocas lecciones son tan importantes como esta.

La oración

Su eficacia

¿Qué pasa con esta escena?

Los Hurtado están tratando y discutiendo acerca de las ventajas de una oferta de un nuevo trabajo que significaría un gran incremento de sueldo pero también una posible mudanza. Después de cenar están discutiendo los pro y los contra de comenzar nuevamente en una ciudad más grande.

Las cosas se pusieron tensas y personales. Julio, que prácticamente se babea ante la idea de un gran incremento de sus entradas, habló con brusquedad a su esposa, Sandra, por poner obstáculos a la idea. Herida y enojada, con un gran resentimiento que se ha ido acumulando en los últimos meses, ella le responde con igual brusquedad.

Silvia, la hija, llena de lágrimas objeta la idea. Ella no puede soportar el pensamiento de mudarse lejos de Roberto, su novio. Últimamente ha permitido que su relación física saliese un poco de control, pero no podría soportar la idea de perderlo. ¡Y ahora papá está hablando de mudarse de allí!

—Bueno —gruñe finalmente Julio—, creo que discutir esto no lleva a ningún lado. Oremos por ello. Los integrantes de la familia inclinaron sus cabezas con desgano y comenzaron a buscar torpemente las palabras que iban a decir a Dios.

Convérselo

- Sus oraciones, ¿parecen rebotar siempre en el cielo raso? ¿Cuando? ¿Por qué?
- ¿Cuánta importancia tiene nuestra «condición del corazón» cuando oramos? ¿Por qué?
- ¿Escucha Dios todas nuestras oraciones? ¿Hay alguna vez momentos en los cuales hace oídos sordos a nuestras súplicas?
- ¿Cuáles son algunas de las cosas o condiciones que pueden estorbar nuestras oraciones?
- ¿Qué está mal en la actitud de Julio? ¿En la de Sandra? ¿En la de Silvia?
- ¿Qué debe cambiarse en su vida para que sus oraciones complazcan a Dios y no sean ofensivas para Él?

Compruébelo

Lea en el Salmo 66.18; Santiago 4.3; Proverbios 21.13; 1 Pedro 3.7; Marcos 11.25 y Santiago 1.5-7 acerca de algunos obstáculos para orar.

Aplíquelo

El enojo y la disputa dificultan la oración (1 Timoteo 2.8). Por eso Jesús dijo que deberíamos interrumpir nuestras oraciones, de ser necesario, para hacer las paces con los demás (Mateo 5.23,24). Dios quiere que oremos, pero no a expensas de nuestras relaciones con los demás. Es un problema de prioridades, debemos hacernos tiempo para la reconciliación por encima de casi todas las demás cosas, incluyendo la oración. Ore bajo las condiciones debidas: haga que su meta sea tener una relación correcta con los demás para que siempre se encuentre libre para orar.

Secretos para padres

Muchos cristianos encuentran útil orar a través de las siglas C-A-D-S. La *C* es por *confesión*, la *A* por *adoración*, la *D* por *dar gracias* y la *S* por *suplicar*. La confesión viene primero porque es importante asegurarse que no tenemos algún pecado inconfeso en nuestras vidas. Dios es santo y no debemos pensar que podemos acercarnos a Él si estamos viviendo conscientemente de una forma que no le agrada.

La oración

Respuestas

Cristina está teniendo algunas dudas acerca de la oración.

«A veces creo sentir que mis oraciones caen en oídos sordos. O como dicen algunas personas: "solamente rebotaron en el cielo raso". Digo, si Dios ya sabe todo, ¿por qué entonces tomarse el tiempo de parar y orar? Si Él está en control de todo lo que sucede, me pregunto entonces *¿de qué manera cambia algo esta oración?*

»Y luego esto otro: Hay millones de cristianos en el mundo. Y todos están hablando con Dios. Se hace difícil comprender cómo Dios puede escucharlos a todos y mucho menos contestar todas las súplicas. Yo quisiera solamente que la oración fuese algo más personal. Desearía que Dios estuviese realmente sentado allí escuchándome.

»Me siento mal teniendo estos pensamientos. Supongo que debería tener más fe. Pero honestamente, esto es lo que siento».

Convérselo

- ¿Cuál es la mejor respuesta a una oración que usted alguna vez haya recibido?
- ¿Se siente usted igual que Cristina? ¿Por qué o por qué no?
- ¿Cambia las cosas realmente la oración? ¿Cómo lo sabe?
- Si Dios ya sabe todo lo que pensamos, ¿para qué orar entonces?
- ¿Cómo cree usted que Dios puede escuchar a todos sus hijos orando al mismo tiempo?
- ¿Por qué cosa quisiera usted orar en este preciso instante?

Compruébelo

Las Escrituras revelan que a Dios *le encanta* escucharnos orar (Proverbios 15.8) y que se goza en contestar nuestras súplicas (Mateo 7.11). ¿Sabía usted que Dios hasta es capaz de ayudarnos a orar (Romanos 8.26)?

Aplíquelo

Jesús uso la expresión «vosotros pecadores» para comparar a los seres humanos, pecadores y llenos de fallas con el Dios perfecto y santo (Mateo 7.11). Cristo nos está enseñando el corazón de Dios el Padre. Dios no es egoísta, avaro o tacaño, y no tenemos que suplicar o arrastrarnos ante Él cuando venimos con nuestros pedidos. Es un Padre amante, que entiende, cuida y reconforta. Si las personas pueden ser bondadosas, imagínese cuán bondadoso puede ser Dios, el Creador de la bondad.

Secretos para padres

Este consejo lleva una repetición: lleve una libreta de apuntes o un diario familiar de las oraciones contestadas. Un registro así cataloga la bondad y fidelidad de Dios y por lo tanto sirve como un gran estímulo para que su familia siga orando y confiando. Simplemente haga tres columnas: Peticiones; Cuándo se hicieron por primera vez; Cuándo fueron contestadas. ¡Las cosas se pondrán verdaderamente excitantes cuando usted llene la primera libreta y tenga que comenzar con el volumen dos!

El prejuicio

Carolina Martínez estaba excitada al recibir una invitación para unirse a la Liga de Damas local. No solamente el grupo provee una cantidad de interacción social, sino que también sus miembros se unen para algunos proyectos de servicio a la comunidad dignos de consideración.

Luego de estar seis meses en el grupo, a Carolina le fue otorgado el derecho de nominar a otro como miembro. Sin dudarlo, entregó por escrito su petición a favor de su amiga María Hernández. Más tarde, sonó el teléfono. Era la secretaria de la Liga de Damas que llamaba para decirle a Carolina que la nominación de María probablemente no iba a ser aceptada.

—¿Por qué? —preguntó sorprendida—. ¿Hay algo mal?

—Bueno... —fue la nerviosa y torpe respuesta—, verdaderamente es difícil de explicar. Supongo que es porque nadie conoce realmente a María...

—Yo la conozco.

—Bueno, si. Pero solamente vive aquí hace un año.

—¿Cómo se explica eso? Usted me pidió que me uniera a la L.D. cuando apenas hacía cuatro meses que vivía aquí.

—Bueno, era una situación distinta.

—¿En qué sentido?

—Carolina, mire. No hubiese querido ser tan franca, pero usted no me deja alternativa. Hay una *gran* diferencia cultural y socioeconómica entre María y el resto de las mujeres del grupo. No sería una buena idea, eso es todo.

Carolina no podía creer lo que estaba oyendo y se enfureció.

—Miriam, ¿sabe usted una cosa? Voy a contarle a María que ella es demasiado buena para vuestro pequeño club. Ah, y de paso, en la próxima reunión puede anunciar mi renuncia.

Convérselo

- ¿Qué es el prejuicio racial? ¿Qué es lo que lo causa?
- ¿Usted cree que Carolina reaccionó exageradamente? Si fue así, ¿por qué?
- ¿Qué haría usted en una situación similar?
- En el pueblo o ciudad en el que usted vive, ¿cómo se manifiesta el prejuicio racial?
- ¿Qué cree usted que diría Jesús a personas como Miriam y a clubs como la Liga de Damas?

Compruébelo

Lea en Gálatas 3.26-28 y Efesios 2.11-18 cómo Cristo puede derribar las barreras que separan a las personas que son diferentes.

Aplíquelo

Volviendo hasta Adán y Eva, todos los pueblos están emparentados entre sí. La humanidad es una familia que comparte una carne y una sangre. Recuerde esto cada vez que un prejuicio racial se apodere de su mente o el aborrecimiento invada sus sentimientos. Cada persona es una valiosa y única creación de Dios. Ninguno tiene menos importancia o merece un tratamiento de segunda clase meramente por su identidad racial o étnica

Secretos para padres

Consiga el texto del discurso de Martin Luther King Jr. «Tengo un sueño». Haga que alguien de su familia lo lea y luego discútalo. Mejor aún, vea si puede conseguir una copia en cinta. El discurso está salpicado de alusiones bíblicas y citas acerca de la verdadera hermandad en Cristo.

La presunción

Hace un par de años, los Castellanos instituyeron un consejo de familia. Fijaron la noche del primer domingo de cada mes para tratar los problemas y planes así como para verificar que todos respetaban el programa trazado. Esto se convirtió en una práctica muy útil. El mantenimiento regular de estos tribunales familiares ha ayudado significativamente a los Castellanos (cinco de familia) en su comunicación y ha aguzado su habilidad en resolver conflictos.

Durante la noche del último consejo familiar, cuando le llegó el turno de hablar, Samuel delineó algunas muy detalladas y ambiciosas metas educativas para sus hijas. Luego expuso su fuerte deseo de construir una nueva casa dentro los próximos tres años. (Nota importante de antecedentes: en los últimos dos meses, Samuel Castellanos fue señalado en su trabajo para un posible ascenso, y un buen aumento de salario. Se le hizo la boca agua al pensar cuánto ayudaría financieramente a la familia esa promoción.)

Verónica escuchó amablemente a Samuel y luego dijo:

—Samuel, yo creo que realmente estos son *grandes* planes. Quiero ver a las niñas yendo a buenos colegios. Y no tendría tampoco nada en contra de edificar la casa de nuestros sueños. ¿Pero cómo piensas que seremos capaces de hacer toda esa clase de cosas caras con tu sueldo?

—¿Has olvidado mi promoción?

—¡Samuel, aún no has sido promovido!

—Si, pero ya se dijo, es solo una cuestión de tiempo. Ocurrirá. Todos lo dicen.

—¿No crees que quizás te estás adelantando un poco?

—¡Verónica!

Convérselo

- ¿Cuáles son algunos de los planes que usted desearía efectuar por sí mismo? ¿Cuáles en familia?
- ¿Cómo se siente cuando sus planes fracasan?
- ¿Cuál es la diferencia entre planificar para el futuro y presumir para el futuro?
- ¿Fue Verónica desconsiderada o insensible al poner en duda los planes de Samuel?
- ¿Qué significa confiar en Dios para su futuro?

Compruébelo

Vea en Santiago 4.13-16 lo que Dios dice acerca de presumir sobre el futuro.

Aplíquelo

Todos tienen expectativas para el futuro, pero el futuro raras veces se comporta como lo esperado. Debemos efectuar con humildad nuestras predicciones acerca de él, reconociendo que todo ello pertenece a Dios y puede ser radicalmente diferente de lo que nosotros creemos (Santiago 4.13-16). Cualquier cosa que usted suponga acerca de su futuro, ya sea en diez años o en diez minutos, no presuma sobre ello. Espere que el futuro llegue antes de declarar qué piensa hacer con él. Viva hoy con lo que tiene, no con lo que espera poseer algún día. El día de hoy ya trae bastantes problemas en sí mismo (Mateo 6.34).

Secretos para padres

Si usted tiene el cuidado de no entusiasmarse demasiado, podría ser un ejercicio útil sentarse con su familia trimestralmente (o al menos anualmente) y discutir acerca de planes y metas. Una familia, reconociendo la fugaz naturaleza del tiempo, trajo una lista de seis vacaciones que iban a tomar antes de que sus hijos se graduasen y se fuesen de casa. Teniendo una lista semejante les daba un rumbo y les permitía planificar y guardar con mucha anticipación.

Las prioridades

Allí están ellos, los seis miembros de la familia Martínez, igual que todas las semanas, sentados en el tercer banco del lado derecho del santuario.

Mírelos. Están prestando cuidadosa atención al sermón sobre «amar a Dios con todo tu corazón». ¿Verdad? Mentira. Están distraídos. Sus pensamientos están en cualquier parte. Cada uno de ellos está en su pequeño mundo.

Pablo, de seis años, está dibujando una figura de Disney. Y está pensando en nadar y saltar del trampolín.

Pedro, de nueve años, está mirando fijamente la galería del coro, pero está soñando despierto con el béisbol. En su mente está volviendo a efectuar todas las jugadas vistas en el programa de deportes de la noche pasada. Piensa: *¿Qué pasaría si yo marcase un home run en el juego mañana a la noche?* Se sonríe de pronto.

Patricia, de trece años, está escribiendo el nombre de *Carlos* en todo su boletín. Ese es su nuevo amigo.

Paula, de quince años, está mirando sus brazos y pensando: *se me fue el bronceado. Tengo que renovarlo hoy mismo.*

También la mente del señor Martínez está vagando. Una alusión al dinero en el sermón le ha hecho pensar respecto a si debería sacar su dinero de los fondos con garantía e invertirlo en fondos de acciones más agresivos.

La señora Martínez se encontró haciendo una lista mental de todas las actividades de esta semana. *¡Entre práctica de pelota, equipo de natación, reuniones del grupo de la juventud y fiestas de cumpleaños, estaré manejando la camioneta cuatro horas por día!*

Conversélo

- ¿Qué significa hablar de nuestras prioridades?
- ¿Cómo podemos determinar cuáles son las prioridades de una persona?
- ¿En qué cosas piensa y sueña despierto usted? ¿Cómo es eso?
- ¿Es *incorrecto* para los integrantes de la familia Martínez estar involucrados en las actividades descritas? ¿Por qué o por qué no?
- ¿Es posible que tengamos buenas prioridades, pero mal ordenadas?
- ¿Dónde encaja Dios en sus prioridades? ¿Tiene tiempo para Él?
- Comparado con todo lo demás en la vida, ¿dónde se encuentra el conocerlo y servirlo en su lista de «cosas que son importantes para mí»?

Compruébelo

Lea Deuteronomio 6.5 y Colosenses 1.18 y discuta lo que ellos tienen que decir acerca del tema de las prioridades.

Aplíquelo

Muchas personas afirman conocer a Dios, pero ¿quién verdaderamente lo conoce? Las prioridades arrojan bastante luz sobre el tema (Tito 1.16). Las prioridades determinan muchas elecciones en el estilo de vida, las que a su vez reflejan lo que valoramos y en qué forma hemos ordenado nuestras vidas alrededor de las prioridades del Reino. En otras palabras, nuestra conducta habla volúmenes acerca de lo que creemos (1 Juan 2.4-6). ¿Qué saben de Dios y de su fe las personas que observan su vida? Si usted conoce a Dios, nunca será fácil hacer buenas elecciones, pero le serán importantes y esto lo impulsará a efectuarlas.

Secretos para padres

Está lejos de ser fácil determinar cuáles son sus verdaderas prioridades. Observe cómo dispone de su tiempo. Tenga en cuenta lo que usted piensa (y sueña) cuando su mente no está ocupada. Evalúe cómo gasta su dinero. Es un buen ejercicio tomarse algún tiempo cada semana y preguntarse (y también a los integrantes de toda la familia): «¿para qué estamos viviendo?» y «¿a qué estamos dedicando nuestras vidas?» Si no elegimos activamente las mejores prioridades, acabaremos involucrados en objetivos sin valor.

La privacidad

Es día de lavado y Sonia Díaz está ordenando la ropa y vaciando bolsillos.

En los pantalones de su hija Silvia, encuentra un billete de cinco dólares. En los pantalones de su hijo Arturo, encuentra un papel doblado.

¡Si esta es otra amonestación del maestro, amenaza Sonia silenciosamente, *se va a ver en un gran problema!* Desplegándolo, ve que se trata de la letra de un muchacho adolescente. Comienza a doblar nuevamente la nota, cuando ve por el rabillo del ojo una palabrota que la hizo reaccionar echándole una doble mirada a la nota.

Mirándola más de cerca, no descubre más que solo una o dos palabrotas; su hijo y su mejor amigo, Andrés, están planeando escabullirse el viernes por la noche. La nota menciona ir «¡a lo de Marta, ya que sus padres no iban a estar en casa!»

Cuando Arturo vuelve a casa del colegio, Sonia está parada en el camino de entrada con la nota en la mano

—¿Quieres explicar esto? —le dice abruptamente.

Arturo se pone inmediatamente a la defensiva. Responde con una mezcla de irritación y vergüenza:

—Oye, ¿de dónde sacaste eso?

—No importa de dónde... el hecho es que lo tengo. Tú no te irás a ningún lado el viernes a la noche. ¡No puedo creer que ibas a mentir le a tu padre y a mí!

—¡Y yo no puedo creer que estés husmeando en mis cosas!

—Bueno, ya hablaremos de esto cuando vuelva tu padre. ¡Por ahora, vete a tu cuarto!

Convérselo

- ¿Estuvo mal que la señora Díaz leyera la nota de su hijo? ¿Por qué o por qué no?
- ¿Por qué es importante para las personas tener una cierta privacidad?
- ¿Cuál es la diferencia, si la hay, entre la privacidad y la discreción?
- ¿Cuáles son los factores en su hogar que hacen que la privacidad sea una rareza?

Compruébelo

Lea 1 Corintios 13.4-7 y Hebreos 4.13.

Aplíquelo

Nada puede ocultarse a Dios. Él sabe todo de todos y todas nuestras cosas están ampliamente expuestas a sus ojos que todo lo ven. Dios ve todo lo que hacemos y sabe todo lo que pensamos. Está aquí aún cuando no nos percatamos de su presencia. Él nos ve cuando tratamos de ocultarnos de Él. No podemos tener secretos para Él. Esto nos tendría que hacer cuidadosos respecto a lo que hacemos y decimos «en secreto». Podemos entonces consolarnos al darnos cuenta de que aunque Dios nos conoce íntimamente, Él sigue amándonos.

Secretos para padres

Una regla práctica es esta: los niños mayores reciben tanta privacidad como necesiten y deseen.

En consecuencia, necesitamos trabajar fuertemente cuando los niños son jóvenes, para establecer buenas costumbres de comunicación que nos permitirán sobrevivir (y hasta progresar) en los difíciles años del crecimiento.

Los pensamientos puros

Es difícil permanecer puro en un mundo que moralmente es impuro.

Si usted no cree esto, pregunte solamente a cualquier integrante de la familia Barroso.

El señor Barroso es un navegante de Internet de buena fe. Está conectado con su computadora hogareña a las supercarreteras de la información. ¡Qué práctico es poder enviar un *E-mail* [correo electrónico] a los amigos en cuestión de segundos! ¡Qué grandioso es tener acceso a tanta información útil vía *World Wide Web*! [sistema global de transporte de la Internet] ¡Qué peligroso es estar en condiciones de tener acceso a un núcleo duro de pornografía electrónica con solo tocar algunos botones!

Ramiro Barroso, de trece años, tiene un amigo en el vecindario que está conectado a cientos de canales de televisión (incluyendo los indecentes) vía satélite.

Aún Esteban Barroso, de diez años, está luchando con todo este tema de la pureza. Revistas (como *Sports Ilustrated* [Deportes ilustrados], la sección de trajes de baño) y catálogos (como *Victoria's Secret* [Intimidades «Victoria»]) llegaban al buzón familiar en forma regular. Y algunos de los carteles en la autopista cerca de su casa son también bastante provocativos.

Convérselo

- ¿Por qué está nuestro mundo tan obsesionado con la sexualidad y el cuerpo humano?
- Abra un debate sobre esta declaración: «Dios creó los cuerpos desnudos y el sexo; por lo tanto no hay pecado en ellos».
- ¿Por qué parece ser que los muchachos luchan más que las chicas con los pensamientos impuros y las tentaciones de la lujuria?
- ¿Cómo se pueden proteger las familias contra la pornografía y el material orientado sexualmente?
- ¿Por qué necesita cambiar su familia esta semana su forma de usar los medios de información (revistas, libros, servicios de Internet, televisión, etc.)?

Compruébelo

Lea tres pasajes que requieren que seamos puros en nuestros pensamientos: Salmo 119.9; Mateo 5.27,28; y Filipenses 4.8

Aplíquelo

Dondequiera que miremos hay tentaciones que nos llevan a vidas impuras. El salmista formula una pregunta que nos preocupa a todos: ¿Cómo podemos permanecer puros en un ambiente contaminado? (Salmo 119.9). No podemos hacerlo por nosotros mismos pero debemos obtener consejo y fuerza más enérgicos que las influencias tentadoras. ¿Cómo encontramos esa fuerza y esa sabiduría? Leyendo la Palabra de Dios y haciendo lo que dice.

Secretos para padres

Nunca antes tuvieron que enfrentarse los padres a tantos desafíos para criar hijos moralmente puros. Por todas partes se encuentra material sugestivo y sexualmente explícito. Nuestra cultura nos bombardea con palabras e imágenes indecentes. Podemos estar a la defensiva y reaccionar y responder constantemente a estos ataques o podemos tomar la ofensiva y ser preventivos en nuestro entrenamiento. El último tipo de acción es más sabio. Más que tratar de desprogramar a sus hijos, es mejor darles un sólido fundamento y punto de partida, por ejemplo, una perspectiva cristiana del sexo. Enséñeles lo que Dios dice, y muéstreles cómo pensar por sí mismos. En algún momento ellos escucharán todo de alguno. Con seguridad ellos necesitan escucharlo de padres piadosos.

El racismo

Durante las últimas semanas eso ha sido el foco de los programas de televisión, noticieros y conversaciones en la cena. Eso esta semana es la historia de portada en casi todas las principales revistas de noticias.

«Eso» es otra chocante filmación en videocinta, esta vez de la policía golpeando a un joven asiático. El hombre es un conocido pandillero y es el sospechoso principal de la emboscada a un oficial de policía.

En el centro del debate está el siempre presente tema del racismo. ¿Fue golpeado este hombre porque es un miembro de una minoría? ¿O fue tratado rudamente debido a su violenta resistencia al arresto?

La policía afirma que el hombre era una amenaza, que los oficiales solamente trataban de defenderse. La comunidad asiática siente que los oficiales de policía que lo arrestaron (tres blancos y un hispano) utilizaron la fuerza en forma excesiva únicamente por la identidad étnica del hombre.

La familia Ramos discute el caso durante la cena.

—¿Por qué cada vez que algo pasa, todos gritan ¡racismo!?

—No lo sé, pero debes admitir que el racismo *es* un problema en este país.

—Bueno, tal vez sea así, ¿pero no es posible que el gritar por ello todo el tiempo solo empeora el problema?

—Quizás sí. Pero tú te sentirías seguramente diferente si *fueses* minoría.

Convérselo

- ¿Cómo definiría usted al *racismo?*
- ¿En qué circunstancias de racismo se vió envuelto usted personalmente como testigo? ¿Cómo se sintió cuando observó esas actitudes o acciones?
- ¿Qué cree usted que promueve que las personas de diferentes razas desconfíen entre sí?
- ¿Qué puede hacerse, de ser posible, para disminuir el prejuicio racial en este país?
- ¿Cree usted que es racista? ¿Por qué o por qué no?

Compruébelo

¿Cómo contribuyen las verdades presentadas en Génesis 1.26,27 y Gálatas 3.26-28 a este debate acerca del racismo?

Aplíquelo

En los tiempos del Nuevo Testamento, algunos hombres judíos saludaban al nuevo día orando: «Señor, te doy las gracias por no ser un gentil, un esclavo o una mujer». Cristo enseñó a sus seguidores a tener una nueva actitud hacia las personas que fuesen diferentes a ellos, una actitud de amor y aceptación. La fe en Cristo trasciende las diferencias de raza, nivel social, sexo, y posición y hace a todos los creyentes uno en Cristo (Gálatas 3.28). Asegúrese de no imponer distinciones que Cristo ha quitado. Dado que todos los creyentes son sus herederos, ninguno es más privilegiado o superior que otro.

Secretos para padres

Una familia combate el prejuicio racial dedicando una noche a la semana a aprender acerca de otras culturas. A veces se visten con ropa nativa. A veces leen enciclopedias acerca de otro país o hacen un paseo por video (usando las cintas de la biblioteca local). Siempre cocinan y coleccionan recetas que son populares en el país que están estudiando. No solamente proporciona esta reunión semanal un momento agradable de interacción familiar, sino que los niños aprenden a apreciar a aquellos que son diferentes.

Las lamentaciones

Hoy es el día que Adán esperó por tres semanas. Hoy es el juego de la Liga Menor de Béisbol, los Cachorros contra los Bravos. Adán debería ser el primer lanzador de los Cachorros. Pero no quiere jugar en el mayor juego de su vida. Realmente, ni siquiera quiere ir a ver el juego. ¿Por qué?

Dos días atrás, Adán y su amigo Miguel estaban dando vueltas en una vieja casa abandonada, en el bosque detrás de la casa de Miguel. No deberían haber estado allí y ellos lo sabían. No solamente había por todas partes carteles que decían No Pasar, sino que la mamá de Miguel les había dicho específicamente que no se acercasen a la casa. «No quiero que estén jugando allí atrás», les previno, «ese lugar está clausurado. No es seguro».

Bueno, los muchachos no escucharon. Y mientras revolvían todo en el desván, cedieron los travesaños. Los muchachos cayeron unos cuatro metros. Miguel terminó con trece puntos. Adán terminó con un brazo de lanzador severamente lesionado. Deberá permanecer en el hospital por otros tres días.

Convérselo

- ¿Cuál es la razón por la cual Adán estará ausente en este gran juego?
- ¿Cuáles son algunas de las decisiones del pasado que usted lamenta?
- ¿Cuáles son algunas de las formas de evitar tener que lamentarse o de evitar tener que soportar dolorosas consecuencias?
- ¿Qué le diría a Adán si él le preguntase: «por qué tenía que pasarme esto a mi?»
- ¿Cuáles son algunas de las grandes decisiones que usted debe enfrentar esta semana?

Compruébelo

Lea en Números 14.40-45 acerca de lo que les sucedió a los israelitas cuando lamentaron haber desobedecido a Dios y luego trataron de aparentar que no serían afectados por las consecuencias.

Aplíquelo

La historia de Esaú nos muestra que los errores y los pecados a veces tienen consecuencias perdurables (Génesis 25.29-34; 27.36). Aún el arrepentimiento y el perdón no nos libran siempre de las consecuencias de una mala elección. ¿Cuántas veces usted toma decisiones basadas en lo que quiere más que en lo que usted necesita durante el largo camino? (Hebreos 12.16,17). Antes de efectuar sus decisiones y acciones evalúe sus efectos a largo plazo.

Secretos para padres

Vivimos en una cultura donde se les enseña a los niños a vivir el momento. Todos lo que importa es el día de hoy. Haga lo que quiera y no se preocupe por el mañana. El efecto de este tipo de filosofía existencial es que los chicos fracasan en ver las conexiones entre el comportamiento presente y las futuras consecuencias. Podemos hacer un gran regalo a nuestros hijos si volvemos a revivir para ellos la verdad de que: «lo que tú hagas hoy será un gran factor en lo que experimentarás mañana». Es un tema constante en las Escrituras. La gente sabia planifica por adelantado. Los tontos hacen cualquier cosa que les parezca bien en ese momento.

La reputación

Sergio entra en su nueva clase de cuarto grado y la señora Sánchez lo saluda con estas palabras:

—Así que *tú* eres Sergio. Bien, me alegra conocerte finalmente. He oído mucho de ti.

—¿Cómo dice?

—Decía que he oído mucho de ti.

La cara de Sergio se sonrojó mientras él miraba al piso.

—Hummm, si, ...cosas malas, ¿no?

—Algunas.

—Ah.

—¿Pero sabes qué?

—¿Qué?

—No creo una palabra de eso.

Sergio levantó la vista, sorprendido.

—¿No lo cree?

—No, no lo creo. No me importa lo que me dice la gente. Y no hago caso de lo que pasó en el pasado. Este es un nuevo año. Todos comenzamos otra vez.

—Sí, señora.

—Sergio, hagamos un trato.

—¿Qué tipo de trato?

—Un trato secreto en el que tú y yo mostraremos a todos en el colegio, a todos los otros maestros, que todo lo que han dicho de ti no es verdad. Demostrémosles cuán inteligente eres y qué bien puedes comportarte.

La sonrisa de Sergio se vuelve más y más ancha mientras considera ese ofrecimiento.

—Muy bien —dice, moviendo la cabeza afirmativamente—, ¡muy bien!

Convérselo

- ¿Qué es la reputación?
- ¿Cómo conseguimos nuestra reputación?
- ¿Qué podemos hacer si tenemos una mala reputación? ¿Cómo podemos cambiarla?
- ¿Qué clase de reputación quisiera tener? En otras palabras, cuando la gente mencione su nombre, ¿qué cosas quisiera que piensen de usted?
- ¿Cómo afecta su reputación a la reputación de Dios?

Compruébelo

Note en Proverbios 22.1 y Eclesiastés 7.1 lo que dijo el rey Salomón acerca de mantener una buena reputación.

Aplíquelo

No es de sorprender que Booz se haya fijado en Rut, ella atraía con facilidad. Era trabajadora, cariñosa, bondadosa, fiel y valiente (Rut 2.10-12). Estas cualidades le dieron una buena reputación debido a que ella las demostraba *constantemente* en todas los aspectos de su vida. A dondequiera que Rut fuese o cualquier cosa que hiciese, se destacaba su carácter.

Su reputación es formada por las personas que lo observan en su trabajo, en la ciudad, en la iglesia, y en su camino a cada una de esas partes de su vida. Una buena reputación proviene de vivir constantemente imitando a Cristo, sin importar qué grupo de personas o circunstancias lo rodean. Deje que su reputación hable por usted.

Secretos para padres

Al tiempo que la reputación tiene mucha importancia, el carácter la tiene mucho más. Ayude a sus hijos a comprender que la reputación es lo que otros creen que ellos son, mientras que el carácter es lo que ellos realmente son. Generalmente hablando, una persona de carácter tendrá una buena reputación. Sin embargo, es posible poseer una buena reputación y una falta de carácter. Concéntrese en hacer constantemente lo correcto. Esta es la manera de crear un sólido carácter y una respetada reputación.

Las reuniones

Graciela acaba de caerse en treinta segundos de la cima de la montaña del gozo al valle de la desesperación.

Su amiga Josefa la acaba de invitar a un paseo en esquí acuático el día de su fiesta. Cuando Graciela colgó el teléfono, su mamá le preguntó:

—¿Qué día es la fiesta de Josefa?

—El nueve de Junio.

—Ay no, Graciela. Ya me lo temía.

—¿Qué temías?

—Bueno, es el fin de semana del quincuagésimo aniversario de bodas de tía Margarita y tío Jaime.

—¿Y que?

—Bueno, hemos hecho planes para ir, toda la familia. En realidad, se va a convertir en una especie de reunión familiar.

—Pero mamá, ¿no podrían ir tú y papá solos... y me dejan aquí y yo voy a lo de Josefa? Ya tengo casi quince años.

—Graciela, esto es una gran cosa para tía Margarita. Y aparte, no has visto a algunos de tus parientes en años. ¿Quién sabe cuándo los volverás a ver? No, debes llamar a Josefa nuevamente y decirle que esquiarás con ella en otro momento.

—Pero, mamá, ¿quién dice que habrá otro momento? Este es verdaderamente un paseo importante. ¡Dale, mami!

—No, querida. Quiero que vengas con nosotros.

—Pero podría quedarme con Estefanía. Ella va al paseo.

—Graciela, está decidido. Tú vendrás con nosotros a la reunión. Dejemos esto, ¿está bien?

Convérselo

- ¿Tuvo usted alguna vez una reunión familiar? ¿Quisiera tener una o que se repitiera?
- ¿Con qué pariente tendría usted gozo en tenerlo lo más posible a su alrededor y por qué?
- ¿Cuáles son algunas de las cosas buenas que pueden suceder en las reuniones familiares?
- Si Graciela le viniese a pedir consejo, ¿qué le diría usted?

Compruébelo

Observe que el Año del Jubileo tenía como fin el ser una gigantesca reunión familiar (Levítico 25.10). Luego examine los primeros ocho capítulos del libro de 1 de Crónicas.

Aplíquelo

El registro de nombres que figura en varios capítulos de 1 de Crónicas es el registro familiar oficial de la nación de Israel. Suministra un panorama de la historia de la obra de Dios desde la creación a través del cautiverio de su pueblo, trazando las raíces de la nación desde Adán hacia adelante, refiriéndose a su línea real y al bondadoso plan de un Dios personal. El registro sirvió para enseñar a los exiliados que retornaban de Babilonia acerca de su herencia espiritual como nación y para inspirarlos a renovar su fidelidad a Dios. Si bien estas listas muestran la herencia racial de los judíos, contienen la herencia espiritual para cada creyente. Somos parte de la comunidad de fe que ha existido de generación en generación.

Conociendo su propia línea familiar y la herencia de la cual provenimos, nos da una apreciación de las obras entre familias, raíces en común, rasgos genéticos compartidos, y las cálidas tradiciones. También podemos apreciar la gran familia de Dios que reúne a personas de todas las diferentes razas, antecedentes y naciones para estar en su familia y compartir al final con Él en su Reino.

Secretos para padres

Es difícil frecuentemente reunir a familias dispersas para las reuniones familiares; por lo tanto considere la posibilidad de hacer un video hogareño para enviar a los parientes que no haya visto hace tiempo. ¡Haciéndolo bien, puede ser realmente un divertido proyecto familiar!

La venganza

Rosa, de nueve años, ha estado trabajando en su cuarto por varios días en un gigantesco proyecto de construcción de la marca de juguetes Lego, un castillo completo con foso, puente levadizo, varias torres y hasta un calabozo.

Momentos después, luego de ver un programa de televisión acerca de los tornados, Tomasito, de cuatro años, viene por la casa haciendo ruidos, dando vueltas mientras camina, diciendo: «¡Mírenme! Soy un tornado gigante!»

Seguramente usted no tendrá que pensar mucho para imaginarse lo que ocurrió después. Tomasito, el tornado humano, tropezó con el castillo Lego de Rosa. El castillo no lo pudo soportar.

—*¡Tomy! ¡Nooo! ¡Mamá!* ¡Tomy destruyó mi castillo! —gritó Rosa estallando en llanto—. *¡Está arruinado!*

Luego, con la ira centelleando en sus ojos, tomó a su pequeño hermano y comenzó a pegarle.

—*¡Ahhhh!*

La señora Mijares entró en ese momento.

—¡Rosa, deja a tu pequeño hermano!

—¡Pero mamá, mira lo que ha hecho!

—Voy a encargarme de él.

—Si, ¡yo también *quiero* encargarme de él!

—No, no lo harás. Quita tus manos de él.

—Bueno,¡voy a ir a su cuarto a romper todo lo que hay allí!

—¡No te atrevas!

—¿Por qué no? ¡Él me lo hizo a mí!

—Eso no significa que se lo hagas a él.

Convérselo

- ¿Qué es la venganza? ¿Cuando siente usted deseos de venganza?
- ¿Está mal querer vengarse? ¿Por qué o por qué no?
- ¿Por qué la venganza es diferente al castigo?
- ¿Cómo se sentiría si usted fuese Rosa?
- ¿Qué le debería pasar a Tomasito?
- ¿En lugar de tomar venganza, ¿cómo deberían actuar los cristianos cuando son maltratados?

Compruébelo

Dios manifiesta que debemos dejarle a Él la venganza. Vea Romanos 12.19-21.

Aplíquelo

Cuando hemos sido ultrajados, nuestra primera reacción frecuentemente es de devolver el ultraje u ofensa. Pero Jesús dijo que debemos hacer *lo bueno* a los que nos ultrajan (Mateo 5.38-42). Nuestro deseo no debería ser ganar puntos sino dar amor y perdonar. Esto no es natural, es sobrenatural. Solo Dios nos puede dar la fuerza de amar como Él lo hace. En lugar de planear la venganza, ore por aquellos que lo han herido.

Secretos para padres

El deseo de venganza no es realmente más que un deseo de justicia. Los niños que saben que sus padres son justos e imparciales, sienten menos el deseo de «hacerles lo mismo» a sus hermanos y hermanas. Al mismo tiempo, debemos estar seguros de que nuestros hijos comprendan que la vida no es justa. Habrá momentos en que seremos maltratados y no habrá justicia, al menos no en esta vida. Aún en estas circunstancias, no debemos ser vigilantes que buscan el desquite.

El sacrificio

—Samuel, ¿ya has hecho tu valija?

—¿Valija? ¿Por qué necesito yo una valija?

—Porque saldremos a visitar a la abuela en cuanto vuelva tu papá a casa.

—¿Qué?

—¡Samuel! ¿Donde has estado la última semana? ¿No te acuerdas? Mañana es el sexagésimo quinto cumpleaños de la abuela. Nos encontraremos con tía Linda y su familia y con el tío Pepe y su familia y le haremos a la abuela una linda fiesta sorpresa. ¿Recuerdas?

—Pero mamá, David y su padre me invitaron a ir a pescar mañana.

—Bueno, lo siento, pero tendrás que hacerlo en otro momento.

—¡Mamá! ¿Qué pasa si no hay otro momento?

—Mira, no tenemos tiempo de discutirlo ahora. La realidad es esta: todos iremos a lo de la abuela y le demostraremos todos cúanto la queremos y apreciamos.

—¿No podría yo llamarla solamente y decirle que la quiero? ¿Por qué tengo que ir?

—¡Anda a empacar! *¡Ahora!*

Convérselo

- La gente habla de «hacer sacrificios» para aquellos a quienes aman. O hablan acerca de cúan «costoso» es el amor. ¿Qué significan estas frases?
- Hable de algún momento cuando alguien hizo el esfuerzo de demostrarle su amor.
- ¿Cuándo hizo usted un sacrificio, o cuándo no lo hizo, para demostrarle a alguien su amor?
- ¿Usted cree que Samuel es egoísta? ¿Qué su mamá es demasiado exigente?

—¿Cuáles son algunos de los sacrificios que podría hacer esta semana para demostrarle amor a un miembro de su familia?

Compruébelo

Cuando de amor se trata, las meras palabras no alcanzan. Vea Juan 13.34-35 y 1 Juan 3.18.

Aplíquelo

El amor es más que emociones y sentimientos; son actitudes y acciones. Jesús nos ordena a amar como Él nos ama a nosotros (Juan 13.34,35). ¿Cómo? Ayudando cuando no sea cómodo hacerlo, entregándonos aunque nos lastimen, dedicando energía para el bienestar de otros antes que para el propio, absorbiendo las ofensas de otros sin quejarnos y sin retornárselas. Sacrificándonos. Este tipo de amor es difícil de dar. Por ello las personas se dan cuenta cuando usted lo hace y saben que ha sido fortalecido por Dios en el proceso. Haga la elección de amar como Jesús lo hizo.

Secretos para padres

Durante sus actividades diarias, mantenga abiertos los ojos para momentos propios para la enseñanza. Una historia en las noticias acerca de una madre que mantiene una guardia al lado de la cama de su hijo en coma o un artículo en una revista acerca de la Madre Teresa o un pedido radial por donativos para ayudar a víctimas de la inundación, temas diarios como estos son oportunidades perfectas para hablar acerca del aspecto del sacrificio del amor. Nuestros hijos deben ver que las oportunidades para demostrar amor sacrificado existen todo el tiempo alrededor nuestro.

La seguridad

Tomás, Gualdo y algunos otros chicos del vecindario están tirando al cesto en la cancha al fondo del colegio cuando Benjamín se acerca montado en su bicicleta.

—¡Oigan, muchachos! ¡Tienen que venir a ver lo que encontré! ¡Es fantástico!

Todos miran a Benjamín con una mezcla de recelo y curiosidad porque tiene fama de exagerado, aunque a veces *viene* con una buena idea.

—¿Qué pasa? —pregunta Gualdo.

—¡Túneles! Todos debajo del colegio. Escuché a mi hermano mayor cuando hablaba de eso, y lo seguí a él y a sus amigos la noche pasada. ¡Con toda seguridad, están allí! ¡Toda clase de túneles preciosos, lo suficientemente grandes como para pasearse en ellos! ¡Vengan, vamos a verlos!

Los muchachos no estaban seguros si debían creerle a Benjamín.

Mateo está escéptico.

—¿Estás tratando de hacernos perder el tiempo?

—¡Estoy hablando en serio! Los vi la otra noche.

Los muchachos montan en sus bicicletas y pedalean hacia los terrenos de la universidad, tratando de no actuar con excitación. Bien seguro, Benjamín los conduce detrás del edificio de la administración, cerca de algunos camiones de basura, y les muestra una reja que está suelta. Una escalera desciende del nivel del suelo hacia la obscuridad.

—¿Qué me dicen, muchachos? ¿Van a entrar?

—¡Hagámoslo! —grita Miguel.

Tomás se ha puesto cauteloso de pronto.

—¿No necesitaríamos linternas?

Gualdo asiente con la cabeza.

—Él tiene razón. No podemos andar tropezando en la oscuridad.

—Muy bien —Mateo está de acuerdo—, vayamos todos a casa y consigamos linternas, velas, cualquier cosa que encuentren. Nos volveremos a encontrar aquí en media hora.

Los muchachos se alejan excitados, todos excepto Tomás. Está pensando muy seriamente. ¿Qué pasa si alguno se lastima? ¿Si se pierden bajo la superficie? Siente fuertemente que no deberían bajar por la escalera. Pero ellos nunca lo escucharán. *¿Qué debería hacer?* se pregunta Tomás.

Convérselo

- ¿Es usted un aventurero o no? ¿Por qué?
- ¿Cuál fue la cosa más alocada que haya hecho jamás?
- ¿Qué opciones tiene Tomás?
- ¿Qué haría usted en el lugar de Tomás?

Compruébelo

Lea Proverbios 1.8-33.

Aplíquelo

Las aventuras pueden ser divertidas. Muchas personas, al ser llamadas por Dios, fueron en pos de aventuras e hicieron grandes cosas para Él aún enfrentando peligros (tenga en cuenta a los israelitas atacando Jericó; Daniel que fue arrojado a la cueva de los leones; Pablo que soportó castigos y encarcelaciones). Sin embargo, no todo peligro significa una invitación a la aventura. A veces el peligro debe ser evitado y la pequeña voz de la conciencia y la sabiduría en nuestro interior debería ser la causa para que usted lo piense dos veces. Ir con otros por el hecho de ser parte del grupo e involucrarse en una actividad perjudicial o pecaminosa es imprudente, peligroso y equivocado. Los creyentes deben aprender a tomar decisiones, no basándose en el placer a corto plazo o por la excitación de la aventura, sino mirando los efectos a largo plazo. Esto significa mantenerse apartado de actividades que sabemos que son equivocadas.

Secretos para padres

Los niños deben saber la diferencia entre mantener en secreto una confidencia y mantener en secreto una información vital. Trate de explicar a sus hijos la importancia de compartir información acerca de amigos o hermanos que puedan estar en peligro.

La salvación

Durante una reunión nocturna, justo después de una guerra de almohadas y justo antes de un bocado tarde en la noche, por algún motivo la conversación tomó un giro repentino. Cuatro chicas, entre diez y once años, se encontraron hablando de Dios, Jesús, la Pascua, el cielo, el infierno y la eternidad.

Su discusión fue algo así:

—Yo sé con seguridad que iré al cielo.

—¿Lo sabes? ¿Con seguridad? ¿Cómo puedes saberlo?

—Porque lo dice la Biblia.

—Ah, ¿verdad? Hummm. Pienso que nunca leí esa parte... Pero estoy muy segura de que yo también iré al cielo. Quiero decir, yo *creo* en Dios y todo eso y con seguridad que no *quiero* ir al infierno.

—¿Alguna vez le pediste a Jesús que sea tu Salvador?

—¿A qué te refieres?

—Ella se refiere a todas esas cosas acerca de la Pascua. Tú sabes, Jesús muriendo en la cruz por nuestros pecados, y nosotros poniendo nuestra fe en Él.

—Hummm, no sé. ¿Qué es exactamente la fe? ¿Cómo sé que la tengo?

En ese momento asomó la cabeza por la puerta la señora Torres.

—¿Todas quieren nachos?

—Ah, mamá, estoy contenta de que estés aquí. Dile a Julia lo que es la fe.

—¿Qué?

Convérselo

- ¿Cómo le explicaría la fe a alguien como Julia?
- ¿Por qué el convertirse en un creyente implica más que solamente creer en Dios o saber lo que hizo Jesús?
- La Biblia habla acerca de que la salvación es un regalo. ¿Qué significa eso?
- ¿Cuáles son algunas de las bendiciones y beneficios de la salvación?
- ¿Como puede saber una persona con seguridad si es o no cristiana?
- ¿Usted sabe sin una sombra de duda que irá a pasar la eternidad con Dios en el cielo?

Compruébelo

Para la correcta interpretación de este tema, léase estos versículos: Juan 3.16; Efesios 2.8-9 y 1 Juan 5.11-13.

Aplíquelo

Cuando algunas personas aprenden que han sido salvadas por Dios mediante la fe, comienzan a preocuparse. *¿Tengo fe suficiente?* se preguntan. *¿Es mi fe lo suficientemente fuerte como para salvarme?* Si se preguntan acerca de su sinceridad, sus preguntas tienen sentido. Pero si se están cuestionando si tienen *suficiente* fe o si su fe es suficientemente fuerte, su preocupación no es necesaria. Es Jesucristo el que nos salva, no nuestra fe. Todo lo que necesitamos es tener fe en Él, cualquier cantidad es suficiente. Él es lo suficientemente fuerte como para salvarnos, no importa cuán débil es nuestra fe, siempre y cuando ella sea verdadera. Jesús nos ofrece la salvación como un regalo, porque nos ama. El rol de la fe es confiar en Jesús, extender el brazo y aceptar su maravilloso regalo de salvación.

Secretos para padres

Ore regularmente por la salvación de sus hijos. Ore para que ellos no se «presten» meramente su fe o «parloteen» sus creencias sino que ellos deseen encontrarse con Cristo de una manera verdadera y transformadora en sus vidas. Nada es más decisivo en el mundo que el hecho de que nuestros hijos comprendan y abracen la verdad del evangelio.

Satanás

Muchachitos disfrazados habían estado llegando durante aproximadamente una hora a la puerta de los Estévez, cuando se presentaron dos pequeños vestidos de diablos. Luego de ponerles algunos dulces en sus bolsillos, la señora Estévez se volvió a su hijo Mario y le dijo:

—No me gusta eso.

—¿Qué?

—Que los padres permitan que sus hijos se vistan como el diablo.

—¿Por qué?

—Porque no es gracioso ni bonito.

—¿Qué quieres decir?

—Quiero decir que Satanás es real, y yo pienso que no deberíamos mostrarlo como una inofensiva criatura con un tridente.

—¿Tiene él un tridente?

—No lo creo. Por lo menos nunca he leído en la Biblia que tenía uno.

—Entonces, ¿a qué se parece el diablo, mamá?

—No estoy segura. Creo que antes de caer a la tierra era el más hermoso de los ángeles.

—¿Qué? ¿Quieres decir que el diablo fue un *ángel*?

—Si. Y todos los demonios son ángeles caídos.

—Yo nunca supe eso.

—Yo creo que él hubiese preferido que nunca te enteraras. Es un mentiroso y el padre de las mentiras. ¡Mejor será que prestes atención en la escuela dominical!

Convérselo

- ¿Por qué hay tanto interés en nuestro país por Satanás y lo oculto?
- C. S. Lewis dijo que la mayoría de las personas cometen uno de dos errores cuando se trata del diablo: o niegan su existencia o ven demonios detrás de cada arbusto. ¿Qué piensa usted de esta afirmación?
- ¿Qué sabe usted acerca del diablo?
- ¿Puede lograr el diablo que hagamos cosas equivocadas? ¿Cómo lo sabe?
- ¿Qué son los demonios y qué hacen?
- ¿Por que no deben temerle al diablo los cristianos?

Compruébelo

Encuentre en Isaías 14.12-14, 1 Pedro 5.8 y Apocalipsis 20.7-10 los orígenes de Satanás, sus actividades y su futuro.

Aplíquelo

Disfrazado como una astuta serpiente, Satanás vino para tentar a Eva (Génesis 3.1).

Satanás fue una vez un ángel que se rebeló contra Dios y fue arrojado fuera del cielo. Como un ser creado, Satanás posee definidas limitaciones. Aunque está tratando de tentar a todos para que se aparten de Dios, no será el vencedor final. En Génesis 3.14,15, Dios promete que Satanás será aplastado por un descendiente de la mujer, el Mesías, Jesucristo.

Secretos para padres

No permita que nada relacionado con lo oculto entre en su casa. Cartas de Tarot, cristales, tablas de escritura espiritista, cosas como esas unidas a actividades como la astrología, quiromancia y sesiones espiritistas le permiten al diablo apoyar un pie en su vida o en la de su familia. Igual que el arcángel Miguel en Judas 1.9, debemos *respetar* el poder del diablo. Pero debido al poder del Señor Jesucristo, no debemos *temer* a Satanás (1 Juan 4.4).

Los secretos

Durante un caluroso día, Roberto y Jeremías fueron con sus bicicletas hasta el comercio del barrio para tomar una gaseosa.

Después de pagar por su jugo de frutas, Roberto se detiene en la puerta para observar una motocicleta que está estacionada en el frente. De pronto, por el rabillo del ojo, observa cómo Jeremías toma en forma fortuita una golosina del mostrador y lo guarda en un bolsillo de su pantalón.

¡Roberto casi se atraganta con su bebida! Él no puede creer que acaba de ser testigo de que su hermano mayor ha robado algo de un negocio!

Mientras vuelven en sus bicicletas, el corazón de Roberto late fuertemente. Se quedó esperando que Jeremías le dijese algo. Pero nunca lo hizo. Obviamente no se había dado cuenta de que Roberto lo *vió* hurtando algo en la tienda de golosinas.

Todo el resto de la tarde, Roberto se preguntó qué debería hacer. ¿Debía decirle algo a Jeremías? ¿Debía contárselo a sus padres? ¿Debía olvidarlo solamente? Más tarde comenzó a preocuparse respecto a lo que pasaría si se presentara *la policía* en su casa. ¿Y que pasaría si ellos comprobasen que él *vió* a Jeremías robar en la tienda de golosinas y no dijo o hizo nada al respecto? ¡Podría meterse en problemas, también!

Convérselo

- ¿Por qué cree usted que la gente roba en los negocios?
- ¿Cómo se sentiría acerca del robo en los negocios si fuese un propietario de ellos?
- ¿Cuándo está bien guardar un secreto? ¿Cuándo no?
- ¿Qué haría usted en el lugar de Roberto?
- ¿Cuáles serían las consecuencias si Roberto no hace nada? ¿Cuáles si se enfrenta a Jeremías? ¿Cuáles si se lo cuenta a sus padres?

Compruébelo

Lea Santiago 5.19,20 y aplíquelo a la situación antes mencionada.

Aplíquelo

El apóstol Pablo no se gozaba al reprimir a sus amigos y seguidores, pero estaba lo suficientemente preocupado por ellos como para enfrentarlos por sus malas acciones (2 Corintios 2.4). Proverbios 27.6 dice: «Las heridas recibidas de un amigo son mejores que muchos besos de un enemigo». A veces nuestros amigos toman decisiones que sabemos son erróneas. Si ignoramos su conducta y les dejamos continuar en ella, no les estamos demostrando amor. Demostramos amor al compartir con sinceridad nuestras preocupaciones a los efectos de ayudar a aquellos amigos a hacer y ser lo mejor para Dios. Cuando no hacemos nada para ayudarlos, demostramos que estamos más preocupados respecto a ser bien queridos que acerca de lo que les sucederá a ellos.

Secretos para padres

Sería acertado hacer a sus hijos una lista con todas las situaciones en las cuales usted no desea que ellos guarden un secreto (por ejemplo, el uso de drogas por un amigo, abuso sexual, la mención del suicidio por cualquiera). Mientras más situaciones pronuncia usted abiertamente, menos posibilidad hay de que ocurra una tragedia ya que de esta forma puede ser evitada. Quizás usted y sus hijos pueden elaborar con ahínco una buena regla práctica para determinar cuando los secretos son buenos y aceptables

El auto control

Ana vuelve a su casa del trabajo e inmediatamente abre el refrigerador. Se encuentra con lo que quedó de una deliciosa torta de queso. Vacila. Su conciencia le está diciendo: *¡No lo hagas! Estás haciendo dieta, ¿recuerdas?* Pero su estómago está gruñendo y diciendo: *¡Oye, vamos! Has tenido un día duro. Te mereces un pequeño placer. Y, además, ¿quién va a salir perjudicado?*

Momentos después Ana se desploma en el sofá con su gran pedazo de torta. Mira a la gran carpeta sobre la mesa. Hay en ella suficientes pruebas y deberes como para empapelar todo el garaje. Está verdaderamente atrasada y sabe que tendría que esforzarse mucho más. *Lo haré más tarde*, piensa ella mientras se estira para tomar el control remoto.

Como una hora después, Tomás, el hijo de Ana, vuelve a casa después de haber cortado el césped en el jardín del vecino. Está cubierto de hierba húmeda y al caminar por encima de la alfombra de la sala, va dejando un reguero tras sí.

Ana no puede soportarlo. Comienza a gritar: «Tomás, ¿cuántas veces te he dicho que te limpies los zapatos?»

Convérselo

- ¿Qué tipo de situaciones hacen que usted pierda el control?
- ¿Cómo definiría el *autocontrol*? ¿Qué quiere decir la Biblia cuando utiliza este término?
- ¿Por qué algunas situaciones nos afectan más que otras?
- ¿Cuál es la diferencia entre el autocontrol y estar controlados por el Espíritu?
- ¿Cuáles son algunos de los aspectos de su vida en las cuales usted necesita comenzar a ejercitar el autocontrol?

Compruébelo

Tenga en cuenta estos versículos que abogan por el autocontrol: Proverbios 25.28 y Gálatas 5.16-25.

Aplíquelo

En los días de la iglesia primitiva, algunos falsos maestros dijeron que el autocontrol no era importante debido a que las acciones no nos salvan del pecado (2 Pedro 2.19). Es verdad que las acciones no pueden salvarnos pero es falso que ellas no importan. Somos salvos, por lo tanto podemos crecer asemejándonos a Cristo y convirtiéndonos en sirvientes de otros. Dios desea producir su carácter en nosotros, pero esto requiere nuestra disciplina y esfuerzo. Al obedecer a Cristo, el cual nos guía con su Espíritu, iremos desarrollando un cada vez mayor autocontrol sobre nuestros apetitos y emociones (2 Pedro 1.6).

Secretos para padres

Es imposible el autocontrol bíblico, si tratamos de efectuar o conseguirlo por nuestra propia fuerza. No podemos refrenar nuestras lenguas, apetitos, temperamentos o pensamientos. Son muy ingobernables. Pero el Espíritu de Dios *puede* capacitarnos para decir que no a impulsos enfermizos o inclinaciones imprudentes. Deje de creer en sus propias fuerzas y comience a confiar en el poder del Espíritu Santo. Ësta es la única manera de ser como Dios quiere que sea usted.

El servicio

El domingo en la iglesia, uno de los diáconos hizo un anuncio al final del servicio sobre el próximo día de trabajo comunal. Un día de trabajo comunal es un proyecto que se produce dos veces al año, en el cual se reúnen los miembros de la iglesia para remozar las instalaciones del edificio. Todos se reunieron temprano un sábado, para barrer, limpiar los pisos, fregar, pintar, cambiar las lámparas eléctricas, organizar, en fin, para hacer *todo* lo que se necesita. Siempre es un día cansador, pero le da a cada uno una sensación de propiedad, de estar involucrado, de orgullo. Y más aún, todos festejan el fin del día con una gigantesca comida hecha a la parrilla, completado con voleibol, juegos y otras cosas.

Durante el camino de regreso de la iglesia, los hijos de la familia Suárez están hablando acerca del día de trabajo.

—¡Yo me inscribí para trabajar en el cuarto de los jóvenes! —anuncia Justino, antes de preguntarle a Claudio, su hermano mayor—. ¿Y tú?

Claudio murmura:

—*Yo* no voy. Ya tengo planes hechos. Además, ¿por qué desearía yo renunciar a todo un sábado para ir a hacer un montón de cosas que de todos modos debería hacerlas el conserje?

—¡Claudio! —exclama la señora Suárez—. ¡No puedo entender tu actitud! Tú deberías brindar tu ayuda. ¿Qué te hace pensar que estás exento de este servicio?

Claudio se encogió de hombros.

—Bueno, papá no va, ¿por qué tengo que ir yo?

La señora Suárez se volvió y hechó una mirada sorprendida y dolida a su esposo.

—¿*Tú* no vas? ¿Desde cuando decidiste no ir?

—Mira, me *encantaría* poder ayudar, pero, ¿quién tiene tiempo? ¡Si debo hacer *algo* este fin de semana, son los pequeños trabajos en *nuestra* casa!

Convérselo

- ¿Cuáles son algunas formas en que la gente ayuda a la iglesia?
- ¿Por qué tantos cristianos son reacios a inscribirse para tareas de servicio?
- ¿Qué sucedería si cada miembro de la iglesia adoptase la actitud de Claudio y su padre?
- Hable acerca de una época cuando usted estaba involucrado en alguna clase de servicio y verdaderamente se divertía. ¿Por qué cree usted que era tan agradable?
- ¿Cómo se siente cuando se sirve a personas que solo desean ser servidas?
- ¿Cuáles son algunas de las maneras específicas en que usted podría servir hoy?

Compruébelo

Vea en Gálatas 5.13 y 1 Pedro 4.10,11 la importancia de servir.

Aplíquelo

Jesús fue un modelo de sirviente (Juan 13.1-17). Lavar los pies a otra persona era parte del trabajo de un sirviente de la casa, que realizaba cuando llegaban invitados o visitas. Pero Jesús se ciñó una toalla a la cintura, tal como lo haría cualquier esclavo, y lavó y secó los pies de sus discípulos.

Si Él, Dios hecho carne, está dispuesto a servir, nosotros, sus seguidores, deberíamos también ser sirvientes, dispuestos a ayudar de cualquier forma que glorifique a Dios. Esté dispuesto a seguir el ejemplo de servicio de Cristo. Piense en alguien que usted pueda servir hoy. Dios bendice a aquellos que están de acuerdo que un servicio humilde es la manera de Cristo y lo hacen así (13.17).

Secretos para padres

Una cualidad de carácter comprometida, ha sido siempre el servicio a otros. «¿Qué gano con esto?» es la actitud natural de la cruda naturaleza humana. Nuestros hijos nunca aprenderán a servir salvo que les enseñemos *por qué* eso es importante, *qué* significa, y *cómo* vivir ese estilo de vida. Planee implementar un proyecto de servicio familiar, regular y constante. Tómese el tiempo necesario para brindar el esfuerzo (y a veces el dinero) en ayudar a otros a hablar temas enteros de la imperativa naturaleza del servicio.

El pecado

Este fin de semana, el tío Gregorio y Estefanía, su esposa, fueron a la iglesia junto con la familia Monzón, y los chicos estaban ansiosos de saber qué pensaba él. (Tiene solamente veinticinco años, es su tío favorito, aunque no está «dentro» de las cosas espirituales.)

—Bueno, tío Gregorio, ¿te gustó la iglesia?

—Estuvo muy buena. Realmente me gustó la música.

—¿Qué me dices acerca del sermón?

—¿En cuanto a qué?

—¿Estás de acuerdo con él?

—No del todo. Verdaderamente no veo por qué los predicadores machacan tanto sobre el *pecado.* No estuve en la iglesia cinco años, y la primera vez que regreso, básicamente se me dice que soy un pecador.

—Bueno, lo eres. Todos lo somos.

—¿Quién lo dice?

—Dios, en la Biblia. ¿No estuviste escuchando?

—Miren. Yo cometo errores. Todos los cometemos. Pero básicamente soy una buena persona. Ustedes, muchachos, lo saben. Nunca he hecho algo verdaderamente malo y no deseo hacerlo. ¿Ahora me van a decir que soy una mala persona y que estoy «separado de Dios»? ¡Vamos!

Los chicos miraron a su papá. No sabían qué decir.

Convérselo

- ¿Qué es el pecado? ¿Cómo lo definiría?
- ¿Por qué le importa tanto a Dios el pecado?
- ¿Qué pasa si una persona vive realmente una vida moralmente buena? ¿Sigue siendo pecadora?
- ¿Qué le diría a alguien como el tío Gregorio?
- ¿Cuáles son las consecuencias del pecado? (vea Romanos 6.23.) ¿Qué sucede respecto al remedio del pecado?
- ¿Usted sabe con seguridad que sus pecados han sido perdonados?

Compruébelo

Lea Romanos 3.9-12, 23, una afirmación sobre la maldad humana.

Aplíquelo

Somos inaceptables para Dios en nuestra condición pecaminosa (Romanos 3.10-18). Solo la sangre de Cristo nos limpia ante Él. ¿Ha reconocido su necesidad de Cristo, o se dice: *No soy tan malo. Soy bastante bueno*? Mire esos versículos y vea si alguno se aplica a usted. ¿Alguna vez mintió? ¿Ha lastimado a alguien con sus palabras o su tono de voz? ¿Ha sido áspero con alguien? ¿Se enoja con los que están en profundo desacuerdo con usted? Usted, al igual que cualquier otro en el mundo, es culpable ante Dios por sus pensamientos, palabras y acciones. Debemos recordar que a sus ojos somos pecadores alejados de Él. No niegue que usted es un pecador. En su lugar, permita a su desesperada necesidad dirigirse hacia Cristo.

Secretos para padres

No suponga que a sus hijos de alguna manera se les va a «pegar el evangelio». Necesitan que se lo expliquen. Y este es un proceso al que hay que darle tiempo. Pocas personas pueden comprender la magnitud de lo que Cristo ha hecho por nosotros en solo una corta conversación. Debe lucharse con la idea (y realidad) del pecado y comprenderla. El serio hecho de la muerte (es decir, la separación espiritual de Dios) debe ser comprendida. La labor de Cristo debe ser explicada cuidadosa y exactamente. Finalmente, deben ser dados a entender con toda claridad los conceptos de la gracia y de la fe.

Consulte con su pastor o librería cristiana local por los nombres de algunos buenos materiales de enseñanza, acordes a la edad, para ayudar a sus hijos a comprender el amor de Cristo.

Faltar al colegio

Raimundo concurre a un gran colegio público de segunda enseñanza. Gabriel es uno de sus amigos. Gabriel vive frente al colegio y su mamá trabaja todo el día. No hay nadie en casa durante el día. Alrededor de dos veces por mes, Gabriel y Raimundo se escapan sigilosamente del colegio justo antes de que suene la campana de apertura y cruzan la calle. En casa de Gabriel ven televisión, se recuestan y disfrutan no asistir a clase.

En conjunto, los muchachos han faltado a clase siete días este año. Y hasta ahora nadie se ha dado cuenta. Su plan de faltar al colegio está funcionando perfectamente.

Convérselo

- ¿Qué piensa acerca de lo que hacen Raimundo y Gabriel?
- ¿Cuáles son las posibilidades de que los muchachos sean atrapados?
- Es obvio que la idea de faltar al colegio es divertida, pero, ¿cuáles son algunas de las consecuencias negativas para las personas que no concurren a clases?
- ¿Qué le diría a Raimundo o a Gabriel si ellos fuesen sus amigos? ¿Si le pidiesen que se les una a ellos?
- (Para los padres) ¿Qué harían si se diesen cuenta de que sus hijos están faltando al colegio?

Compruébelo

Además de ser tontos y vagos, los que faltan al colegio son deshonestos. Vea lo que Dios dice acerca de la deshonestidad en Proverbios 12.13,17,19 y 22.

Aplíquelo

Vivir correctamente es como poner un guardia en su vida (Proverbios 13.6). Cada buena elección crea otras oportunidades para el bien. Las elecciones equivocadas siguen el mismo modelo con el efecto contrario. En otras palabras, cada elección pavimenta el camino de la siguiente. Cada decisión que adopte para obedecer la Palabra de Dios trae un mayor sentido de orden en su vida, mientras que cada decisión de desobediencia traerá confusión y destrucción. Las elecciones correctas que haga le serán útiles y lo protegerán de las consecuencias de sus pobres elecciones. La obediencia trae la mayor seguridad y protección.

Secretos para padres

Es importante distinguir entre una infantil falta momentánea de juicio y un habitual mal comportamiento. Los niños son curiosos por naturaleza, y en el transcurso de su crecimiento, frecuentemente cometen actos tontos pero en gran parte «inocentes», es decir, aceptar el desafío de saltar de un árbol, arrojar bolas de nieve o globos con agua a los coches que pasan o la vieja costumbre de hacer pasar una pelota de béisbol a través de la ventana de un vecino. Los padres prudentes toman con calma como normales estos incidentes. Los usan para enseñar verdades; no los exageran desproporcionadamente. Al darle demasiada importancia a las normales experiencias de la infancia, algunos padres terminan por exacerbar el problema.

La defensa de los derechos

Mientras salen del juzgado, los Quintero están furiosos.

Cuatro meses atrás, pagaron ochocientos cincuenta dólares a la Compañía de Pisos Hernández para la instalación de un nuevo piso de vinilo en la cocina. Los ochocientos cincuenta dólares que restaban debían pagarse a la conclusión del trabajo, previa satisfacción del mismo. Pero casi inmediatamente las cosas comenzaron a tomar un mal cariz. El gerente del negocio manifestó que tenía existencia del material del piso pero no podía encontrar un instalador. Luego comenzaron a no contestar a las llamadas telefónicas. Luego el edificio apareció cerrado durante las horas normales de trabajo. Al final salió a la luz que los dueños estaban gestionando la bancarrota.

Los Quintero intentaron recobrar su dinero por todos los medios posibles. Se reunieron con el señor Hernández, su abogado, y un representante del banco y recibieron la promesa de un reintegro. El cual nunca llegó. Contactaron con la oficina del abogado del distrito y con el Departamento de Negocios. Esto no los llevó a nada. Finalmente trataron de llegar a un acuerdo con el dueño de la propiedad de Hernández, para que los dejase entrar al clausurado edificio para que pudieran llevarse al menos el material por el cual habían pagado. Esto resultó ser otro fracaso.

Hace apenas algunos minutos, un juez de bancarrota le dijo concretamente a los Quintero: «Lo lamento. No se puede hacer nada. Alégrense de no haber perdido más».

—¡Esto no es justo! —gritó Cindi cuando los Quintero se sentaron en su minivan—. Ellos nos robaron lo nuestro y ahora los protege la ley. ¿Dónde está la protección para consumidores inocentes como nosotros?

—¡Si yo no fuese cristiano —dijo su esposo con irritación—, ¡iría y le pegaría a Marcos Hernández un puñetazo!

Convérselo

- ¿Alguna vez fue estafado o robado? ¿Cómo?
- ¿Usted siente que algunos de sus derechos fueron pisoteados estos días? ¿Cuáles?
- ¿Qué opina usted de la historia real anteriormente descrita?
- ¿Cómo se siente uno cuando ha sido objeto de abuso?
- Cristo habló de poner la otra mejilla (Mateo 5.39). ¿Cómo se aplica esto en situaciones como la de los Quintero? ¿En qué forma no?
- ¿Cuando debemos «poner buena cara» o «sufrir en silencio»?

Compruébelo

Hubo momentos en la vida de Pablo en los cuales la gente lo maltrató y abusó de él, pero también hubo momentos en los cuales él insistió en sus derechos dentro de la ley; ver Hechos 22.25 y Hechos 25.10,11.

Aplíquelo

Jesús nos pidió que no fuésemos vengativos (Mateo 5.43,44), en parte para evitar que tomásemos la ley en nuestras manos. El castigo de los malhechores es tarea de la autoridad (Romanos 13.4), reformarlos es la nuestra. Al amar a nuestros enemigos y orar por ellos vencemos a la maldad con el bien.

Algunos líderes religiosos interpretan Levítico 19.18 como enseñándonos a amar únicamente a los que nos aman, y los Salmos 139.19-22 y 140.9-11 como significando que debemos odiar a nuestros enemigos. Si usted ama a sus enemigos y los trata bien, demostrará verdaderamente que Jesús es el Señor de su vida. Esto es posible solamente a los que se dan plenamente a Dios, dado que solamente Él puede liberar a las personas de su egoísmo natural. Confíe en que el Espíritu Santo lo ayudará a demostrar amor por aquellos por los que no lo siente.

Secretos para padres

Debemos desarrollar en nuestros hijos la cualidad de la mansedumbre. Esta cualidad bíblica, también traducida como *bondad,* lleva a la idea de fuerza bajo control. Tanto Moisés como Jesús poseían esa extraña cualidad. Ellos normalmente eran bondadosos y amables, pero en circunstancias pecaminosas o injustas podían demostrar un gran poder.

El robo

La semana pasada cuando Roberto y sus amigos entraron a un negocio cercano para tomar un bocado, Roberto observó con envidia cómo sus compañeros compraban gaseosas, barras de dulces y bolsitas con papas fritas. Él no pudo comprarse nada, no tenía dinero, ni siquiera monedas.

Pero mientras estaba parado observando a sus amigos disfrutar de todas sus golosinas, pensó en el gran recipiente lleno de monedas de su papá en casa. En realidad es un gran botellón de agua de vidrio, igual al que se ve sobre un enfriador de agua en las oficinas.

El recipiente está lleno más de la mitad, y Roberto se imagina que debe pesar arriba de los cuarenta y cinco kilos. Ni pensar en la cantidad de dinero que hay dentro de él.

De pronto está pensando en todos los bocadillos que podría comprar con todo ese dinero. Se está dando cuenta de que su papá probablemente no echaría de menos un puñado de monedas de vez en cuando. Está pensando cuándo sería el mejor momento de introducirse furtivamente en el armario de su papá y sustraerle unas cuantas monedas.

Inmediatamente comenzó a protestar algo en el interior de Roberto: *no puedes tomar las monedas de tu papá, eso es robar.* Pero con la misma prontitud otra voz en su interior razonó: *Sí, pero piensa en todas las tareas que haces en la casa por las que no recibes un pago. Además, ese dinero solamente está en el armario. Tu papá jamás lo usa. No hay nada malo en disfrutar un bocado con algunos amigos. Y no es una cosa que la vas a hacer todos los días.*

Roberto les dice a sus amigos que los va a ver luego y corre por la calle a su casa.

Convérselo

- ¿Por qué nos sentimos a veces tentados a tomar cosas que no nos pertenecen?
- ¿Cómo se siente usted cuando alguien le roba algo suyo?
- ¿Qué significa «buscar un pretexto racional» o «justificar» las malas acciones?
- ¿Cuáles son algunas de las consecuencias de robar?

Compruébelo

Lea Éxodo 20.15 y Levítico 19.11.

Aplíquelo

Aunque de los Diez Mandamientos se desprende obviamente que Dios dice que no se debe robar, es fácil buscarle un pretexto racional. Podemos imaginarnos una forma en la cual una acción no es un robo. Además, podemos justificar nuestras acciones diciendo con facilidad: «no importa», «todos lo hacen», «nadie lo va a saber». ¿Se ha encontrado usted alguna vez inventando excusas para un pecado? Buscarle al pecado un pretexto racional hace que sea más fácil cometerlo, pero eso no convence a Dios de que está bien ni elude el castigo.

Secretos para padres

El sermón más poderoso contra el robo es una vida comprometida con la honestidad y la integridad. Si sus hijos lo observan a usted obedeciendo leyes de derechos de autor, (no copiando ilegalmente música o videos), pagando honestamente sus impuestos y devolviendo el cambio de más que equivocadamente le dio el empleado de un negocio, será más probable que lo pensarán dos veces antes de ceder a la tentación de robar.

La tensión

Hace un minuto estaba Elena Beltrán en la cocina golpeando con cacerolas y sartenes y gritando bastante acerca de todo.

De pronto, estalló en lágrimas y corrió a su dormitorio.

Los hombres de la familia Beltrán, Luis y sus hijos Carlos, de nueve años y Samuel de siete, están sentados en silencio alrededor de la mesa del desayuno, los ojos muy abiertos, cada uno preguntándose: *¿qué le pasó a ella?*

Finalmente, habla el señor Beltrán:

—Muy bien, muchachos, este es el problema. Mamá esta verdaderamente tensa. Este nuevo empleo como agente de una inmobiliaria está cobrando su tributo. Y no creo que nosotros le hayamos ayudado mucho en casa. Debemos quitarle algo de su carga. Así que pongámonos a lavar la vajilla. Luego muchachos los llevo al colegio. Y si puedo terminar temprano, los paso a buscar para su entrenamiento de baloncesto. ¿Está bien? ¿Y qué tal si le decimos a mamá que *nosotros* haremos la cena esta noche?

—¿Cocinar *nosotros*? Papá, ¿estás loco?

—Bueno, ¿qué tal si le decimos a mamá que al regreso pararemos y compraremos pizza?

—¡*Ése* es un plan mejor!

Convérselo

- ¿Qué es la tensión? ¿Qué la provoca?
- ¿Cuál es su tendencia a reaccionar ante situaciones de tensión?
- ¿Cómo puede una persona decir cuando está tratando de hacer demasiado?
- ¿Quién enfrenta en su familia la mayor tensión? ¿Cómo lo sabe?
- ¿Qué puede hacer usted específicamente para quitarle la carga a alguien que se está consumiendo bajo la presión de demasiada responsabilidad?

Compruébelo

Observe lo que sucedió cuando Jetro se dio cuenta que su yerno Moisés estaba bajo tensión por haber tomado demasiadas responsabilidades. Éxodo 18.17,18, 22,23.

Aplíquelo

Moisés tuvo una vez una crisis producida por la tensión. Estaba dedicando tanto tiempo y energía a escuchar las quejas de los hebreos que no podía hacer ningún otro trabajo importante. Jetro, su suegro, le sugirió que delegase en otros la mayoría de su trabajo y concentrase sus esfuerzos solamente en tareas que él sólo pudiese realizar (Éxodo 18.13-26). Las personas que ocupan puestos de responsabilidad sienten a veces que ellos son los únicos que pueden hacer las tareas que hacen falta, pero otros son capaces de manejar parte de la carga. El delegar libró a Moisés de su tensión y mejoró la calidad de su gobierno. Ayudó a preparar a la gente para el sistema de gobierno fundado en Canaán. Distribuyendo así la carga ninguno es sobrecargado.

Secretos para padres

Aún las familias organizadas sienten presión por el exceso de responsabilidades. ¡Pero la desorganización es una segura manera de ponerse nervioso! Instituya una reunión familiar semanal donde cada uno tome parte, compare los programas, y se recuerden mutuamente los acontecimientos futuros. Éste puede ser un buen tribunal para asignar tareas y pedir ayuda. También puede ser un buen momento para las evaluaciones. Quizás puedan eliminarse del calendario familiar algunas tareas innecesarias.

Los estudios

Carmen, de catorce años, es buscada continuamente como niñera. No hay que maravillarse. Ella es muy buena para los chicos, bondadosa, divertida, paciente y extremadamente responsable. Cada vez que se produce un acontecimiento social, algunas de las parejas jóvenes de la iglesia «se pelean» en broma por conseguirla.

El mes pasado, una pareja, los Morales, llamó varias veces a Carmen. En un sentido ella estaba contenta, los Morales pagaban muy bien. Pero la parte negativa de esta «lucrativa tarea» era que Carmen estaba atrasada una buena cantidad de clases nocturnas del colegio. Dado que los Morales tenían dos muchachos activos menores de cinco años, ella nunca podría estudiar antes de alrededor de las nueve, y para ese entonces estaría demasiado exhausta como para concentrarse.

En un corto tiempo, dentro de un período de tres semanas, Carmen no completó una cantidad de deberes que tenía para hacer en su casa y tuvo un pobre rendimiento académico en varias pruebas.

Al llegar hoy el boletín del colegio, sus notas eran más bajas que lo normal. Por lo tanto sus padres le dijeron que no podía continuar haciendo de niñera durante las noches de colegio.

—Pero mamá, ¡mira cuánto dinero he hecho!

—Eso no me importa. Me importan tus notas.

—Sigo recibiendo BUENO como calificación.

—Si, pero la vez anterior recibiste tres SOBRESALIENTE.

—Voy a estudiar más esta vez.

—Me alegra escuchar esto, pero seguirás sin ir de niñera durante las noches de colegio. Tus estudios deben ser más importantes.

Convérselo

- En la historia anterior, ¿quién tiene razón y quién no? ¿Por qué lo cree usted así?
- Aparte del trabajo, ¿qué otras actividades pueden ser la causa de que se vean afectadas las tareas escolares de alguna persona?
- De ser posible, ¿cómo pueden realizar los estudiantes algún trabajo u otras actividades fuera del estudio y sin embargo estar bien en el colegio?

Compruébelo

Tenga en cuenta que Salomón valoraba más la sabiduría que el dinero u otra cosa (1 Reyes 3.7-13).

Aplíquelo

Al tener la oportunidad de poseer cualquier cosa en el mundo, Salomón pidió sabiduría, «un corazón sabio» para poder gobernar bien y tomar decisiones correctas. Salomón pidió sabiduría («discernimiento»), no riquezas, pero Dios le dio riquezas y también larga vida. Dios no promete riquezas a aquellos que lo siguen, Él nos da lo que necesitamos si nosotros ponemos en primer lugar su reino, sus intereses y sus principios (Mateo 6.31-33). Poniendo en las riquezas sus expectativas, solo conseguirá insatisfacción, dado que cuando consiga lo que anhela, seguirá deseando más. Pero si pone primero a Dios y su obra, Él podrá satisfacer sus más profundos deseos.

Secretos para padres

Propóngase tener un tiempo de fijar metas en familia para hablar de prioridades. Permita que cada persona se fije metas auténticas, y haga también algunas para toda la familia. Luego ore el uno por el otro y háganse responsables recíprocamente. El tener definidas las metas claramente puede evitarnos confusas prioridades.

El éxito

Probablemente ellos no lo admitirían a nadie, pero profundamente en su interior, cada uno de los siguientes personajes se siente como un fracasado. Vea si usted puede sentir afinidad con alguno de ellos.

La señora Pérez piensa en su loca y agitada vida hogareña de mamá. Ella siente que pasa la mayor parte de sus horas del día o en el lavadero, al lado de la cocina, o detrás del volante de su automóvil. Con tres niños pequeños, ella envidia a sus amigos que tienen hijos en edad escolar y que pueden trabajar y aprovechar los estudios realizados.

Durante el retiro de hombres el pasado fin de semana, Marcos García terminó en una discusión de grupo con un médico, dos abogados, y otro hombre que poseía su propio negocio de seguros. Las otras personas eran amables, pero Marcos se sentía fuera de lugar. Como le dijo luego a su esposa: «Solo trabajo para la ciudad. Esos tipos seguramente pensaron que yo era un verdadero perdedor».

Conrado Barrios tiene un hermano mayor muy popular, que es un estudiante dentro del cuadro de honor y canta solos en la iglesia en todo momento. Todo el mundo está entusiasmado con Tomás. «¡Odio caminar detrás de él!» se queja Conrado. «¡Él es tan perfecto y yo tan mediocre!»

Julio Lamas es uno de los pocos muchachos de la Academia Trenton que no hace deportes. Nunca nadie le ha dicho nada al respecto, pero desde que el atletismo es algo tan primordial en Trenton, Julio está seguro que la gente cree que él es homosexual.

Convérselo

- ¿Qué vara de medir usa nuestra sociedad para determinar quién tiene éxito y quién no?
- ¿Cómo definiría usted al éxito?
- ¿Cuál es la persona más exitosa que usted conoce? ¿Por qué usted dice esto?
- ¿Qué le diría usted a cada una de las personas antes mencionadas si ellas condenasen sus sentimientos de fracaso?
- ¿En qué aspectos se siente usted fracasado? ¿Por qué?

Compruébelo

Lea la definición del éxito dada por Dios en Josué 1.6-9.

Aplíquelo

Mucha gente cree que la prosperidad y el éxito provienen de tener poder, contactos personales influyentes y un implacable deseo de seguir adelante. Pero la estrategia que Dios enseñó a Josué para ganar prosperidad va contra semejante criterio. Él dijo que para tener éxito, Josué debía (1) ser fuerte y valiente, (2) obedecer la ley de Dios y (3) leer y estudiar constantemente el Libro de la Ley, la Palabra de Dios. Si usted quiere tener éxito, siga las instrucciones de Dios a Josué. Usted podrá no tener éxito según los patrones del mundo, pero usted será un éxito a los ojos de Dios, y su opinión perdurará por siempre.

Secretos para padres

Trate de alabar menos a sus hijos por cosas como la apariencia y los logros y más por cosas como las demostraciones de un carácter y madurez cristianos.

El sufrimiento

¿Por qué deben pasar algunas personas por tanto sufrimiento?

Hace cerca de cuatro años, Amanda perdió a sus padres en un accidente automovilístico.

A pesar de la conmoción y el dolor, ella y sus hermanos se las ingeniaron para seguir adelante todos juntos.

Cerca de un año después, la hermana de Amanda falleció en otro accidente.

Dijo un amigo: «Es todo tan terrible. Uno se pregunta, *¿por qué, Dios mío? ¿Por qué tanta tragedia para una sola familia?* Y entonces uno piensa: *¿por qué es* mi *vida tan bendecida y libre de este tipo de sufrimiento?* Es una especie de espanto, porque uno sabe que suceden cosas malas en este mundo, aun a las personas que aman a Dios. Por ello a veces me sorprendo a mí mismo esperando que suceda algo terrible.

»No sé qué haría en una situación así. ¿Odiaría a Dios? ¿O dejaría de creerle? Es difícil decirlo. Pero sé una cosa: la confianza de Amanda es sorprendente. Ella es un tremendo ejemplo para muchas personas. Siento una gran admiración por ella».

Convérselo

- ¿Qué ha sido lo más doloroso que ha tenido que afrontar jamás?
- ¿Por qué hay tanto sufrimiento en el mundo?
- Si Dios es bueno, y si Él es todopoderoso, ¿por qué permite que le sucedan cosas malas a la gente?
- ¿Hay algo positivo que pueda surgir del sufrimiento? ¿Qué és?
- ¿Qué podría hacer hoy su familia para alentar a alguien como Amanda?

Compruébelo

Lea acerca de la certeza del sufrimiento (Job 5.7 y Juan 16.33) así como del valor del sufrimiento (Romanos 5.3,4; 8.18).

Aplíquelo

Nosotros sufrimos por muchas razones. Un poco de sufrimiento es el resultado directo de nuestro propio pecado; otro poco ocurre por nuestra propia estupidez; otro poco por el simple hecho de vivir en un mundo caído. Pedro habló acerca del sufrimiento que proviene como resultado de hacer el bien (1 Pedro 2.21-23). Cristo nunca pecó, sin embargo sufrió para que pudiésemos ser liberados. Cuando seguimos el ejemplo de Cristo y vivimos para otros, también podríamos sufrir. Nuestra meta debería ser la de enfrentar el sufrimiento como lo hizo Él, con paciencia, calma, y con la confianza de que Dios está en control de todo.

Secretos para padres

Enseñe a sus hijos cómo consolar a los que sufren. Ayúdeles a comprender que la mejor reacción hacia los que están sufriendo es por lo general estar solamente a su lado y escucharlos. Disuádalos de ser como los «consoladores» de Job, ofreciendo argumentaciones teológicas y sermones y lecturas. La gente que sufre raras veces necesita o desea libros o versículos bíblicos; ellos no quieren charlatanerías triviales o promesas con sonidos huecos. En su lugar necesitan muchos abrazos y mucho amor.

La burla

En el colegio hay un nuevo chico. Su nombre es Sergio Torres y los otros chicos le han hecho la vida difícil.

Se burlan de él porque habla en forma extraña. Se ríen de él en el campo de juegos porque es torpe con la pelota. Se divierten con él en los pasillos porque generalmente tiene pegado un mensaje en la parte trasera de su camisa que dice: «¡No me hagas caso!» o «¿Qué puedo hacer si soy estúpido?»

Juana y Lisa regresaron hoy a casa muy disgustadas.

—¿Qué ocurre? —las interrogó la madre.

—Bueno, tiene que ver con Sergio.

—¿Quién es Sergio?

—El nuevo chico del colegio.

—¿Qué pasa con él?

—Bueno, todo el mundo se burla de él. A veces hasta *nosotras* nos hemos divertido a costa de él. Sea como sea, hoy en el recreo los muchachos estuvieron planeando atajar al hombre con la pelota. De pronto alguien agarró a Sergio y se le tiró encima.

—Bueno, ¿y qué tiene eso de malo? Yo debo pensar que el nuevo muchacho *quiere* que lo acepten.

—No mamá. Recuerda que hoy era el día de las fotografías y él tenía puesto su saco bueno y su corbata. En todo caso, ellos pusieron la pelota de fútbol dentro de su saco y todos lo tiraron en el barro. Cuando se apartaron de él, estaba sentado en el barro llorando. Ni siquiera se enojó por esto. Y todos los demás se estaban riendo de él. ¡Pero Juana y yo nos sentimos muy mal!

Las lágrimas corrían por el rostro de Lisa.

—¡Nunca más voy a burlarme de alguien!

Convérselo

- ¿Por qué parece tan natural que algunas personas sean perseguidas?
- ¿Cómo se siente uno cuando se divierte a costa de otros?
- ¿Qué es lo que determina que una persona sea especial o valiosa? ¿Por qué?
- Si usted fuese Juana o Lisa, ¿que haría la próxima vez que fuese al colegio?
- ¿A quién puede usted defender hoy en lugar de divertirse a costa de él?
- ¿Qué significa decir que hemos sido creados a semejanza de Dios?

Compruébelo

Es fácil olvidarse que cada persona es especial y amada por Dios. En esto no hay excepciones. Lea Génesis 1.26,27 y Salmo 139.

Aplíquelo

A los ojos de Dios, el valor de una persona no tiene relación con su riqueza o posición en la escala social. Muchas personas que han sobresalido en las obras de Dios empezaron en la pobreza o con humildes principios. Dios sustituye los órdenes sociales del mundo, eligiendo frecuentemente a sus futuros líderes y embajadores entres los parias sociales. (Salmo 113.5-9.) Muchos de sus más notables siervos, tales como Moisés, David, Daniel y Pablo, no tenían aspiraciones de grandeza. ¿Usted trata a los indeseables de la sociedad como pensando que son valiosos? Demuestre con sus actos que todas las personas son valiosas y útiles a los ojos de Dios.

Secretos para padres

La película *Jesús* (producida y distribuida por Campus Crusade for Christ) describe con exactitud la vida de Cristo desde su nacimiento hasta su resurrección. Demuestra vívidamente cuán bondadoso y dulce trataba a los que eran diferentes y a los parias sociales. Vea esta película con su familia y discútala.

La televisión

Los Santos ven mucha televisión, pero un programa que siempre han disfrutado juntos es *Vamos a los perros*. Se trata de una serie acerca de la familia Travieso, una pareja joven con adolescentes mellizos los cuales heredan un floreciente negocio de veterinaria de un tío fallecido hace tiempo.

Cuando comenzó ese programa, era irresistiblemente divertido. Los guiones eran realmente ingeniosos y bien escritos, y la actuación sobresaliente. El humor era relativamente decente y no podía objetarse nada a los personajes y situaciones presentadas.

Sin embargo, en los últimos episodios, presentaron a un nuevo empleado, ocurrente e ingenioso (un estudiante del colegio interesado en la hija de los Travieso). De pronto, el diálogo se transformó en algo sugestivo, y los chistes eran un poco subidos de tono.

La señora Santos es de la opinión de que la familia debería dejar de ver *Vamos a los perros.* El señor Santos no está tan seguro. «Sigue siendo uno de los programas más decentes de la televisión. Además, es el programa que está al tope de su clase».

Los hijos de lo Santos no ven todo el gran inconveniente que se ha formado. Todos sus amigos del colegio ven *Vamos a los perros* y hablan de él todo el tiempo. Ellos quieren seguir viéndolo.

Convérselo

- ¿Cual es su programa favorito de televisión? ¿Por qué?
- ¿Qué características de su programa favorito de televisión son positivas y qué elementos no lo son?
- Algunos cristianos se pasean por todos los canales de su televisor, otros tratan de ver selectivamente. ¿Cuál método cree usted que es mejor y por qué?
- ¿Qué normas deberíamos usar para decidir si ver o no un cierto programa de televisión?.

Compruébelo

¿En qué forma está relacionado Filipenses 4.8 con esta discusión en particular?

Aplíquelo

Lo que introducimos en nuestras mentes determina lo que sale con nuestras palabra y acciones. En Filipenses 4.8, Pablo nos pide programar nuestras mentes con pensamientos que sean verdaderos, nobles, correctos, puros, amables, admirables, excelentes y dignos de alabanza. Examine lo que está poniendo usted en su mente a través de la televisión, de los libros, las conversaciones, películas y revistas. Reemplace por material saludable lo dañino que se haya introducido. Por encima de todo, lea la Palabra de Dios y ore. Pida a Dios que le ayude a enfocar su mente en lo que es bueno y puro. Requiere práctica, pero puede ser logrado.

Secretos para padres

He aquí una idea para ganar el control de la costumbre de la televisión en su hogar. Permita a cada integrante de su familia una cierta cantidad de horas de televisión por semana (usted fija las normas). Luego se les cobra a los miembros de la familia el privilegio de ver programas adicionales. Use ese «dinero de penalidad» para una buena causa. En relación a esto usted puede crear un programa pagándoles una pequeña suma a sus hijos por cada libro que lean.

La tentación

El viernes por la tarde, los cuatro integrantes de la familia Barrios se enfrentaron cada uno con un seria tentación.

Pedro, de cuarenta y un años, recibió la cuarta llamada telefónica de un persistente hombre joven el cual le había enviado un manuscrito para su posible publicación. «Oiga, señor Barrios, soy Carlos Martínez. Lamento molestarlo de nuevo. Me estaba preguntando si usted tuvo una oportunidad de ver el material que le envié». Pedro sintió inmediatamente punzadas de culpa por no haber contestado las llamadas de este hombre. *¿Debo decirle la verdad?* se preguntaba. Hubo un largo, embarazoso silencio, después Pedro...

Blanca (su edad es un gran secreto) salió caminando de la tienda de comestibles y de pronto se dio cuenta que el empleado le había dado el vuelto de veinte dólares en vez de diez. Se detuvo, recordó la larga cola de la caja, miró su reloj, pensó en el denso tráfico de esta hora, y...

Mercedes, de dieciséis años, entra en la clase de literatura inglesa justo para escuchar que el maestro anuncia una prueba sorpresa. A la mitad de la prueba, Mercedes siente un codazo en su espalda. Era Andrés, el genio de la clase, ofreciéndole las respuestas correctas en un pedazo de papel. Mercedes miró a ambos lados, pensó un momento, y...

Mateo, de trece años, vio un grupo de muchachos agrupados alrededor de un armario.

«Oye, Saúl, ¿qué está pasando?» preguntó. Saúl sonrió y dijo: «¡Ah, hombre, Guillermo tiene un *Penthouse*! [Revista de desnudos femeninos] ¡Ven a verla!» Mateo se paró de pronto, tragó saliva, y...

Convérselo

- ¿Qué elecciones habrán hecho las personas antes mencionadas?
- ¿Es un pecado ser tentado? ¿Por qué dice usted esto?
- ¿Por qué las tentaciones son diferentes para las diferentes personas?
- Hable de los momentos cuando usted cedía a la tentación y cuando se resistía.
- ¿Cuál es su mejor estrategia para decirle no a los impulsos pecaminosos?

Compruébelo

Para recordar cómo puede Dios fortalecernos para que resistamos la tentación, lea Hebreos 2.18; Santiago 4.7 y 1 Corintios 10.13.

Aplíquelo

Una persona no ha demostrado verdadera obediencia si no ha tenido la oportunidad de desobedecer. Leemos en Deuteronomio 8.2 que Dios condujo a Israel al desierto para humillarlo y ponerlo a prueba. Dios quería ver si su pueblo iba a obedecerle cuando viniese el momento de la elección. Usted, también, será puesto a prueba todos los días. Debido a que usted sabe que la prueba vendrá, esté alerta y preparado para ella. Recuerde que las situaciones de presión no rompen sus convicciones, solo las traen a la luz. Persista en su andar cristiano cuando esté bajo presión...cuando más importa.

Secretos para padres

Pudiera ser sabio que su familia memorice uno de los versículos antes citados. Haga de ello un proyecto, hasta un debate, y luego en ocasiones díganlo juntos. Nunca se sabe en qué forma esto puede ayudar a un familiar en una situación especial.

El diezmo

¿Qué piensa usted que podría descubrir si pudiese leer las mentes de las personas cuando se está pasando el plato de las ofrendas en la iglesia?

He aquí lo que pensó el domingo cada uno de los Bustamante:

- El señor Bustamante puso un cheque dentro del plato y pensó: *caramba, espero que cuando anuncien la semana próxima el resultado de la ofrenda, Dios se acuerde que yo puse ese dinero.*
- La señora Bustamante observó como su dinero duramente ganado se iba al plato y oró: *gracias Señor, por la bendición que nos has dado. Usa por favor este dinero para alcanzar a más personas con el evangelio.*
- Marta Bustamante contribuyó de mala gana con cincuenta centavos de su asignación y pensó: *¿por qué me obliga a hacer esto mamá? ¡Yo lo necesito más que la iglesia!*
- La pequeña Clarita esperó hasta que el plato de la ofrenda estuvo bien frente a ella, *entonces* sacó su bolso de monedas y echó un puñado de centavos. Mirando a su alrededor, se dio cuenta que varias personas la estaban observando. Sonrió y de pronto se sintió turbada.

Convérselo

- ¿Cuál de los Bustamante tuvo una buena actitud? ¿Cuál una mala? ¿Por qué?
- ¿Si Dios no necesita nuestro dinero, ¿por qué se lo damos?
- ¿Qué es el diezmo y por qué es igual o distinto que la ofrenda?
- Honestamente, ¿cómo se siente usted cuando da su ofrenda o su diezmo? ¿Por qué?
- Algunas personas manifiestan: «un décimo le pertenece a Dios, el resto es suyo» ¿Está usted de acuerdo con esta declaración? ¿Por qué o por qué no?
- Estudios realizados demuestran que el miembro de iglesia promedio da solamente alrededor del tres por ciento de su ingreso. ¿Qué piensa usted al respecto?

Compruébelo

Lea dos pasajes acerca de la ofrenda, 2 Corintios 9.6-9 y Lucas 21.1-4.

Aplíquelo

¿Como decide usted la cantidad a diezmar? La Biblia nos da varios ejemplos a seguir en 2 Corintios 8.1—9.15: (1) Cada persona debería seguir los compromisos previos (8.10,11; 9.3; (2) cada persona debería dar en la medida que es capaz (8.12;9.6); (3) cada persona tiene que tomar su propia determinación sobre cuánto dar (9.7) y (4) cada persona debería dar en proporción a lo que Dios le ha dado a ella (9.10) Dios nos da para que podamos dar a otros.

La actitud con la cual damos es más importante que la cantidad que damos. No debemos avergonzarnos si solo podemos dar una pequeña cantidad. Dios está interesado acerca de *cómo* damos de los recursos que tenemos (Marcos 12.41-44).

Secretos para padres

Es una regla que los niños cuyos padres los alientan y enseñan a dar, crecen probablemente continuando con ese hábito. Asegúrese de que sus hijos comprendan el principio de que todo lo que poseemos pertenece a Dios (Salmo 24.1).

El tabaco

Federico, de nueve años, arrastró prácticamente a su amigo Roberto detrás de la esquina del edificio.

—Ven —lo alentó—. Tengo algo que mostrarte.

Cuando estuvieron completamente escondidos en el camino trasero, Federico hurgó profundamente en el bolsillo de su saco y sacó un estrujado paquete de cigarrillos.

—¿Dónde los conseguiste?

—De un tipo que vino a ver a mi hermana. Lo saqué de su auto.

—¿Vas a fumarte uno?

—Bueno, no los traje hasta aquí atrás para mirarlos.

Federico extrajo la caja de fósforos del otro bolsillo y los muchachos encendieron los cigarrillos. La primera fumada de Roberto es seguida por un acceso de tos. Federico se ríe.

—Hombre, ¡no sabes lo que estás haciendo! ¿Nunca fumaste antes?

—Seguro que sí. Todo el tiempo. Lo que pasa es que nunca probé esta marca. Es diferente. Tiene un gusto más fuerte.

Los muchachos practican sosteniendo los cigarrillos de diferentes maneras. Probaron de soplar el humo a través de la nariz. Trataron de hacer anillos de humo.

A los veinte minutos Roberto siente ganas de vomitar.

—Voy a casa al baño —anuncia.

—Bueno, ¿te gustaron?

—Muy buenos —responde Roberto débilmente—. Estos eran realmente buenos.

Convérselo

- ¿Deberían fumar los cristianos? ¿Por qué o por qué no?
- ¿Cuáles son las desventajas de fumar?
- ¿Por qué cree usted que las personas fuman?

Compruébelo

Lea 1 Corintios 6.19,20. Aun cuando el contexto del pasaje es evitar la inmoralidad sexual, ¿cómo se aplica este principio al uso del tabaco?

Aplíquelo

Mucha gente opina que tienen el derecho de hacer lo que quieran con sus cuerpos. Aunque ellos creen que eso es la libertad, en realidad son esclavos de sus propios deseos. Cuando nos convertimos en cristianos, el Espíritu Santo nos llena y vive en nosotros. Por lo tanto, nuestros cuerpos ya no nos pertenecen más. La muerte de Cristo nos liberó del pecado pero también nos obligó a servirle. Si usted vive en un edificio que pertenece a otra persona, tratará de no violar las reglas del edificio. Debido a que su cuerpo pertenece a Dios, usted no debe violar sus normas de vida.

Secretos para padres

La mayoría de los niños evitarán el hábito del tabaco siempre que, aun cuando sean jóvenes, se haga un gran y concertado esfuerzo para mostrarles todas las desventajas de fumar. Un padre llevó a sus jóvenes hijos de entre cinco y ocho años a comer a un restaurante lleno de humo y utilizó esta desagradable experiencia como un maravilloso momento de enseñanza.

La lengua

A los Arango les encanta su nuevo teléfono inalámbrico. Pueden pasearse por toda la casa, aun salir al patio, hablando con sus amigos y manteniendo un ojo sobre sus hijos.

Todo esto no es anormal dentro de las costumbres telefónicas de los Arango. Carmen charla con Sarita, su mejor amiga, casi diariamente. Discuten sobre la vida, sucesos y la gente de la pequeña ciudad de Jonesboro. Por el otro lado, Tomás odia el teléfono. Raras veces se lo podrá encontrar telefoneando a alguien. Sin embargo, tiene un par de compañeros del colegio que lo llaman bastante seguido. Braulio, un amigo, lo llama siempre para contarle chistes, muchos de color subido, algunos verdaderamente indecentes. Tomás escucha amablemente y a veces hasta se ríe sinceramente de los chistes de su viejo camarada.

Esta tarde, Carmen estaba sentada en la entrada de su casa hablando con Sarita por teléfono cuando la pequeña de al lado vino por el camino de acceso montada en su bicicleta.

—Señora Carmen —le dijo—, ¿sabía usted que a veces cuando mi mamá quiere usar nuestro teléfono, la puede escuchar a usted y al señor Tomás hablando por su inalámbrico?

Carmen casi se cae de su mecedora.

—Sarita —dijo abruptamente—, déjame entrar y te llamo desde el otro teléfono.

Convérselo

- ¿Qué le gusta y qué le disgusta del hablar por teléfono?
- ¿Por qué se alteró tanto Carmen cuando se enteró que sus vecinos podían escuchar sus conversaciones telefónicas?
- ¿Cómo se sentiría Tomás cuando supo que sus vecinos podían escuchar sus conversaciones a través de su teléfono inalámbrico?
- ¿Cómo se sentiría si frente a toda la congregación de su iglesia se escuchasen cintas con sus conversaciones telefónicas de esta semana? ¿Se sentiría turbado por algunas de las cosas que dijo?
- ¿Cómo deberían tratar los Arango este «caso de la señal telefónica errante»?
- ¿Qué debería cambiar hoy respecto a su forma de conversar?

Compruébelo

Lea Santiago 3.1-12 para un serio recordatorio del poder de la lengua y de que necesitamos utilizarla para el bien y no para el mal.

Aplíquelo

Si ningún ser humano puede controlar la lengua (Santiago 3.8), ¿por qué molestarse en tratarlo?

Aún si no podemos conseguir un control perfecto de nuestras lenguas, ganemos suficiente control como para reducir el daño que nuestras palabras puedan hacer. Es mejor combatir un incendio que ocasionar nuevos. Recuerde que no combatimos el fuego de nuestra lengua con nuestras propias fuerzas. El Espíritu Santo nos dará la fuerza para vigilar y controlar lo que digamos para que, si nuestras palabras se salen del carril, el Espíritu nos pueda recordar las normas de Dios. Deje que el Espíritu guíe y controle su lenguaje.

Secretos para padres

Un líder de la juventud le ayudó a sus jóvenes a refrenar las habladurías con esta lección objetiva. Él puso en duda la veracidad del viejo refrán que dice: «palos y piedras pueden quebrar mis huesos, pero las palabras nunca podrán dañarme». Los convenció con sus propias experiencias que las palabras *hacen* daño. Luego les dio una piedra del tamaño de una pelota de béisbol, con la inscripción escrita con esmalte rojo para uñas: «Santiago 3.10». Los adolescentes pusieron esas piedras al lado de sus teléfonos como un constante recordatorio de que no deben decirse cosas hirientes por teléfono.

Las pruebas

Sucedió repentinamente. Sin previo aviso. Ayer todavía todo iba como la seda para los Hernández. Hoy el mundo entero había dado vuelta.

Esta mañana Conrado Hernández se fue a su trabajo, un empleo de ejecutivo de nivel medio en una compañía nacional. Condujo el automóvil de la compañía por su bonito barrio y pasó delante de la iglesia que tanto quería su familia. Cuando entró al edificio, y él una cantidad de sus colegas fueron llamados al salón de conferencias para una sorpresiva reunión. Sin previo aviso, la compañía (como tantas otras) había resuelto reducirse por razones económicas. Un gran número de puestos habían quedado sin efecto. Entre ellos el de Conrado.

«¡No se preocupen!» dijeron los funcionarios de la compañía alegremente. «Habrá una muy generosa indemnización». Es cierto que Conrado es lo suficientemente joven y talentoso como para encontrar otro trabajo. Pero al regresar a casa, está pensando respecto a tener que empezar todo de nuevo. *Señor, no lo comprendo. Realmente amamos este lugar. Luego de cinco mudanzas en diez años hemos encontrado finalmente una comunidad y una iglesia en las que nos encontramos como en casa y en donde queremos echar raíces. Y ahora nos estás haciendo empezar de nuevo.*

Súbitamente los ojos de Conrado se llenaron de lágrimas haciéndole difícil poder distinguir la carretera.

Convérselo

- ¿Qué pruebas enfrenta la gente de su iglesia?
- ¿Cuáles son las pruebas con las que debe luchar su familia?
- ¿Por qué Dios permite que sus hijos atraviesen malos momentos?
- ¿Por qué algunos nunca parecen tener dificultades?
- ¿Qué le diría a Conrado?

Compruébelo

Vea si Dios pudiera haber permitido situaciones adversas, por ejemplo, para fortalecer nuestro carácter (Romanos 5.3,4; Santiago 1.3,4) o para demostrar que nuestra fe es real (1 Pedro 1.7).

Aplíquelo

Muchos piensan que creer en Dios los protege de los problemas, y cuando llegan las calamidades, dudan de la bondad de Dios y de su justicia. Pero el mensaje de Job es que Dios permite que suframos (Job 2.10). La fe en Dios no nos garantiza prosperidad personal y la falta de fe no nos garantiza problemas. Si fuera así, la gente creería en Dios simplemente para hacerse ricos y sentirse mejor. Dios es capaz de rescatarnos del sufrimiento, pero también puede permitirlo por razones que desconocemos. La estrategia de Satanás es hacernos dudar de Dios en ese instante. Job mostró una amplia comprensión en vez de buscar su comodidad personal. Si supiésemos siempre por qué sufrimos, nuestra fe no tendría espacio para crecer.

Secretos para padres

Las generaciones anteriores parecían tomarse las pruebas con toda calma. La presente parece abatirse ante la dificultad más simple. ¿Por qué? La respuesta puede que radique en el hecho de que la gente joven de hoy espera que la vida sea fácil. Cuando no lo es (¡y raramente lo es!), ellos apenas son capaces de sobrellevarla. Le hacemos menudo favor a nuestros hijos si dejamos que crean que la vida será bondadosa y amable con ellos. Si los protegemos de cualquier experiencia desagradable, nunca aprenderán a afrontar pruebas. En su lugar, debemos enseñarles que la vida es difícil y que continuará siéndolo. Somos criaturas caídas en un mundo caído. Los tiempos serán difíciles. El paraíso no será nuestro hasta que no lleguemos al cielo. Si ellos pueden apropiarse de esta verdad bíblica, estarán lejos por encima del común denominador de la gente.

La confianza

Amalia está pasando por un mal momento. El único riñón que le queda está fallando. Ya tuvo tres trasplantes. Ahora parece que tiene que volver a hacerse diálisis y a la lista de espera de donantes de órganos.

Está asustada. Puede llegar a perder la vida

Está confusa. No puede comprender por qué Dios está permitiendo esto.

Está triste. Estaba marchándole todo tan bien en la vida...y ahora esto.

Mientras tanto, sus padres se están preguntando nerviosamente de dónde sacarán las decenas de miles de dólares que necesitarán para pagar por la futura atención médica de Amalia.

La iglesia entera esta orando, y la comunidad entera está recolectando dinero para Amalia.

¿Tendrá su historia un final feliz?

Convérselo

- ¿Estuvo usted alguna vez en un situación de amenaza para su vida? ¿Cuando? ¿Qué fue?
- ¿Cuál sentimiento es para usted el más difícil de tratar: el temor, la confusión, la tristeza, la incertidumbre o la ansiedad? ¿Por qué?
- ¿A dónde recurre usted por consuelo cuando su mundo se derrumba?
- ¿Qué le diría usted a alguien como Amalia?
- ¿Qué significa para usted cuando oye que se refieren a Dios o a Cristo como a nuestro «pastor»?

Compruébelo

Lea el Salmo 23, quizás el pasaje más amado de toda la Biblia. Preste atención cuidadosamente a lo que dice respecto a que Dios es nuestro pastor.

Aplíquelo

Al describir al Señor como a un pastor (Salmo 23.1), David describió su propia experiencia debido a que había pasado sus primeros años cuidando ovejas (1 Samuel 16.10,11). Las ovejas dependen totalmente del pastor para su provisión, guía y protección. El Nuevo Testamento llama a Jesús el «buen pastor» (Juan 10.11), el «gran pastor» (Hebreos 13.20,21) y el «Príncipe de los pastores» (1 Pedro 5.4). Como el Señor es nuestro buen pastor, entonces nosotros somos sus ovejas, animales pasivos y sin temor, pero seguidores obedientes, suficientemente sabios como para seguir al que nos conducirá a los lugares correctos y por lo caminos correctos. Igual que las ovejas, no podemos saber cada propósito de nuestro pastor. Solamente podemos seguirlo, confiando que Él sabe el camino aún cuando nosotros no.

Secretos para padres

Hace algunos años, Phillip Keller escribió un maravilloso y agudo libro titulado *A Shepherd Looks at Psalm 23* [Una mirada pastoral al Salmo 23]. Tomando sus propias experiencias cuidando ovejas, Keller explica el hermoso lenguaje florido del vigésimo tercer salmo. Si usted tiene chicos mayores o que estén llegando a la adolescencia, les encantará este libro.

El disgusto

Es un gran día para la familia Ortega. ¡Dos semanas atrás compraron su primera casa! Y hoy, finalmente, es el día de la mudanza.

Cerca de veinte amigos de la iglesia se presentaron para ayudar. Estacionados en el camino de entrada y en la calle se ve un vasto surtido de camionetas y minivanes, algunos hasta tirando pequeñas casas rodantes. Los hombres están reunidos en la cocina comiendo buñuelos y tomando café. Las mujeres están rotulando cajas y planificando qué irá adónde (¡y cuándo!). Los niños están gritando y corriendo alrededor del patio en un día de película.

A los quince minutos de estar en eso, Lisa Ortega observa con horror como cuatro hombres robustos agarran su flamante refrigerador congelador, lo vuelcan de costado y lo deslizan en la parte trasera de una vieja camioneta llena de grava, herramientas oxidadas y suciedad. Lisa se estremece ante el sonido del metal raspando violentamente sobre una superficie dispareja.

Al borde de las lágrimas, ella lleva a un costado a Marcos, su marido, y le cuenta lo sucedido. Su corazón se estremece.

—¿Qué deberíamos hacer? —murmura.

—¿Cómo le dices a un montón de amigos, a un montón de adultos supuestamente responsables, a gente que sacrificó su sábado para ayudarnos, «¡Oigan, ustedes están rompiendo nuestras cosas, lárguense de aquí!»?

—No lo sé —lloriquea Lisa—. Pero si vamos a la casa nueva y todo está rallado y roto, ¿qué clase de ayuda es esa?

Convérselo

- ¿Cuáles son las ventajas y desventajas de mudarse a una nueva casa? ¿A una nueva ciudad?
- ¿Cuál es su posesión más preciada? ¿Por qué?
- ¿Por qué parece que las personas no tienen el mismo cuidado con las cosas de los demás que con las propias?
- ¿Cuáles son algunas de las cosas que Marcos y Lisa pueden hacer en esta delicada situación?
- Hable de una ocasión en la cual alguien trató de ayudarle y en realidad terminó creando un problema.
- ¿Cómo piensa que reaccionaría usted ante una situación como la mencionada?

Analícelo

Lea Efesios 4.25-27 acerca de un útil elemento de consejo sobre cómo reaccionar ante situaciones como la que tuvieron que enfrentar los Ortega.

Aplíquelo

La Biblia no nos dice que no debemos enojarnos, pero señala que debemos manejar nuestro enojo debidamente. Si es manejado desconsideradamente, el enojo puede lastimar a otros y romper relaciones. Si queda en nuestro interior, puede causar que nos volvamos amargados y destruirnos por dentro. La Biblia nos dice que debemos lidiar con nuestro enojo inmediatamente de manera que podamos crear relaciones en lugar de destruirlas (Efesios 4.26). Si alimentamos nuestro enojo, daremos a Satanás una oportunidad para dividirnos. ¿Está usted enojado en este momento con alguien? ¿Qué puede hacer para resolver sus diferencias? No deje que termine el día sin comenzar a recomponer su relación.

Secretos para padres

Recuerde a sus hijos la regla de oro (tratar a otros como quisiera que lo traten a usted, y tratar las cosas de ellos de la manera como quisiera que fuesen tratadas las suyas). Quizás usted pueda contar acerca de una época en su propia vida cuando rompió algo que pertenecía a otro y usted tuvo que confesar abiertamente su acción y pagar por ello.

Los juegos de video

Los abuelos de Daniel Díaz le trajeron un nuevo sistema de juego de video Nintendo para su cumpleaños. Videotendo es el sistema de juego de video más reciente, más avanzado, más caro y más admirable que se pueda conseguir.

¡Los gráficos y el sonido son tan reales que asustan!

Daniel ha estado rondando su nuevo juego todo el fin de semana, probando los diferentes programas de juegos que había recibido. La está pasando bien, pero se ha olvidado del mundo, un hecho que esta irritando cada vez más a su madre.

Luego de tres fallidos intentos de llamar la atención de Daniel, la señora Díaz finalmente se vuelve a su esposo y le dice:

—¡David, esto está comenzando a ponerme loca de verdad! Es como si se hubiese desconectado de todo lo demás. Es un pequeño zángano, sentado mirando fijamente la pantalla.

—Bueno, sí, y no solo que está desperdiciando un montón de tiempo, sino que además, ¿no has visto ese juego que le mandó la tía Catalina?

—No, ¿cuál?

—No sé...se llama Gangbuster o algo parecido. El propósito del juego es caminar de noche por la ciudad y evitar ser muerto por esas violentas pandillas.

—Ay, David, ¡eso suena terrible!

—¡Lo es! Deberías ver toda la sangre y las entrañas.

—No quiero que juegue con eso.

—No estoy seguro si quiero que juegue con el Nintendo en general. Parece como que se está convirtiendo en un adicto o algo así.

Convérselo

- ¿Por qué cree usted que los juegos de video son tan populares?
- ¿Cuáles son los pro y los contra de los juegos de video?
- ¿Qué lineamientos deberían seguir los cristianos al decidir qué juegos de video usar?

Compruébelo

La Biblia anima al pueblo de Dios a ser productivo y a evitar malgastar el tiempo. Lea 2 Tesalonicenses 3.6-13.

Aplíquelo

Cualquier clase de obsesión abrumadora, ya sea en su trabajo o en su tiempo libre (en la forma de un vehículo, juegos de video, deportes, etc.), es semejante a idolatría. Cuando dedicamos todo nuestro tiempo a nuestras posesiones materiales y placeres, estamos desperdiciando un tiempo precioso que podríamos usar para Dios. La Biblia nos enseña a «numerar nuestros días» para que logremos lo más posible en el tiempo que Él nos dio. Existe una diferencia entre el ocio y la vagancia. El relajamiento y la recreación suministran el necesario y tan necesitado balance para nuestras vidas; pero cuando llega el tiempo de trabajar, los cristianos deben estar preparados y dispuestos. Debemos hacer lo más posible con nuestro talento y tiempo, haciendo todo lo que podamos para proveer para nosotros y nuestros familiares. Descanse cuando deba descansar y trabaje cuando deba trabajar.

Secretos para padres

Antes de retar a sus hijos por «perder el tiempo jugando esos cochinos juegos de video», podría ser prudente evaluar el uso de su propio tiempo. ¿Dedica *usted* mucho tiempo mirando televisión o «malgastando» su tiempo de otra forma? Quizás pueda usted idear un sistema o programa para los niños que permita algún tiempo de video juegos, pero solamente después de haber cumplido con otras responsabilidades. Usted puede guardar los programas de los juegos y dejar que su hijo los utilice, estilo biblioteca, uno cada vez.

La violencia

Usted no se da cuenta cuántas imágenes de violencia ve usted en un solo día hasta que no se detiene a pensarlo. Por ejemplo, tome un día en la vida de Esteban.

Al despertar esta mañana, vió unos dibujos animados. En algunos observó a súper héroes luchando contra los villanos; en otros, el Coyote trataba de matar y comerse al Correcaminos.

En el coche, rumbo al colegio, escuchó en la radio las noticias acerca de violentos tumultos en una ciudad extranjera.

En el colegio, a la hora del almuerzo, vió a dos muchachos peleándose por una bolsita de papas fritas.

Después del colegio, estuvo viendo un partido de béisbol en uno de los súper estadios. De pronto se generó una riña cuando el lanzador de un equipo golpeó a un bateador del equipo contrario. Les llevó a los árbitros quince minutos restablecer el orden.

Durante las noticias de la cadena de radiodifusión, el locutor informó acerca del juicio de un infame ejecutor de asesinatos en serie.

Convérselo

- ¿Por qué cree usted que nuestra sociedad es tan violenta?
- ¿Alguna vez la violencia es inofensiva? ¿Qué pasa con la violencia de los dibujos animados o la violencia que se encuentra en los deportes como el fútbol o el boxeo?
- ¿Qué podrían hacer los padres, si cabe la posibilidad, para proteger a sus niños de ver u oír escenas de violencia?
- ¿Cómo cree usted que Esteban ha sido o será afectado por las cosas que observó y escuchó durante el día?
- ¿Qué podría hacerse para que la sociedad y las personas sean menos violentos?

Compruébelo

Observe en Génesis 6.11-13 que en gran parte Dios, debido a la violencia reinante, decidió juzgar al mundo con un diluvio. Vea asimismo la advertencia que aparece en 2 Timoteo 3.1-5.

Aplíquelo

A pesar de que Noé vivió entre gente violenta, trató de hacer lo que complacía a Dios llevando sus asuntos acorde a la voluntad divina (Génesis 6.9). Por toda una vida caminó paso a paso en fe, siendo un vivo ejemplo para su generación. Igual que Noé, vivimos en un mundo lleno de violencia. ¿Somos una influencia para otros o somos influenciados? O el espacio de un metro alrededor suyo se está convirtiendo más en usted o usted se está convirtiendo más en él. Sea un pacificador.

Secretos para padres

Si usted permite a sus hijos tener en sus dormitorios su propio televisor o videograbadora, no hay manera de vigilar lo que entra en sus mentes. Es difícil censurar aún la televisión normal, debido a todos los anuncios comerciales de próximos programas, repletos de imágenes rudas y espeluznantes. Las noticias están generalmente dominadas por historias de violencia. Una estrategia sería librarse de la televisión y tener simplemente una videograbadora y un monitor. Este equipo no puede recibir señales de las emisoras. Solamente pueden usarse las cintas de video. De esta manera, los padres *pueden* controlar cuidadosamente lo que ven sus hijos.

Perder el tiempo

Carlos pasó la noche del viernes último con su amigo Arnaldo Suárez.

—Oye, ¿cómo te fue? —le preguntó la mamá cuando lo fue a buscar el sábado—. ¿Te divertiste?

—Ah, no sé. Pienso que todo estuvo bien. Aunque realmente no hicimos mucho.

—¿Qué quieres decir?

—Quiero decir que estuvimos toda la noche viendo televisión.

—Para mí *eso* no es diversión. Pensé que me habías dicho que Arnaldo tenía un montón de «cosas formidables». ¿No quisieron ir a nadar o a pescar en el lago detrás de su casa?

—Bueno, yo quería. Pero Arnaldo dijo que estaba demasiado cansado. Por eso vimos televisión. ¡Toda la noche! Igual que lo que siempre hacemos en casa. Hombre, si hubiera querido solo ver televisión, me podría haber quedado en casa contigo y con papá.

La mamá de Carlos tragó en seco.

—Carlos, ¿tú crees que eso es todo lo que hacemos? ¿Mirar únicamente televisión? ¡Eso no es cierto! ¡Nosotros hacemos *montones* de cosas divertidas!

—¿Como cuáles? Mamá, todas las noches, desde el momento de la cena hasta el momento de ir a dormir, tú y papá están sentados en sus butacas mirando televisión. Ustedes no van a ningún lado ni hacen nada.

—¡Nosotros vamos a la iglesia!

—Bueno, eso puede ser, pero siento como que el verano está pasando y que antes que nos demos cuenta, será tiempo de volver al colegio. Y todo lo que habremos hecho sería haber desperdiciado completamente nuestras vacaciones.

Convérselo

- ¿Cuáles son algunas de sus cosas favoritas para hacer cuando tiene tiempo libre?
- ¿Qué cosas (actividades, pasatiempos, responsabilidades) tienden a ocupar la mayor parte de su tiempo?
- ¿Si tuviese seis horas extras al día, ¿cuáles serían algunas de las cosas que le gustaría hacer?
- ¿Cuál es la diferencia entre relajarse y perder el tiempo?
- Ponga en discusión las costumbres de su familia de ver televisión. ¿Qué necesitaría cambiarse, de haber algo?
- ¿Es ver televisión un sabio uso del tiempo? ¿Por qué o por qué no?

Compruébelo

Vea el Salmo 90.10-12 para recordar que Dios nos pide que usemos sabiamente nuestro tiempo en esta tierra.

Aplíquelo

La vida es corta, no importa el tiempo que vivamos (Salmo 39.4). Si hay algo importante que queremos hacer, no debemos posponerlo para un mejor momento. Pregúntese a sí mismo: «si yo tuviese únicamente seis meses de vida, ¿qué haría?» ¿Le diría a alguna persona que la quiere? ¿Se esforzaría en mejorar un aspecto indisciplinado de su vida? ¿Le hablaría a alguien de Jesús? La vida es corta, no descuide lo que verdaderamente es importante.

Secretos para padres

La televisión (aún si está libre de sexo y violencia) es perjudicial en este sentido. Consume grandes cantidades de tiempo. Y la mayoría de la programación, si usted la evalúa objetivamente, es verdaderamente mediocre. Probablemente pueda contar con los dedos de una mano los programas que ha visto y que causaron un impacto positivo a largo plazo en su vida.

¡No permita que la «pantalla boba» consuma el precioso tiempo de estar juntos en familia! Sea creativo. Lea. Haga juegos. Haga ejercicios. Dé un paseo. Haga un experimento. ¡Pero haga *algo*! ¡Una vez que su tiempo con los niños se ha ido, se ha ido para siempre!

La riqueza

Marcos solamente tiene doce años, pero ya ha planificado el resto de su vida:

«Voy a conseguir una beca para jugar baloncesto en Kentucky. Mientras esté allí, jugaremos el campeonato nacional y yo seré el mejor de todo el país para jugar en el seleccionado. Entonces me elegirán y jugaré para los Toros de Chicago y ganaré alrededor de cinco millones de dólares por año».

Esto es muy ambicioso, pero él aún no terminó. Hay más en el plan.

«Luego de jugar alrededor de diez años, manejaré yo solo todo mi dinero. Mientras esté en la universidad, me recibiré de contador y experto en cosas financieras. Entonces invertiré y haré más y más dinero. Y por último, cuando tenga cerca de los cuarenta, me retiraré».

¿Por qué esa obsesión por el dinero?

«Las cosas están bastante dislocadas en este mundo. Mi papá dice que la bolsa de valores es impredecible, y si agregamos a eso que uno nunca sabe si un trabajo normal va a durar, creo que mi plan es la mejor forma de estar seguro».

Convérselo

- Si usted pudiese tener cualquier trabajo del mundo, ¿qué quisiera hacer y por qué?
- ¿Es inteligente elegir un trabajo basándose solamente en lo que pagan? ¿Por qué o por qué no?
- ¿Qué piensa usted acerca de plan de Marcos? ¿Qué probabilidad existe de que suceda?
- ¿Está cualquier tipo de riqueza (dinero, ahorros, propiedades, etc.) *totalmente* seguro? ¿Por qué o por qué no?
- ¿Qué significa estar *espiritualmente* rico?

Compruébelo

Antes de poner demasiada confianza en poseer dinero o ser rico, reflexione acerca de la advertencia encontrada en Lucas 12.19-21.

Aplíquelo

La riqueza de un hombre hizo que su vida fuese cómoda y le dio poder y prestigio. Cuando Jesús le dijo que vendiese todo y le siguiese, se fue con tristeza (Lucas 18.22-23). Jesús estaba tocando la verdadera base de la seguridad e identidad de ese hombre. El hombre no comprendía que estaría aún más seguro si seguía a Jesús que lo que estaba con toda su riqueza. Jesús no pide a todos los creyentes que vendan todo lo que poseen, aunque esto pudiera ser su voluntad para algunos. Sin embargo, nos pide que nos libremos de todo aquello que haya cobrado más importancia que Dios. Si la base de su seguridad ha cambiado de Dios a lo que usted posee, sería mejor para usted librarse de esas posesiones.

Secretos para padres

Si posee la valentía suficiente, pregunte lo siguiente a sus hijos: «¿en qué piensan ustedes en qué confían más mamá o papá?» Dependiendo de la edad de sus hijos, deberá hacerlo en forma de elección de respuestas múltiples. Déles algunas opciones: Dios, el dinero, un trabajo, los amigos, la oración, la familia. Otra forma de decirlo es preguntar: ¿De qué hablo o me preocupo más todo el tiempo? La respuesta podrá producir escozor, pero también podrá mostrarle en qué deberá cambiar.

Ganancias y pérdidas

Debido a que es tres años mayor, Tomás siempre ha sido capaz de vencer a su hermana en cualquier juego de tablero o de cartas. Por un largo tiempo, tomó ventaja de su ingenuidad: «¿Que te parece si yo te doy esta preciosa carta roja llamada Avenida Mediterráneo y tú me das esa fea azul llamada Paseo de las Tablas?» Más tarde, aún cuando ella aprendió todas las reglas y artimañas, él simplemente la engañaba.

Tomás siempre se gozaba de su triunfo. Deleitándose y jactándose, atormentaba a Elizabeth hasta el borde de las lágrimas.

Hoy, sin embargo, las cosas cambiaron. Jugando a las damas. Elizabeth le ganó a su hermano. En realidad, el juego nunca se completó oficialmente, como usted verá, una vez que Tomás vió claramente que estaba por perder, volteó el tablero de damas y salió de la habitación a grandes pasos murmurando en voz baja.

Convérselo

- Cuando mira un juego deportivo, ¿tiende a alentar al equipo o persona favoritos, o estimula al más desvalido? ¿Por qué?
- ¿Se disgusta cuando pierde? ¿Por qué o por qué no?
- ¿Por qué algunas personas son tan extremadamente competitivas mientras que otras son más tranquilas?
- ¿Cómo se siente usted cuando alguien le gana en algo y luego se lo recuerda?
- ¿Qué es peor, una persona que pierde y arma un escándalo o una persona que gana y se deleita con ello?
- ¿Qué piensa usted que ocurrió finalmente entre Tomás y Elizabeth?

Compruébelo

Lea en Proverbios 16.5 y 1 Pedro 5.5 acerca del orgullo, la causa radical de nuestro deseo de vencer a otros tanto como de evitar perder.

Aplíquelo

En los días de Ezequiel, la gente estaba orgullosa de sus edificios . El templo mismo era una fuente de orgullo (Ezequiel 24.20-21). Pero Dios les dijo que ese orgullo iba a ser aplastado cuando los malvados e impíos babilónicos destruyesen las casas y lugares sagrados de Jerusalén. Si usted está pasando por una experiencia humillante, Dios podrá usar esa experiencia para quitar el orgullo de su vida. Acéptelo como un plan de Dios para ella.

Secretos para padres

Vivimos en un mundo competitivo, por lo tanto no es prudente proteger a nuestros hijos de todas las formas de la competencia. No obstante, podemos minimizar el énfasis de la competencia haciendo juegos «solamente por el placer de hacerlo». No anote los puntos. Y si tiene un hijo que actúa como Tomás, prohíbale jugar hasta que haya ejercitado un poco su autocontrol.

La sabiduría

Roberto raras veces presta atención en la iglesia, pero por alguna razón este último domingo fue diferente. El predicador dio un sermón sobre Salomón y Roberto estaba verdaderamente hipnotizado.

¡Qué vida! Salomón poseía una fortuna increíble, un reino increíble, más de seiscientas esposas y una sabiduría famosa mundialmente. La gente venía de todas partes solamente para hacerle preguntas. Salomón siempre los sorprendía con sus respuestas.

Ese domingo por la tarde, acostado en una hamaca en el patio trasero, Roberto aún estaba pensando en Salomón. *Realmente quisiera tener todo ese dinero. Piensen en todas las cosas que pudiese conseguir, la motocicleta que quisiera. Y si fuese tan sabio, sabría cómo hacer cualquier cosa: qué decirle a Carmen, cómo evitar a Agustín, qué ser cuando sea mayor, y cómo conseguir que vuelva papá.*

Convérselo

- ¿Qué es la sabiduría y en qué difiere de la inteligencia o del conocimiento?
- ¿Quién es la persona más sabia que conoce? ¿Por qué es tan sabio?
- ¿Cómo puede llegar a ser sabia una persona?
- ¿Cuál es la cosa más tonta que usted alguna vez haya hecho?
- ¿Conocer la Biblia hace que una persona sea sabia? ¿Por qué o por qué no?
- ¿Cuáles son algunas de las cosas que hará esta semana para acrecentar su sabiduría?

Compruébelo

Tenga en cuenta que lo que la Biblia dice es la verdadera fuente de la sabiduría (Job 28.28 y Proverbios 9.10).

Aplíquelo

Dios le dio a Salomón «una mente sabia y comprensiva» (1 Reyes 3.12), pero era cosa de Salomón el aplicar esa sabiduría en todos los aspectos de su vida. Salomón usó esa sabiduría en gobernar a la nación, pero fue necio manejando su casa. Sabiduría es, tanto la capacidad de discernir qué es lo mejor, como la fuerza de carácter para elegirlo. Aunque Salomón podía conocer cuál era la acción sabia a ejecutar, no siempre actuaba conforme a ella (11.6). Corresponde a usted tomar decisiones sabias.

Secretos para padres

La palabra hebrea para sabiduría es *hokmah,* lo que significa «habilidad para vivir». La sabiduría tiene que ver con el conocimiento aplicado. No es meramente necesario saber lo que uno debe hacer. La persona sabia hace lo que sabe que es correcto. Alabe a sus hijos y apóyelos cada vez que ellos aplican verdades bíblicas a situaciones de la vida. Si usted quiere una Biblia que le ayudará a entender cómo hacer esto, consulte la *Biblia del diario vivir*.

El testimonio

Estefanía Ramírez y Olga Suárez se volvieron grandes amigas a través del colegio y su participación en el grupo de Niñas Exploradoras. Ahora, las niñas son inseparables y debido a su amistad, las familias están comenzando también a pasar juntas más tiempo.

El único «problema» con esta novedad es que Estefanía y sus padres son cristianos, pero Olga y su familia no. La mayoría del tiempo esta diferencia espiritual es insignificante. Pero de vez en cuando surgen situaciones que hacen resaltar los diferentes sistemas de valores de las dos familias. Tomemos como un ejemplo el último fin de semana.

Los Suárez llamaron a los Ramírez y los invitaron a un festival de música de jazz.

—Nunca estuve en un festival de jazz —dijo Silvia Ramírez a su esposo después de colgar el teléfono—. ¿Qué piensas tú que es eso?

—Bueno, sospecho que será algo distinto. Seguro que habrá un montón de bebidas y gente bailando y pasando un buen rato.

—¿Tú no crees que debiéramos volver a llamar a los Suárez y cancelarlo?

—¡Querida, no podemos hacer eso! Vayamos y pasémoslo lo mejor posible.

El fin de semana vino y pasó. El festival fue en definitiva algo distinto. Los Ramírez no se volvieron locos con la música, aunque algunos de los otros amigos de los Suárez si estaban un poquito locos. Pero la amistad se profundizó.

En la tienda de la música evangélica, Elena Suárez echó su cuerpo hacia adelante al escuchar un viejo himno religioso y susurró a Silvia Ramírez: «¿Ustedes cantan algo parecido a esto en su iglesia? Si es así, quisiera ir alguna vez con ustedes».

Convérselo

- ¿Cuáles son los peligros de hacer amistad con los no cristianos?
- ¿Deberían los cristianos hacer cosas como ir a festivales de música con su amigos no cristianos? ¿Por qué o por qué no?
- ¿De que manera puede usted tender la mano a amigos y vecinos que no conocen a Cristo?
- ¿Por qué tan pocos cristianos se toman el tiempo de hacer amistades con gente perdida?

Compruébelo

Como un buen recordatorio respecto a nuestra misión en el mundo, lea 2 Corintios 5.17-21. Luego lea Juan 4.1-42 como un ejemplo del trato con gente diferente a nosotros.

Aplíquelo

Como creyentes, somos embajadores de Cristo, enviados al mundo con su mensaje de reconciliación. Un embajador de reconciliación tiene una responsabilidad importante. No deberíamos atrevernos a tomar a la ligera esta responsabilidad. ¿En qué grado está usted cumpliendo con su comisión como embajador de Cristo? Jesús habló con una mujer que (1) era samaritana, un miembro de la odiada raza mixta (2) se sabía que vivía en pecado y (3) estaba en un lugar público. Ningún judío respetable iba a hablar a una mujer en semejantes condiciones. Pero Jesús lo hizo. El evangelio es para toda persona, no importa su raza, posición social o pecados del pasado. Debemos estar preparados para compartir este evangelio en cualquier momento y lugar. Jesús cruzó todas las barreras para compartir el evangelio, y nosotros, los que lo seguimos, no podemos hacer menos.

Secretos para padres

Nuestros hijos son excelentes elementos evangelizadores. Ellos, de una manera fácil y natural, hacen amistad con otros niños, y a través de esas relaciones podemos frecuentemente conocer a otros padres. Saque ventaja de esas oportunidades. Vaya en busca de algunos no cristianos. Luego, como aconseja Joe Aldrich: «ámelos hasta que ellos le pregunten por qué». ¡Entonces comparta el amor de Cristo!

Trabajando en exceso

Roberto y María Fernández hicieron realidad el sueño de su vida seis meses atrás cuando dejaron sus empleos, se mudaron de regreso a su ciudad natal y comenzaron su propio negocio de asesores de computadoras.

Ha sido una verdadera lucha levantar la compañía y mantenerla en marcha. Las horas fueron muchas y altos los costos. Los hijos de los Fernández se quejan que nunca hacen cosas divertidas con mamá y papá. Aún así, Roberto y María disfrutan ser sus propios jefes.

—Solo un poco más —repetía Roberto—, y esas semanas de ochenta horas serán historia. Finalmente estaremos en condiciones de volver a un programa sensato. Nos volveremos a familiarizar con los niños.

Desafortunadamente, ese día no vino lo suficientemente pronto. Un martes por la noche Roberto recibió una llamada del servicio de emergencia cuarenta minutos antes del momento de que su hija fuera a hacer su parte en la obra del colegio *Nuestra ciudad.*

—¿Cuánto tiempo tomara esto? —preguntó María.

—Posiblemente varias horas.

—¿No podrías ir después? —suplicó ella cuando Roberto enfiló para la puerta.

Roberto suspiró con una mezcla de desagrado e irritación.

—Si hubiese alguna forma, tú sabes que lo haría. ¡Pero este es un gran problema! Si puedo darle solución, esto abriría para nosotros todo tipo de puertas.

Convérselo

- Chicos, ¿cómo se sienten ustedes cuando sus padres no pueden ir a verlos en una actuación o un acto especial?
- Padres, ¿cómo se sienten ustedes cuando no pueden ir a ver la actuación de sus hijos?
- Si un padre tiene una ocupación que requiere que trabaje largas horas semana tras semana, ¿qué opciones tendrían ellos? ¿Qué consejo le daría a una persona así?

Compruébelo

¿De qué manera aplicaría el Salmo 127 a situaciones como la anterior?

Aplíquelo

Dios no está en contra del esfuerzo humano. El trabajo tenaz honra a Dios (Proverbios 31.10-29). Pero trabajar sin descansar o descuidando la familia puede ser un subterfugio por la incapacidad de confiar que Dios proveerá para nuestras necesidades. Todos necesitamos acondicionar el descanso y los momentos de un refrigerio espiritual, y las Escrituras enseñan claramente que debemos dedicarnos a nuestra familia. Tenga cuidado en mantener un balance: trabajar fuertemente durante el tiempo de trabajo y honre los momentos que debe apartar para el descanso, la relajación y su familia.

Secretos para padres

Si su trabajo requiere que le dedique muchas horas, siéntese con su esposa (o un amigo de confianza) y devánese los sesos pensando en alguna forma de tener más tiempo para su familia.

La adoración

Echemos un vistazo a los distintos miembros de la Iglesia Monte de los Olivos mientras regresan a casa un soleado domingo.

Guillermo Pérez tiene baja su ventanilla y está cantando (con toda la fuerza de sus pulmones) un coro de alabanza que ellos cantaron en el servicio matutino.

Teresa Portales se está preguntando por qué la gente de Monte de los Olivos no se entusiasman o levantan las manos en adoración como hacen los de la iglesia detrás de su casa.

Carolina Torres echa de menos su vieja iglesia con sus velas y su gran órgano de pipa y al coro con vestimenta de ceremonia.

Julia Blanco le está contando a su amiga que ella sintió que se le puso la carne de gallina en un momento del servicio. «¡Parecía como que podía sentir la presencia de Dios en ese lugar!»

Miguel Valdés está frustrado debido a que él se siente tan inhibido durante la adoración del domingo en la mañana. «Yo me excito tanto en los partidos de fútbol, casi me vuelvo loco. ¡Pero voy a la iglesia y me quedo quieto porque me siento cohibido! ¿Por qué me excito tanto por veintidós tipos persiguiendo una pelota pero no por el Dios del universo? ¿Qué me pasa?»

Convérselo

- ¿Qué es la adoración? ¿Cómo la definiría?
- ¿Por qué es importante la adoración?
- ¿Cuál es la mejor experiencia de adoración que tuvo? ¿Qué la hizo tan especial?
- ¿Hay una «correcta» manera de adorar? Explíquelo.
- ¿Cuándo es el mejor momento para adorar?
- ¿Qué piensa usted acerca de la observación anterior de Miguel?
- ¿Qué podría hacer hoy para adorar a Dios más efectivamente?

Compruébelo

Lea acerca de la adoración en los Salmos (Salmo 100) y en el último libro de la Biblia (Apocalipsis 5.6-14).

Aplíquelo

La adoración implica tanto a la celebración como a la confesión (Levítico 23.23-27). Pero en las festividades nacionales de Israel, la balanza se inclinaba a favor de la celebración, cinco ocasiones de júbilo contra dos ocasiones de solemnidad. ¡El Dios de la Biblia alentaba al júbilo! La intención de Dios no era solamente que meditáramos e hiciéramos introspección. También quiere que celebremos. La reflexión seria y la confesión inmediata de los pecados es esencial. Pero debería estar balanceada celebrando quién es Dios y qué ha hecho por su pueblo.

Secretos para padres

La palabra adoración en inglés es *worship*, que proviene de la vieja palabra inglesa *worthship* y transmite la idea de declarar que algo tiene valor o es digno. Adorar a Dios significa que declaramos que Él es precioso y valioso para nosotros. La pregunta no es: «¿queremos adorar?» Nosotros queremos. Dentro de nuestra naturaleza somos criaturas que adoramos. La pregunta es: «*¿a quién* o *qué* vamos a adorar?» A qué o a quién dedicamos nuestro tiempo, energía, esfuerzos y recursos, *a esto* le damos valor y, por consiguiente, es lo que adoramos.